中央财政支持高等职业学校专业建设·旅游管理专业特色系列教材

普通高等教育"十二五"规划教材

旅游管理案例集

张进伟 李春雨○主编

西南交通大学出版社

·成都·

图书在版编目（CIP）数据

旅游管理案例集 / 张进伟，李春雨主编. —成都：
西南交通大学出版社，2014.7
中央财政支持高等职业学校专业建设·旅游管理专业
特色系列教材　普通高等教育"十二五"规划教材
ISBN 978-7-5643-2938-9

Ⅰ. ①旅… Ⅱ. ①张…②李… Ⅲ. ①旅游经济－经
济管理－案例－高等职业教育－教材 Ⅳ. ①F590

中国版本图书馆 CIP 数据核字（2014）第 035722 号

中央财政支持高等职业学校专业建设·旅游管理专业特色系列教材
普通高等教育"十二五"规划教材

旅游管理案例集

张进伟　李春雨　主编

责 任 编 辑	罗小红
特 邀 编 辑	邱一平
封 面 设 计	何东琳设计工作室
出 版 发 行	西南交通大学出版社
	（四川省成都市金牛区交大路 146 号）
发 行 部 电 话	028-87600564　028-87600533
邮 政 编 码	610031
网 址	http://www.xnjdcbs.com
印 刷	成都蜀通印务有限责任公司
成 品 尺 寸	185 mm × 260 mm
印 张	10.5
字 数	251 千字
版 次	2014 年 7 月第 1 版
印 次	2014 年 7 月第 1 次
书 号	ISBN 978-7-5643-2938-9
定 价	21.00 元

《中央财政支持高等职业学校专业建设·旅游管理专业
特色系列教材》

编委会

总　序

　　阿坝师范高等专科学校地处阿坝州，在办学思路上一直致力于服务当地经济文化的发展，为阿坝州的发展输送了很多人才，不少历年毕业的学生也扎根于阿坝州，成为基层骨干。

　　阿坝州旅游资源十分丰富，旅游业是其经济发展的重要驱动力，为此阿坝师范高等专科学校在其优厚资源基础上设立了旅游管理专业，并将其作为学校优势特色专业之一。为了在教学中着重培养学生服务地方经济的能力，编写一套适合我校学生实际情况和阿坝州区域特色的旅游管理专业特色系列教材就显得非常急迫。值得高兴的是，经过一年的策划、调研、创作，这套特色系列教材已经初步呈现，包括《阿坝州旅游景点导游词》、《四川省旅游资源与文化》、《藏羌文化与民俗》、《藏羌歌曲精选》、《旅游饭店实训教程》、《旅行社 OP 计调实务》等。相信这些特色教材投入使用后，能大大提高旅游管理专业学生的学习兴趣和质量，为我校继续服务地方旅游事业打下更好的基础。

马洪江

2013 年 3 月 25 日

前　言

随着我国旅游产业的蓬勃发展，近年来旅游乱象也愈演愈烈，从"零团费"强迫购物，到擅自将旅游者转团、拼团；从任意缩短旅游时间、减少旅游服务项目，到兜售假冒伪劣商品……一系列旅游质量问题事件的曝光，让人们对旅游市场秩序感到不安和不满。然而现代服务业是一种理念，是一种实践。旅游业向现代服务业迈进，最根本的目的就是提升旅游业的发展质量，旅游业应被培育成人民群众更加满意的现代服务业。从现代服务业中的视角审视旅游业，可以看出其尚存在较大差距和诸多问题，旅游行业中被社会抨击较多的市场秩序、服务质量、旅游安全等问题，实质上暴露的是旅游业的管理问题，因此编写专门的旅游管理方面的典型案例集十分必要！

旅游管理案例集分上、下两编。上编为旅游饭店管理案例，下篇为景区管理案例。本书选择了酒店、景区日常发生的一部分典型个案进行分析评述，力图以小见大，从不同的视角来分析问题。

本教材主要特色归纳如下：

真实性，案例很重要的作用是参考、借鉴。案例应该是实际发生过的真实事件。本书选择的案例，大多都是已经发生的，有主题、有情节、有疑问、有高潮、引人入胜、耐人寻味的真实案例。

典型性，案例在教学中有它独特的教学功能，我们选择了在酒店、景区中的热点、重点、难点问题，常见的、具有代表性的案例，通过对一个个典型事例的剖析来探讨某种规律，揭示某个真理，指导工作实践。典型的案例可以使我们从历史的经验中获得更多的启示。

多样性，希望案例具体、清晰、生动、丰富、贴近生活、贴近现实。案例的选择是多样的，剖析的角度是多维的。

实用性，希望选择案例是有用的，围绕"酒店、景区"两主题，从十个方面讨论和分析酒店、景区服务与管理方面存在的主要问题，不是简单的理论说教，而是提出了一些具体方法。

启示性，在提出和剖析案例时，由于我们的知识和能力局限，对一些案例在理解上、分析中尚不全面、不深入，或者有时希望读者从中得到更多的启示，所以尝试在案例分析中提出一些反思，留有一些思考的空间，但愿能够达到预期的目的。

本书在编写过程中得到了学校领导、同事和许多一线旅游从业人员的帮助，在此深表感谢！

限于编者的水平和经验，书中难免存在疏漏和错误之处，恳请广大读者批评指正。

李春雨
2013 年 10 月

目 录

一 旅游饭店管理篇

二、景区管理篇

一、旅游饭店管理篇

第一章　前厅部分

【案例1】记住客人的姓名

一位常住的外国客人从饭店外面回来,当他走到服务台时,还没有等他开口,问讯员就主动微笑地把钥匙递上,并轻声称呼他的名字,会这位客人大为吃惊。由于饭店对他留有印象,使他产生一种强烈的亲切感,旧地重游如回家一样。

还有一位客人在服务台高峰时进店,服务员问讯小姐突然准确地叫出:"××先生,服务台有您一个电话。"这位客人又惊又喜,感到自己受到了重视,受到了特殊的待遇,不禁添了一份自豪感。

另外一位外国客人第一次前往住店,前台接待员从登记卡上看到客人的名字,迅速称呼他以表欢迎,客人先是一惊,而后作客他乡的陌生感顿时消失,显出非常高兴的样子。简单的词汇迅速缩短了彼此间的距离。

此外,一位VIP(非常重要的客人——贵宾)随带陪同人员来到前台登记,服务人员通过接机人员的暗示,得悉其身份,马上称呼客人的名字,并递上打印好的登记卡请他签字,使客人感到自己的地位不同,因受到超凡的尊重而感到格外的开心。

【评析】

马斯洛的需要层次理论认为,人们最高的需求是得到社会的尊重。当自己的名字为他人所知晓就是对这种需求的一种很好的满足。

在饭店及其他服务性行业的工作中,主动热情地称呼客人的名字是一种服务的艺术,也是一种艺术的服务。通过饭店服务台人员尽力记住客人的房号、姓名和特征,借助敏锐的观察力和良好的记忆力,给予细心周到的服务,使客人留下深刻的印象,客人今后在不同的场合会提起该饭店如何如何,等于是成为了饭店的义务宣传员。

目前国内著名的饭店规定:在为客人办理入住登记时至少要称呼客人名字三次。前台员工要熟记VIP的名字,尽可能多地了解他们的资料,争取在他们来店报家门之前就称呼他们的名字,当再次见到他们时能直称其名,这是作为一个合格服务员最基本的条件。同时,还可以使用计算机系统,为所有下榻的客人做出历史档案记录,它对客人做出超水准、高档次的优质服务,把每一位客人都看成是VIP,使客人打心眼儿里感到饭店永远不会忘记他们。

【案例2】从交谈到贺礼

夏日某天,在南京某饭店大堂里,有两位外国客人向大堂副理值班台走来。大堂倪副经理立即起身,面带微笑地以敬语问候,让座后两位客人忧虑地讲述起他们心中的苦闷:"我们从英国来,在这儿负责一项工程,大约要三个月,可是离开了翻译我们就成了睁眼瞎,有什么方法能让我们尽快解除这种陌生感?"小倪微笑地用英语答道:"感谢两位先生光临指导我店，使大厅蓬荜生辉，这座历史悠久的都市同样欢迎两位先生的光临，你们在街头散步显示出的英国绅士风度也一定会博得市民的赞赏。"熟练的英语所表达的亲切的情谊，一下子拉近了彼此间的距离，气氛变得活跃起来。于是外宾更加广泛地询问了当地的生活环境、城市景观和风土人情。从长江大桥到六朝古迹，从秦淮风情到地方风味，小倪无不一一细说。外宾中有位马斯先生还兴致勃勃地说道："早就听说中国的生肖十分有趣，我是 1918 年 8 月 4 日出生的，参加过二次大战，大难不死，一定是命中属相助佑。"

说者无心，听者有意，两天之后就是 8 月 4 日，谈话结束之后，倪副理立即在备忘录上做记录。8 月 4 日那天一早，小倪就买了鲜花，并代表饭店，在早就预备好的生日卡上填好英语贺词，请服务员将鲜花和生日贺卡送到马斯先生的房间。马斯先生从珍贵的生日贺礼中获得了意外的惊喜，激动不已，连声答道："谢谢，谢谢贵店对我的关心，我深深体会到这贺卡和鲜花之中隐含着许多难以用语言表达的情意。我们在南京逗留期间再也不会感到寂寞了。"

【评析】

本案例中大堂倪副经理对待两位客人的做法，是站在客人的立场上，把客人当作上帝的出色范例。

第一，设身处地，仔细揣摩客人的心理状态。两名英国客人由于在异国他乡逗留时间较长，语言不通，深感寂寞。小倪深入体察、准确抓住了外国客人对乡音的心理需求，充分发挥他的英语专长，热情欢迎外国客人的光临，还特别称赞了他们的英国绅士风度，进而自然而然向客人介绍了当地风土人情等，使身居异乡的外国客人获得了一份浓浓的乡情。

第二，富有职业敏感，善于抓住客人的有关信息。客人在交谈中无意中透露了生日信息，小倪的可贵之处在于，能及时敏锐地抓住这条重要信息，从而成功地策划了一次为外国客人赠送生日贺卡和鲜花的优质服务和公关活动，把与外国客人的感情交流推向了更深的层次。因此，善于捕捉客人有关信息的职业敏感，也是饭店管理者和服务人员应该具备的可贵素质。

【案例 3】离店之际

1. 某酒店总台。一位服务员正在给 8915 房间的客人办理入住手续。

闲聊中，那位客人旁顾左右，捋下手指上的一枚戒指，偷偷塞到小姐手里低声道："我下星期还要来长住一个时期，请多多关照。"

小姐略一愣，旋即，镇定自若地捏着戒指翻来覆去地玩赏一会儿，然后笑着对客人说道："先生，这枚戒指式样很新颖，好漂亮啊，谢谢你让我见识了这么个好东西，不过您可要藏好，丢了很难找到。"

随着轻轻的说话声，戒指自然而然地回到了客人手中。

客人显得略有尴尬。

小姐顺势转了话题："欢迎您光顾我店，先生如有什么需要我帮忙，请尽管吩咐，您下次来我店，就是我店的常客，理应享受优惠，不必客气。"

客人只好下了台阶，忙不迭说："谢谢啦，谢谢啦。"

客人转身上电梯回房。

2. 某酒店总台。8915 房的预订客人即将到达，而 8915 房的客人还未走，其他同类房也已客满，如何通知在房的客人迅速离店，而又不使客人觉得我们在催促他，从而感到不快呢。

服务员一皱眉，继而一咧嘴，拨打电话。

"陈先生吗，我是总台的服务员，您能否告诉我打算什么时候离店，以便及时给您安排好行李员和出租车。"

8915 房间，陈先生："哈哈，我懂你的意思啦，安排一辆的士吧。"

【评析】

服务需要委婉的语言，而委婉的语言是一门艺术，需要刻意追求与琢磨才能到位。

宾馆酒店的软件提高，需要做方方面面的工作，而最基本、最直接的就是服务工作中的语言，有道是"一句话惹人哭，一句话逗人笑"。处理得当，锦上添花；处理不当，则前功尽弃。

【案例4】总台"食言"以后

一天下午，一位香港客人来到上海一家饭店总台问讯处，怒气冲冲地责问接待员："你们为什么拒绝转交我朋友给我的东西？"当班的一位大学旅游管理系的实习生小黄，连忙查阅值班记录，不见上一班留有有关此事的记载，便对客人说："对不起，先生，请您先把这件事的经过告诉我好吗？"客人便讲述了此事的原委。原来他几天前住过这家饭店，前两天去苏州办事去，离店前预订了今天的房间，并告诉总台服务员，在他离店期间可能有朋友会将他的东西送来，希望饭店代为保管，服务员满口答应了。但这位服务员却未在值班簿上做记录。第二天当客人的朋友送来东西时，另一位当班服务员见没有上一班的留言交代，又见客人朋友送来的是衬衫，便拒绝接收，要求他自己亲手去交。当客人知道此事后，十分恼火，认为饭店言而无信，是存心跟他过不去。于是便有了一开始责问接待员小黄的场面。

小黄听了香港客人的陈述，对这件事的是非曲直很快就有了一个基本判断，马上对客人说："很抱歉，先生，此事的责任在我们饭店。当时，值台服务员已经答应了您的要求，但他没有把此事在值班簿上记录留言，造成了与下一班工作的脱节。另外，下一班服务员虽然未得到上一班服务员的交代，但也应该根据实际情况，收下您朋友带来的东西，这是我们工作中的第二次过失。实在对不起，请原谅。"说到这里，小黄又把话题一转，问道："先生，您能否告诉我，您朋友送来让寄存的东西是何物？""唔，是衬衫。"小黄听了马上以此为题缓解矛盾："先生，话又得说回来，那位服务员不肯收下您朋友的衬衫也不是没有一点道理的，因为衬衫一类物品容易被挤压而受损伤，为了对客人负责，我们一般是不转交的，而要求亲手交送，当然您的事既然已经答应了，就应该收下来，小心保存，再转交给您。不知眼下是否还需要我们转交，我们一定满足您的要求。""不必啦，我已经收到朋友送来的衬衫了。"客人见小黄说得也有点道理，况且态度这么好，心情舒畅多了，随之也就打消了向饭店领导投诉的念头。

【评析】

这件事，实习生小黄处理得很好，值得肯定，但由此暴露的饭店前台工作脱节造成不良后果的教训更值得汲取。饭店总台工作要避免此类事件的发生，员工应树立整体意识，各个岗位之间，上一班与下一班之间要做好协调工作（包括认真做好值班记录），相互衔接，环环紧扣，从而保证整个饭店工作像一个工厂流水线那样顺顺当当地正常运转。

【案例 5】总经理的客人

地点：某饭店总台。

两个客人熟门熟路地进宾馆走向总台。

正好销售经理也在前台。

"刘先生，欢迎。"销售经理热情地上前与其中一位握手，显然，客人和饭店很熟，是个经常来住的客人。

"这次打七五折了吧？"刘先生拍着销售经理的手臂，很自信地说。

"刘先生在讲笑话，以刘先生的气魄，肯定不会在乎这几个钱的，对不对？！"销售经理客气地说，有一些插科打诨的意味。

"你不同意？我可是你们老总的客人啊！"刘先生多少有点暗示、威胁的口吻。

"按惯例吧。八五折，好不好。"尽管委婉，但坚持自己的意见。

"我找你们老总去说。"刘先生说毕扬长而去，径直去找总经理。

和刘先生同行的的朋友插话道："刘先生，我先去把那件事办了，过半个小时再来找你。"

"好啊。"

"那回头见。"

在总经理室。

总经理："好说好说，老朋友嘛，又是协作单位，七五折，我这个老总就这么定了。"（画面定格）

【评析】

现代管理中的垂直领导，总经理虽然有权，但一般不应干涉下属的决定。另外，为维护下属的形象，总经理也不该另外满足客人，这也是一种越权行为。

画面移动：又回到总台。

刘先生先前的那位伙伴走进宾馆，问总台刘先生住在几楼几号房。

总台小姐查遍电话，涨红着脸说："我们这里没有您要找的那个刘先生，他没住进来。"

刘先生的朋友顿时傻了眼，"半个小时前才住进来的，怎么一会儿说没住进来，我刚才还和他通过电话，住二十楼多少号的。"

服务员又认真地查了电脑，抬头说："对不起先生，二十楼只住有一位姓刘的太太，肯定不会错，不信你来看电脑显示。"

这时还好老总走过说道："他们刚接班不知道情况，刘先生住在 1904 号房，电脑里没登记。"（画面定格）

【评析】

刘先生可能是总经理的客人，但即使是内部客人，也应输入酒店管理信息系统。一是为来访客提供方便，另外，为了配合公安系统，记录备查也是一项必需制度。

【案例 6】客房重复预订之后

销售公关部接到一日本团队住宿的预订，在确定了客房类型并将其安排在 10 楼同一楼层后，销售公关部开具了"来客委托书"，交给了总台石小姐。由于石小姐工作疏忽，在电脑上错输入了信息，而且与此同时，总台又接到一位台湾石姓客人的来电预订。因为双方都姓石，石先生又是酒店的常客与石小姐相识，所以石小姐便把10楼1015客房许诺订给了这位台湾客人。

当发现客房被重复预订之后，总台的石小姐受到了严厉的处分。不仅因为工作出现了差错，而且违反了客人预订只提供客房类型、楼层，不得提供具体的房号的店规。这样一来，酒店处于潜在的被动地位。如何回避可能出现的矛盾呢？酒店总经理找来了销售公关部和客房部的两位经理，商量了几种应变方案。

台湾石先生如期来到酒店，当得知因为有日本客人来才使自己不能如愿时，表现出了极大的不满，他对于换间客房是坚决不同意的，也无论总台怎么解释和赔礼，这位台湾客人仍指责酒店背信弃义，崇洋媚外，"我先预订，我先住店，这间客房非我莫属"。

销售公关部经理向石先生再三致歉，并道出了事情经过的原委和对总台失职的石小姐的处罚，还转告了酒店总经理的态度，一定要使石先生这样的酒店常客最终满意。

这位台湾石先生每次到这座城市，都下榻这家酒店，而且特别偏爱住10楼。据他说，他的石姓与10楼谐音相同，有一种住在自己的家的心理满足；更因为他对10楼的客房的陈设、布置、色调、家具都有特别的亲切感，会唤起他对逝去的岁月中一段美好而温馨往事的回忆。因此他对10楼情有独钟。

销售公关部经理想，石先生既然没有提出换一家酒店住宿，表明对我们酒店仍抱有好感，"住10楼比较困难，因为要涉及另一批客人，会产生新的矛盾，请石先生谅解。"

"看在酒店和石小姐的面子上，同意换楼层。但房型和陈设、布置各方面要与1015客房一样。"石先生作出了让步。

"14楼有一间客房与1015客房完全一样。"销售公关部经理说，"事先已为先生准备好了。"

"14楼，我一向不住14楼。西方人忌13楼，我不忌，但我忌讳的就是14，什么叫14，不等于是'石死'吗？让我死，多么不吉利。"石先生脸上多云转阴。

"那么先生住8楼该不会有所禁忌了吧？"销售公关部经理问道。

"您刚才不是说只有14楼有同样的客房吗？"石先生疑惑地问。

"8楼有相同的客房，但其中的布置，家具可能不尽如石先生之意。您来之前我们已经了解石先生酷爱保龄球，现在我陪先生玩上一会儿，在这段时间里，酒店会以最快的速度将您所满意家具换到8楼客房。"销售公关经理说。

"不胜感激，我同意。"石先生惊喜。

销售公关部经理拿出对讲机，通知有关部门："请传达总经理指令，以最快速度将1402客户的可移动设施全部搬入806客房。"

【评析】

酒店的这一举措，弥补了工作中失误，赢得了石先生的心。为了换回酒店的信誉，同时也为了使"上帝"真正满意，酒店做出了超值的服务。此事被传为佳话，声名远播。

【案例7】开房的抉择

2002年圣诞前夕的下午，南京某大酒店公关销售部施经理正在大堂忙忙碌碌地张罗圣诞节的环境布置，只见一位身穿西装的先生带着一位身穿茄克衫的男子急匆匆地走到他跟前，轻轻地对他说："施经理，有件事跟您商量一下。我是北京××公司的总经理，这几天和另一位同事住在贵店，开了一间房。这位先生是我的南京客户，刚才和我一起吃完饭，多喝了点酒，我想给他另开一间房，让他休息一下，晚上住一宿，顺便谈点生意。可总台服务员说我已经开了一间房，不能再开了。而这位客户正好没带身份证，也不让登记。这就麻烦了。施经理，您就帮忙再开一间房吧。您看，这是我的身份证。"他边说边递上身份证，下面还衬着一张没有填写的住房登记表。"施经理，您就行个方便吧。"旁边那位男子也递上名片求情。

此刻，施经理感到很为难：这位北京某大公司的总经理是本酒店的常客，他的要求应该尽量满足，如果处理不当，就会失掉一个很有潜力的常客，但如果答应让其客户无身份证入住，又不合饭店住宿的一般规程。他试图找到一个变通办法，便询问那男子："您有没有证明你身份的其他证件？"男子摇了摇头。"那可不行啊。"施经理显得无可奈何。那位先生有点急了，赶紧说："这是特殊情况嘛，请允许我用我的身份证来担保他入住吧。""好，就这么办吧。"施经理略一沉思，下了决心答应下来。两位客人喜出望外，连声道谢，表示今后有机会一定再住天京大酒店。

施经理领两位客人到总台办完入住登记后，又给楼层服务台挂了个电话，向值台服务员介绍了那位新入住客人的特殊情况，请她特别多加注意。

【评析】

以上施经理对客人特殊要求的特殊处理，既拉住了一个重要客源，又确保了酒店安全无恙。

第一，施经理照顾的客人是一个熟悉了解的信得过的大公司总经理，此事的基础是稳妥可靠的。

第二，公司总经理以自己的身份证担保客户入住的安全，并办理了有效的登记手续，就正式承担了相应的责任，有据可凭，有案可查。

第三，施经理最后又请楼层服务员对新入住客人特别多加注意，再增加了一条保险措施，可以说是慎之以慎，万无一失。

本案例实际上提出了酒店管理者和服务员如何在维护酒店利益的前提下灵活处理遵守规章制度的问题，值得引起酒店同行的思考。有关的例子是不少的，比如，酒店除了对少数了解熟悉、有信誉的客人，原则上是不予赊账的，但有时对有特殊情况且印象不错的客人，可暂允其赊账；住店客人进房时钥匙被同房朋友带走且身边未带住房卡，但服务员认得出客人，宜先开房让其进去休息，等等。

【案例 8】"It will do"与"It won't do"的错位

一天，内地某宾馆一位美国客人到总台登记住宿，顺便用英语询问接待服务员小杨："贵店的房费是否包括早餐（指欧式计价方式）？"小杨英语才达到三级水平，没有听明白客人的意思便随口回答了个"It will do"（行得通）。次日早晨，客人去西式餐厅用自助餐，出于细心，又向服务员小贾提出了同样的问题。不料小贾的英语亦欠佳，只得穷于应付，慌忙中又回答了"It will do"（行得通）。

几天以后，美国客人离店前到账台结账。服务员把账单递给客人，客人一看吃一惊，账单上对他每顿早餐一笔不漏！客人越想越糊涂：明明总台和餐厅服务员两次答"It will do"怎么结果变成了"It won't do"（行不通）了呢？他百思不得其解。经再三追问，总台才告诉他：

"我们早餐历来不包括在房费内。"客人将初来时两次获得"It will do"答复的原委告诉总台服务员，希望早餐能得到兑现，但遭到拒绝。客人于无奈中只得付了早餐费，然后怒气冲冲地向饭店投诉。

最后，饭店重申了总台的意见，加上早餐收款已做了电脑账户，不便更改，仍没有同意退款。美国客人心里不服，怀着一肚怒气离开宾馆。

【评析】

第一，随着我国旅游业的迅速发展，我国涉外旅游饭店的涉外成分日益增加，越来越多的外国客人进入了我国涉外旅游饭店。更好地掌握外语（主要是英语）这个中外交往的基本交际工具，已成为我国涉外旅游饭店服务员工日益迫切的任务。本案例反应了内地某饭店两位服务员外语水平过不了关，将"It won't do"答成"It will do"，给客人造成意外的困惑和麻烦，直接影响了饭店的服务质量，实际上在我国整个饭店业中有一定的代表性和普遍意义，值得深入反思。为了能适应我国涉外旅游业这一变化形势，各地饭店要有一种紧迫感，尽快制订既有超前意识而又切实可行的外语培训计划，对各部门特别是前台服务，管理人员进行强化培训，务必使其过关。否则，语言不通，软件不硬，将会极大地拖我国涉外旅游业的后腿。

第二，本案例中总台和饭店对客人申诉和投诉的处理也是不妥当的。诚然，该饭店确实"餐费历来不包括在房费内"的，但是，既然饭店总台、餐厅的服务员已两次答复客人房费包括早餐费为"It will do"，就是代表饭店对客人作了承诺。在这种情况下以错为对，满足客人的要求，才是弥补服务员工"It will do"与"It won't do"错位的正确做法，何况为了这区区几顿早餐费，带来饭店信誉的损害和回头客的流失，也是完全得不偿失的。

【案例9】一张机票

一位客人匆匆从电梯出来，拐到礼宾部，"Hello，帮我订一张后天去北京的机票"。

接待员应声招呼，立即做了记录并储存进电脑。客人交待完毕欲走，忽又转身，笑着说："我要川航，四川航空公司的票。"边说边用食指向天划一下。

接待员用手势做了个"O"型表示"OK"。

客人匆匆走出酒店。

下午，酒店的旋转门闪进了早上的那位客人，大步走向礼宾部，满面春风地问道："嗨，搞定啦？"

客人笑着接过机票，低头一看，傻了眼，一脸不悦的神情。

"有没有搞错啊，跟你说要川航机票，你还是给我拉郎配定个东航的。"说罢，摇头。

接待员："对不起，四川航空公司的机票已订完。我还以为你是随便说说，并不一定……"

客人打断接待员的话："我是随便说说还是你随便订订啊？"

接待员忙不迭说："对不起，对不起，是我们……"

"算啦，算啦"，客人晃着头，摆着手。

【评析】

客人的要求理应满足，在满足不了的情况下，事先要向客人解释，并征得客人的同意。

【案例 10】办公室主任的应变绝招

一天早晨,某大饭店办公室主任接到报告,一部电梯的轿厢搁在 10 楼与 11 楼之间,里面有两位客人受到惊吓。他马上打通电话给尚未上班的总经理。总经理指示通知工程部经理迅速派人检修,查明原因,并要求大堂值班经理立即赶到现场,妥善处理客人事宜。

由于寻找大堂值班经理用了一些时间,在大堂经理尚未赶到现场时,两位受惊的客人已直接找上门来了。

"您早,先生!您早,小姐!"办公室主任面带笑容,很有礼貌地迎上前打招呼。

"你是……"男客人的声音比在总经理室门外时压低了一些。

"请两位这边坐。"办公室主任没有直接回答,而是先领客人到隔壁会客室,请客人在沙发上坐定。

"你就是总经理?"客人望着年轻的办公室主任,将信将疑地问道。

"请用茶!"办公室主任招呼客人用茶,仍不作正面回答。

"如果你是总经理的话,我就对你说吧。"客人还想试探一下对方的身份。

"小姐,请用茶!"办公室主任特地招呼了下在一旁没有作声的小姐。

"你们是怎么搞的,该死的电梯把我们关在里面这么久!"客人开始投诉了,"我花了钱住饭店,不是花钱买倒霉的。我拒付房金。"

"电梯出故障,虽说是偶然,但当然是我们饭店的责任,我先向您两位表示歉意。"办公室主任边说,边为客人斟加了茶。

"道歉有什么用?我还是要拒付房费,我们的性命都差点给丢了。"客人用日语对身边的小姐叽咕几句。

"先生是日本人?中国话说得不错吗。"

"Half Japan（ese）"客人冒出一句英语。

"先生挺风趣,'半个日本人'。"

"是呀。我母亲是中国人,我父亲是日本人,我小时候在东北外婆家长大的。"

"噢,您是第一次来上海吗?"

"当然是第一次。到了上海生意还没有谈,就碰到不顺心的事,几家五星级饭店都客满了,只好住你们这家四星级的,倒霉的事今天又让我给碰到了。"

"想必您听说过我国有句古话叫做'好事多磨',我可要祝福您交好运嗒。"办公室主任做着祈祷的手势。

"什么意思?"客人有点好奇不解。

"我不相信迷信,但我却相信'好事多磨'的话。可不是,您未住进五星级饭店,却能住我们饭店,真使我们感到很荣幸。我店的电梯是日本三菱的,使用七年来,没出过一点故障,今天让您两位受惊了。我想,先生您的生意肯定会谈得很成功。"办公室主任说得像真的一样。

"是吗?"客人的情绪到此时已完全变得正常了。

"当然啦,我国还有一句古话,叫作'大难不死,必有后福',虽然电梯出故障,我们要承担责任,但先生小姐有'后福'我也该祝贺呀。"

"你真会讲话。"客人笑了。"托你的'口彩',生意如果谈成功,一定忘不了你。"

"您两位有没有受了点小伤什么的?"办公室主任关切地询问。

"伤倒没伤着，就是……早餐到现在还没有用呢。"客人似乎没有什么可说的了。

"噢，非常对不起，我耽误你们用餐了。"办公室主任站了起来说："很抱歉，我还没有自我介绍呢。我是总经理办公室主任，等总经理来了以后再请他拜访您两位。"

"不必了，你的接待使我们很满意，我也不是不愿意付房金，不过碰到这种不顺心的事，在气头上说说而已。"

办公室主任送客人到电梯口，打招呼道别。客人用完早餐一进客房，看到一盆水果和一份总经理签名的道歉信已放在台上，满意地笑了。

【案例 11.1】清规戒律

一对日本夫妇在某新开张的饭店大堂，要求提供双人客房。总台接待小姐请这对日本客人出示结婚证件。日本客人解释说，日本人结婚没有结婚证，但在所持的护照上是有注明的，而且从姓氏上也可以得到反映（日本妇女出嫁后一般都随夫姓）。但接待小姐既不懂日语，又对眼前这位日本男客的真实身份有所怀疑。因为这位男客能说一口相当不错的汉语，又足登一双"火炬牌"运动鞋。其实，这位男性客人正在中国某名牌大学攻读汉语唐诗硕士学位，这次在日本的妻子利用丈夫暑假，专程来华探亲并观光旅游。面对如此窘况，接待小姐们言之凿凿，举证前几日住店的法国人都是持有结婚证书的，想以此来证明所有外国人都有结婚证书。最后僵持到不得不由经理出面，才算给日本客人解决了问题。接待小姐事后还辩称，日本男客穿的是国产旅游鞋，谁能保证他不是中国人呢？第二天一早，这对日本客人便结账离店。

【评析】

建立服务规范，是对客人进行最有效服务的基础。服务工作在不同的时间、不同的对象上有高度的重复性，而规范就是使这样的重复有章可循。该饭店，因没有建立良好的服务标准，或者说规范化体系不健全，给接待服务造成了困难。

从上述故事中，我们可以发现，这家新开张的饭店，没有建立起包容性很强的住宿登记规范须知，即使外国人有结婚证，外出旅游也不会总带在身上的。

【案例 11.2】

某教授赴某地讲学，下榻一家开张不久的饭店。当时陪他进店的有当地一位分管酒店业的领导。在大堂总台接待处，两位客人很快就办理好了入店手续，此时，当地领导的电话忽然响起，因有急事，他暂时离去。

教授来到所住楼层服务台。服务员事先得到通知，将有一位饭店管理专家入住，但面对教授仍然照章办事，收取了教授客房钥匙的押金。教授感到有些意外，但依然从命。教授进客房正欲坐下休息，服务员又敲门进来说请教授到服务台填写登记表。教授回答说一会儿下楼时会补登记的，服务员不肯离去。教授不得不再次强调："我洗过脸后，会去登记的。"

【评析】

从第二个故事中我们可以得出这样的结论，即遵守服务规范在服务实践中往往是不够的。这就提出了对服务员的素质要求。第一个故事中的那位小姐，循规蹈矩，主观臆断，是因为她缺乏应有的知识素质。第二个故事中的服务员虽然认真负责，但却不懂服务学中礼遇贵宾的原则，规范服务加上超常服务才算得上优质的服务。一名优秀的服务员，必须努力提高本身素质，在服务实践中坚持将规范的原则性与对突发事件应付自如的灵活性有效结合。当然，这需要服务员在实践中长期积累，努力摸索，刻意提高。

【案例 12】当客人突然到来之际

某日晚上六时许，河南省国际饭店的大堂内灯光辉煌，宾客如云。总服务台的接待员小马正忙着为团队客人办理入住手续。这时两位香港客人走到柜台前向小马说："我们要一间双人客房。"小马说："请您稍等一下，我马上为这个团队办好手续，就替你们找空房。"其中一位姓张的港客说："今晚七点半我们约好朋友在外面吃饭，希望你先替我们办一下。"小马为了尽可能照顾这两位客人，于是一边继续为团队办手续，一边用电脑查找空房。经过核查，所余空房的房金都是每间 218 元的。他如实告诉客人。此时那位姓张的先生突然大发脾气："今天早上我曾打电话给你们饭店，问询房价，回答说双人标准间是每间 186 元，为什么忽然调成 218 元了呢？真是漫天要价！"小马刚要回话，这位姓张的客人突然挥掌向小马的面孔打去，小马没有防备，结果吃了一记耳光！他趔趄了一下，面孔变得煞白，真想回敬对方一下。但他马上想到自己的身份，决不能和客人一般见识，决不能意气用事，于是他尽量克制，使自己镇定下来。接着用正常的语气向客人解释说："186 元的房间已经住满了，218 元的还有几间空着，由于楼层不同，房金也就不一样，我建议你们尽快把入住手续办好，也好及时外出赴宴。"这时另一位香港客人李先生见他的朋友张先生理亏，想找个台阶下，于是就劝张先生说："这位接待员还算有耐心，既然如此劝说，我们就答应住下吧。"张先生见势也就软了下来。

小马立刻招手要行李员把客人的行李送到房间。然而当时从小马紧握着的那只微微颤抖的手上，可以看出他正在极力压抑着内心的委屈。周围的其他客人都纷纷对那位先生的粗鲁行为表示不满，那位张先生一声不响地和李先生办好手续便匆匆去客房了。

那位张先生事后深感自己的不是，终于在离店时到总台向小马表示歉意，对自己的冒失行为深感遗憾。

【评析】

客人张先生的所作所为肯定是不对的。而小马的表现是无可非议的。他既不还手，也不用恶语回敬。他懂得作为饭店的从业人员就是得理也应该让人，这样才会多留住两位客人，并让他们拥有一次愉快的住店经历。当然小马在客人突然袭击之际，自然感到委屈，这就需要克制自己，不与客人一般见识。小马的宽容举止很典型地体现了"客人总是对的"这句话的真谛。如果饭店员工都能从这个高度来要求自己，饭店的服务质量就可以产生质的飞跃。

【案例 13】转怒为喜的客人

正值秋日旅游旺季，有两位外籍专家出现在上海某大宾馆的总台。当总台服务员小刘（一位新手）查阅了订房登记簿之后，简单化地向客人说："客房已定了，在 708 号房间，你们只住一天就走吧。"客人们听了以后就很不高兴地说："接待我们的工厂有关人员答应为我们联系预订客房时，曾问过我们住几天，我们说打算住三天，怎么会变成一天了呢？"小刘机械呆板地用没有丝毫变通的语气说："我们没有错，你们有意见可以向厂方人员提。"客人此时更加火了："我们要解决住宿问题，我们根本没有兴趣也没有必要去追究预订客房的差错问题。"正当形成僵局之际，前厅值班经理闻声而来，首先向客人表明他是代表宾馆总经理来听取客人意见的，他先让客人慢慢地把意见说完，然后以抱歉的口吻说："您们所提的意见是对的，眼下追究接待单位的责任看来不是主要的。这几天正当旅游旺季，双人间客房连日客满，我想为您们安排一处套房，请您们明后天继续在我们宾馆作客，房金虽然要高一些，但设备条件还是不错的，我们可以给您们九折优惠。"客人们觉得值班经理的表现还是诚恳、符合实际的，于是应允照办了。

过了没几天，住在该宾馆的另一位外籍散客要去南京办事几天，然后仍旧要回上海出境归国。在离店时要求保留房间。总台服务员的另外一位服务员小吴在回答客人时也不够策略，小吴的话是："客人要求保留房间，过去没有先例可循，这几天住房紧张，您就是自付几天房金而不来住，我们也无法满足你的要求！"客人碰壁以后很不高兴地准备离店，此时值班经理闻声前来对客人说："我理解您的心情，我们无时无刻不在希望您重返我宾馆作客。我看您把房间退掉，过几天您回上海后先打个电话给我，我一定优先照顾您入住我们宾馆，否则我也一定答应为您设法改住他处。"

数日后客人回上海，得知值班经理替他安排了一间楼层和方向比原先还要好的客房。当他进入客房时，看见特意为他摆放的鲜花，不由地翘起了大拇指。

【评析】

第一，饭店是中外宾客之家，使之满足而归是店方应尽义务，大型饭店为了及时处理客人的投诉，设置大厅值班经理是可行的。

第二，当客人在心理上产生不快和恼怒时，店方主管人员要首先稳定客人情绪，倾听客人意见，以高姿态的致歉语气，婉转地加以解释，用协商的方式求得问题的解决。

第三，要理解投诉客人希望得到补偿的心理，不但在身心方面得到慰藉，而且在物质利益方面也有所获取。当客人感到满意又符合情理时，饭店的服务算得上出色成功了。

【案例 14】巧妙推销豪华套房

某天，南京金陵饭店前厅部的客房预订员小王接到一位美国客人从上海打来的长途电话，想预订两间每天收费在 120 美元左右的标准双人客房，三天以后开始住店。

小王马上翻阅了一下订房记录表，回答客人说由于三天以后饭店要接待一个大型国际会议的多名代表，标准间客房已经全部订满了。小王讲到这里并未就此把电话挂断，而是继续用关心的口吻说："您是否可以推迟两天来，要不然请您直接打电话与南京××饭店去联系询问如何？"

美国客人说："我们对南京来说是人地生疏，你们饭店比较有名气，还是希望你给想想办法。"

小王暗自思量以后，感到应该尽量不让客人失望，于是接着用商量的口气说："感谢您对我们饭店的信任，我们非常希望能够接待像您们这样尊敬的客人，请不要着急，我很乐意为您效劳。我建议您和朋友准时前来南京，先住两天我们饭店内的豪华套房，每套每天也不过收费 280 美元，在套房内可以眺望紫金山的优美景色，室内有红木家具和古玩摆饰，提供的服务也是上乘的，相信您们住了以后会满意的。"

小王讲到这里故意停顿一下，以便等待客人的回话，对方沉默了一些时间，似乎在犹豫不决，小王于是开口说："我料想您并不会单纯计较房金的高低，而是在考虑这种套房是否物有所值，请问您什么时候乘哪班火车来南京？我们可以派车到车站来接，到店以后我一定陪您和您的朋友一行亲眼去参观一下套房，再决定不迟。"

美国客人听小王这么讲，倒有些感到情面难却了，最后终于答应先预订两天豪华套房后挂上了电话。

【评析】

前厅客房预订员在平时的岗位促销时，一方面要通过热情的服务来体现；另一方面则有赖于主动、积极的促销，这只有掌握销售心理和语言技巧才能奏效。

上面案例中的小王在促销时确已掌握所谓的"利益诱导原则"，即使客人的注意力集中于他付钱租了房后能享受哪些服务，也就是将客人的思路引导到这个房间是否值得甚至超过他所付出的。小王之所以能干，在于他不引导客人去考虑价格，而是用比较婉转的方式报价，以减少对客人的直接冲击力，避免使客人难于接受而陷于尴尬。小王的一番话使客人感觉自己受到尊重并且小王的建议是中肯、合乎情理的，在这种情况下，反而很难加以否定回答说个"不"字，终于实现了饭店积极主动促销的正面效果。

【案例 15】微笑的魅力

在某家饭店，一位住店的台湾客人外出时，有一位朋友来找他，要求进他房间去等候，由于客人事先没有留下话，总台服务员没有答应其要求。台湾客人回来后十分不悦，跑到总台与服务员争执起来。公关部年轻的王小姐闻讯赶来，刚要开口解释，怒气正盛的客人就指着她鼻子尖，言词激烈地指责起来。当时王小姐心里很清楚，在这种情况下，勉强作任何解释都是毫无意义的，反而会招致客人情绪更加冲动。于是她默默无言地看着他，让他尽情地发泄，脸上则始终保持一种友好的微笑。一直等到客人平静下来，王小姐才心平气和地告诉他饭店的有关规定，并表示歉意。客人接受了王小姐的劝说。没想到后来这位台湾客人离店前还专门找到王小姐辞行，激动地说："你的微笑征服了我，希望我有幸再来饭店时能再次见到你的微笑。"

王小姐今年 22 岁，在饭店工作两年，先后当过迎宾员，餐厅服务员和前台服务员，后来才当上饭店的公关小姐。她从小就爱笑，遇到开心的事就禁不住大笑，有时自己也不知道为什么会笑起来。记得刚来时在饭店与一位客人交谈，谈到高兴时竟放声大笑起来，事后她受到领导的批评教育，使她明白了，在面对客人的服务中，笑必须根据不同的场合掌握分寸，没有节制的乱笑无疑会产生不良后果。

【评析】

笑，一旦成为从事某种职业所必备的素养后，就意味着不但要付出具有实在意义的劳动，还需付出真实的情感。王小姐深深感到，微笑服务说来容易做到难。你想，谁能保证每天心情都愉快？又有谁能保证每天上班 8 小时始终状态那么好？但说不出为什么而笑的女孩子，每当她走上工作岗位，总是让新的一天从微笑开始，在微笑服务中化倾注一份真诚的情感，让微笑感染每一位客人的心灵。上述感动客人的故事便是成功的一例。

微笑，已成为一种各国宾客都理解的世界性欢迎语言。世界各个著名的饭店管理集团如喜来登、希尔顿、假日等有一条共有的经验，即作为一切服务程序灵魂与指导的十把金钥匙中最重要的一把就是微笑。美国著名的麦当劳快餐店老板也认为：笑容是最有价值的商品之一。我们的饭店不仅提供高质量的食品饮料和高水准的优质，还免费提供微笑，才能招揽顾客。

当然，微笑必须以优质服务为基础。下面举一个反面事例：

有一次，一个西欧旅游团深夜到达某饭店，由于事先联系不周，客房已满，只好委屈他们睡大厅。全团人员顿时哗然，扬言要敲开每一个房间，吵醒所有宾客，看看是否真的无房。此时，客房部经理却向他们"微笑"着耸耸肩，表示无可奈何，爱莫能助。这使宾客更为不满，认为经理的这种微笑是一种幸灾乐祸的"讥笑"，是对他们的污辱，便拍着桌子大声喝道："你再这样笑，我们就要揍你！"使这位经理十分尴尬。后来在翻译人员的再三解释下，客人的愤怒才告平息。

显然，这样的"微笑"脱离了优质服务，与微笑服务的本意南辕北辙。

总之，微笑服务是饭店接待服务中永恒的主题，是饭店服务一刻不可放松的必修课，它包含着丰富的精神内涵和微妙的情感艺术：热忱、友谊、情义、信任、期望、诚挚、体谅、慰藉、祝福……

【案例 16】兑换港币

一辆的士在江苏某饭店的店门口刚停住，饭店拉门员小陈主动迎上前去开车门，但坐在车内的一位香港客商并不急着下车。他手里拿着一张一百元面额的港币，等待司机找零钱。

司机说："请您付人民币或外币兑换券好吗？我们不收港币。"

拉门员小陈便问司机："车费一共要多少？"

司机回答说："人民币 56 元就够了。"

当时小陈身穿制服，口袋里没有钱可以付。他本来心里想自己又不是管换钱的，管我什么事，后来又想到这事涉及饭店声誉，于是他便请客人坐在车内稍等片刻，然后急忙奔到总台说明原委，由他个人担保向总台暂支人民币 60 元付清了车款，然后有礼貌地对客人说："等您办好入住手续，兑换人民币以后再还我不迟。"客人感到满意大步走进了饭店。

客人为了要付给总台客房押金，并准备一会儿出去要派用场，于是到外币兑换处要求换8 000 元港币，收银员手边正好没有足够的备用金，本来拟婉言请客人自己到附近银行去兑换，后来想到这会给客人带来不便，而且人地生疏也不安全，于是主动和总台联系希望暂不支付押金，经同意后接着征求客人意见，问他可不可以将港币交给外币兑换处，先开好单，马上由饭店派人到附近银行兑换人民币，再通知他凭单来取款。

客人对此办法表示同意，于是就进客房梳洗休息。

【评析】

每家饭店员工都应该有助客人为乐，急客人之所急之心。拉门员小陈本身的工作职责虽然不是管兑换外币，但他懂得客人是上帝，当客人有困难，应当主动设法帮助解决，如果用"不"、"我不是……"、"我不会"、"没有"这类否定句是犯忌的。

此外，从外币兑换处收银员的所作所为中，可是得到下面的启示：为客人提供优质服务，远不能仅仅停留在微笑的表面，而应该体现在更深层次的内涵上。这种内涵就是"急客人之所急,想客人之所想",帮助客人解决实际困难。

在饭店行业大力提倡超值服务的今天,决不能轻易地拒绝客人,就是婉言拒绝也不可取。饭店员工应该牢牢树立"客人的需要是我们根本的服务项目"思想,哪怕有困难和麻烦,也应该尽全力用诚实、高效的超值服务去赢得我们的上帝——住店的客人。

【案例 17】处理客人信件的失误

某日,S 市的某饭店总服务台收到一封从邻近省市某工厂企业寄来的一封平信,信封上写明"请速转住店客人李××收。"在信封左下角用括号加注了一行字"台湾李先生日内由香港中转到大陆入住你店"。

总台值班服务员见是一封平信,便未引起重视,随手把信放在柜台后面的信架上,在与另外的值班服务员交接班时忘记交代此事,时间一长,这封信这便成了一封"死信"。

外地工厂来信的原由是这样:台湾李先生拟专程来大陆与该厂谈判合资办厂问题,事先用图文传真告知该厂他到大陆 S 市的日期和所住饭店(包括地址)以及他到达该厂的大概日期。厂方接到传真以后,考虑到谈判代表恰巧到 S 市办公事,于是发电传到台湾,希望李先生在 S 市等厂方代表就地谈判,谁知李先生已离开台湾去香港了,电传内容无法知悉,厂方不放心,在李先生尚未到达 S 市以前,寄出一封平信,认为 S 市的饭店会负责及时转交给李先生的。

然而事与愿违。台湾的李先生在 S 市逗留了一个晚上,在入住登记和离店时当然不会注意信架上会有给自己的信,而且更不可能主动向饭店总台询问此事。无巧不成书,就在李先生离 S 市乘火车的途中,厂方的代表却坐在行驶方向恰恰相反的火车上,直到最后只好到 S 市打电话回厂向台湾的李先生赔不是,请他折回 S 市,折腾了一番。

【评析】

为客人递送信件是饭店基本的服务项目。饭店不仅要重视电报、电传、挂号信件,对于那些普通信件也不可掉以轻心。

台湾李先生匆匆往返于 S 市与邻近省市工厂之间,平白浪费了时间和精力,还不算经济上的花费损失,看来 S 市的饭店应该负主要责任!

目前国内外的大饭店都专门设有专职邮电员,工作职责是处理邮件、电报、电传、包裹、信件等。当他接到限时邮件时不管是电报,还是上述案例中的一封信也一样,都应当立即用电话通知,或利用广播或其他方法直到找到客人为止。如果客人不在饭店内,等客人一回来就应立刻把邮件交给客人。

上述案例中的 S 市饭店没能设置专职邮电员,应该做好邮件登记和客人签收工作。通过总台值班服务员的交接班应该使台湾李先生在办理住店登记手续时,亲自取到那封平信。

【案例 18】您能帮我核对一下吗?

某日,一位在北京丽都假日饭店长住的客人到该店前台收银支付一段时间在店内用餐的费用。

当他一看到打印好的账单上面的总金额时,马上火冒三丈地讲:"你们真是乱收费,我不可能有这样高的消费!"

收银员面带微笑地回答客人说："对不起，您能让我再核对一下原始单据吗？"

客人当然表示没有异议。

收银员开始检查账单，一面对客人说："真是对不起，您能帮我一起核对吗？"

客人点头认可，于是和收银员一起对账单进行核对。期间，那位收银员顺势对几笔大的账目金额（如招待宴请访客以及饮用名酒……）作了口头启示以唤起客人的回忆。

等账目全部核对完毕，收银员有礼貌地说："谢谢，您帮助我核对了账单，耽误了您的时间，让您费神了！"

客人听罢连声说："小姐，麻烦你了，真不好意思！"

【评析】

前台收银处对客人来说是个非常"敏感"的地方，也是最容易让客人发火的地方。在通常情况下，长住客人在饭店内用餐后都喜欢用"签单"的方式结账，简单易行而且方便。

但是由于客人在用餐时往往会忽视所点菜肴和酒水的价格，所以等客人事后到前台付账时，当看到账单上汇总的消费总金额时，往往会大吃一惊，觉得自己并没有吃喝了那么多，于是就责怪餐厅所报的账目（包括价格）有差错，结果便把火气发泄到无辜的前台收银员身上。

上述案例中的收银员用美好的语言使客人"熄了火"。一开始她就揣摩到客人的心理，避免用简单生硬的语言（比如"签单上面肯定有你的签字，账单肯定不会错……"之类的话），使客人不至于下不了台而恼羞成怒。本来该店有规定：账单应该由有异议的客人自己进行检查，而那位收银员懂得"顾客就是上帝"这句话的真谛，因此在处理矛盾时，先向客人道歉，然后仔细帮客人再核对一遍账目，其间对语言技巧的合理运用也是很重要的，尊重是语言礼貌的核心部分。说话时要尊重客人，即使客人发了火，也不要忘记尊重客人也就是尊重自己这个道理。

【案例 19】客人不肯付账离去

一天早上，南方某大酒店的一位香港客人下电梯来到大堂总台服务处结账。他操着一口粤语对服务员说："小姐，8916 房结账。""好的，先生，请把您的钥匙牌或房卡证给我看一下。"服务员礼貌地回答。"哦，我没有带来，可以结账吗？"客人显得有点不耐烦。"请问先生，您的姓名是……"服务员接着又问。客人不悦道："结账还用问姓名？"服务员耐心地解释说："因为我们需要核对一下姓名，以防万一搞错会带来麻烦。"客人很不情愿地报出了自己的姓名。服务员迅速地打出账单，客人掏出皮夹子拿钱。同时，服务员又对客人叮嘱了一句："顺便说一下，您的 8916 房钥匙牌用完后请送到收银台。"谁知客人一听，勃然大怒，收起钱来，大声嚷嚷："你们酒店这么麻烦，给钱不要，还唠叨个没完，我不付款了。"嘴里还冒出几句骂人的语，一面收起钱来，扭头就往电梯处去。

正在值班的大堂副理闻声跑来，立即赶到电梯口，把客人请回来，对他说："先生，您息怒，有什么意见尽管提，我们立即解决，但钱还是要付的。"这位客人却指着服务员的鼻子说："她不道歉，我就不付款。"此时，服务员已是满腹委屈，实在难以启齿道歉，双方僵持不下，引起了服务台客人们的注意。怎么办？大堂副理紧张地思考一下，便跟服务员轻声说了几句，服务员听到了点点头，强忍着几乎快要掉下来的眼泪，对客人说了声："对不起。"客人这才付了钱，扬长而去。

【评析】

第一，案例中服务员出于对客人的负责，按饭店服务规程查询客人的钥匙牌或住房卡，核对客人的姓名，以及交代客人归还钥匙牌，都是无非议的，这件事显然是客人无理。饭店服务员既然遇到了不讲情理的客人，还是要奉行"客人永远是对的"的原则，把正确让给客人，把错误留给自己。服务员正是努力这样去做的。忍受个人的委屈，满足了"上帝"的要求，使一场风波得以平息，这种顾大局、识大体的精神值得发扬。

第二，大堂副理对这一突发事件的处理比较积极稳妥。首先，当客人从收款台忿然离去不愿付款时，他及时赶到，把客人请回去解决问题。他首先想到饭店的利益不能受损失，尽管客人情绪过激，行为过份，也要在事发的萌芽状态想方设法让客人掏出钱来。其次，大堂是饭店的门户和窗口，当客人不近情理地要求服务员先道歉再付款而形成僵局时，大堂副理当机立断，做工作，请服务员赔不是，从而打破僵局，恢复了总台工作秩序，维护了大堂正常运转的形象，这一做法无疑也是正确的。

【案例 20】客人拒付房租

某日，两位客人有说有笑地来到宾馆。他们一起登记住宿，一位入住 820 房，另一位入住 816 房。

登记完毕，总台小姐礼貌地询问："先生，请问你们的账怎么付？" 820 房客人回答道："一起付。"

于是总台小姐填写了预付款单，全额 3 000 元人民币，并在单子上注明"816 房客人账由 820 房客人付。"然后对 820 房客人说："请签名确认。由于你们两间房统一付款，因此预付款要交 3 000 元，请到结账处办理。"客人随即签名交钱。

两天以后的中午 12：00，820 房的客人来结账，与总台发生了争执："我没有看到预付单上写有'816 房的客人账由 820 房客人付'字样，一定是我签名以后总台小姐加上的，我们登记时说过各付各的账。"接着说，"我只结自己的账。"

（816 房的客人已于今早离店，并未结账。）

听到争吵，客房部经理卓女士来到现场，对客人说："您好！我是饭店的客房部经理，有什么事我会想办法为你解决的。"

（画面）客人讲述，总台小姐讲述，卓经理看了看客人的预付账单，对事情的大概有了一个了解。

为了安慰客人，卓经理转过身对客人说："先生您别急，我们一定会尽快查清，尽量给您满意的答复，您看能否先去用午餐，等用完餐再过来结账。"

13：00，客人用完午餐来到结账处，不客气地问道："事情怎么样了，我还要赶飞机呢？"同时反问道："你有雷锋那样的高尚吗？别人吃喝玩乐，你来帮他付账？那谁来帮我付账？"又说："我朋友很有钱，他肯定会付账的，不会要我替他付的。"

卓经理耐心地向客人解释道："先生，我相信您的朋友肯定会付账的，但他未结账就离店，肯定知道你们是一起付款的。按照我们酒店的常规，一间房客人入住 1~2 天，一般预付 1 000~2 000 元，您的预付标明 3 000 元，表明总台小姐考虑了两个房间的预付款；另外，总台规定，客人若未替其他客人付账而只是交预付款，是不需要在预付款单上签字，单子上有客人签名，就说明 820 房客人付 816 账，这一点已得到客人认可。"

听到这儿，客人不以为然地说："我怎么会知道你们酒店什么规定。"

卓经理仍然耐心地说："您若不相信我，我可以当场给您看其他交预付款客人的单子，假如您能在上面看到客人签名，您就不用付这笔账了。"

至此，820 房的客人不吭声了，却仍硬撑着，小卓笑着道："发生这样不愉快的事情，确实有我们做得不够的地方，既给您添了麻烦，也让我们感到为难，您看我们能否想个两全齐美的办法来解决这个问题呢？"

客人马上问道："怎么解决？"

卓经理说："我相信您说的，您的朋友肯定会支付这笔账，您能否给我留下他的地址、电话号码，以便联系。同时请您帮个忙，先帮他付这笔账，我们及时与您的朋友联系，由酒店出面追回这笔款项，同时以酒店信誉担保，款一到马上退款给您。您以为如何？"

听到这里，客人顺水推舟地回答："算了，算我倒霉，我付了。"

【评析】

拒付房费的客人在客房部经理耐心的解释和主动"进攻"之后，终于付清了房费。明明知道自己的不对，却提出各种无理要求，面对这样的客人，酒店更应该循循诱导，以情以理服人，这样才能真正解决问题，达到预期的效果。

【案例 21】签错的支票

某日夜晚，一位外籍住店客人正在兑换外币，在填写旅行支票时，不慎将名字签错了地方，面对签错的支票，饭店总台外币兑换员对客人说："这张支票签名的地方不对，请换一张。"客人不同意，双方发生了争执，兑换员坚持不予兑换，客人满腹怒气，来到大堂经理处。

经理小杨正在值班，看到气呼呼走过来的客人，小杨迎上前去，问道："先生，能为你效劳吗？"客人说了事情的经过，显得很着急，小杨听罢，心中暗忖，兑换员说不行，怕难以变通，但又不能随随便便将一个寻求帮忙的客人拒之门外，小杨安慰客人道："先生，别着急，事情总可以解决的，你先请喝杯咖啡，我帮你想办法。"说着，把客人请到酒吧稍作休息。

小杨本身对兑换外币业务并不熟悉，但他想客人之所想，急客人之所急，不熟悉情况先了解这方面的情况，随即，他拨通储蓄所的电话，诚恳地向他们请教。电话接通了："你好，我是××饭店，我们这儿的一位客人在兑换外币时签错了支票，我想请教一下，是不是有什么可以补救的办法？"对方听后请小杨打电话到分行询问，小杨道："谢谢！"随后又拨通分行办公室的电话，回答是要问国际兑换台。小杨又一次拿起电话，接通分行国际兑换台，请求帮助。银行方面说办法简单：只要在正确的地方再补签个名就可以了。找到办法后，小杨很快到客人身边，告诉他解决的办法，并将客人带到总台外币兑换处，向兑换员讲明情况，使客人顺利地兑换了外币，这时客人带着满意的神情称赞小杨："谢谢你这么快解决了问题，帮了我的大忙，真不愧为客人的知己。"看着客人翘起大拇指，小杨舒心地笑了："这是我们应尽的义务，请不必客气。"客人满意而去。

【评析】

原本是一件极可能引起投诉的复杂事情，可处理起来就这么简单，几个电话就把它处理妥帖，而且效果相当好。其实，类似的事在我们平常服务工作中都会遇到。该如何处理？上面的事例就是答案：不能简单地说"不"，不如换一种方式试试，多动动嘴，多跑跑腿，在自己力所能及的范围内多为客人做些努力。

这样，即使有些事一时不能解决，客人也会谅解的。

【案例22】"0"与"00"

一位东北客人住进了上海的某宾馆。一天他在客房内使用电话与国内的客户联系工作。他翻开床头柜上的宾馆服务指南，"电话使用说明"提示："国内直拨"先拨"80"再拨地区号和电话号码。该客人照此办理，果然对方接电话了，但传来的却是一位小姐一连串的英语。他立即挂断了电话，重拨号码，又听到那位小姐的一串英语。"怎么搞的，难道我拨错了？"他心想着又重新仔细地看一遍电话使用说明，发现确实没错后他又照此拨号，结果还是传来这位小姐的声音，一连五次听到的都是莫明其妙的英语，于是他不得不挂上话筒。

当客人离开宾馆结账时，服务员对他说："先生，这是您拨打的五次加拿大国际电话费的账单。"客人大吃一惊："什么加拿大电话？我没打过。"服务员说："电脑是这样显示的，没错！"客人说："怎么没错？我没有加拿大朋友，根本不需要打加拿大电话，肯定是你们的电脑出问题了。"服务员说："电脑是不会出差错的。"客人恼火了："电脑也会出差错的，这钱我可是不付的"。服务员也急了："明明是您打了五次国际电话，怎么可以赖账？"客人怒气冲冲地说："我赖账？你们简直不讲道理，我要找你们总经理评理！"双方争执越演越烈。当争吵声传到客房部，盛经理马上意识到问题又出在"0"上。使用说明规定先拨"80"，再拨地区号和电话号码，但没有说地区号前的"0"不需再拨，而东北客人恰恰重复了这个"0"。显然宾馆方面负有一定的责任，应承担一定经济损失，但另一部分的费用怎样才能让这位客人支付呢？这位客房部经理曾在东北生活过十余年，通过长期的接触，深知东北同志具有朴实豪爽的性格特点，仔细倾听了客人诉说，充分了解客人身份和事情经过后，盛经理很诚恳地对客人说："很对不起，刚才服务员对您的指责是不应该的，我向您表示歉意。我曾经在东北生活过十余年，十分了解你们东北人，东北人热情、豪爽又通情达理。我知道您并不是打了电话不肯付钱，也不是付不起这些电话费，而是您根本没有拨打国际电话的念头，拨到加拿大完全是您无意的。我们宾馆的电话使用说明有问题，我们宾馆有一定的责任，我们的电话使用说明今后一定修改。"盛经理实事求是的态度深深感动了这位东北客人，客人说："你说得对，说出了我心里话。"盛经理又说："尽管您没有拨国际电话的动机，但由于您的动作而五次接通了加拿大电话，产生了费用问题。我们宾馆应承担一部分费用，是否请您承担另一部分费用呢？"客人马上说："您说得有道理，既然您实事求是，那我也应该实事求是，另一部分费用我付。"这样便妥善解决了这个矛盾，事后这位东北客人认了客房部经理半个老乡，以后每次来上海总住那里。

【评析】

全国各大宾馆、饭店电话使用说明中应对国内长途，国际长途，特别是"0"与"00"有所交代，以免产生类似的误会。

【案例 23】一笔没有打过的电话费用

某宾馆客房，客人手执一张账单，正在拨号打电话。

"喂，我的账单内有一笔没有发生过的长途电话费，我到前台去问过，她说电脑上有显示，但我感到很奇怪，我从来没有打过这个电话。"

客人的语气中，透出一股淡淡的傲气。

大堂经理小王放下电话，匆匆赶到收款台，向收款员了解情况，并再次查阅电脑记录，经查电脑记录显示客人所住客服产生过长途电话费。

这时，客人也来到了收款台前。

"对不起，我们让您不愉快了。"小王忙伸出手与客人握手，同时抱歉地说，然后，互换名片。

"噢，你是 ABW 公司的，欢迎欢迎，久仰久仰。"

再次握手，接着，小王向收款员调出该客人的账单，并将查实的情况与客人叙述了一遍。

"您看，我们这里都是电脑储存信息资料的，一般不会错。"

客人并不争辩，冷静而矜持地说："我这次出差来上海，所有的费用全部由公司承担。"

小王笑着说："我懂您的意思了，您并不在乎这笔账，更不会赖账，但您不想付冤枉账，是不是？"

客人含笑点头："你知道就好。"态度很认真，显然不会是故意找错。

小王把客人请到大堂经理值班台坐下细谈，提醒客人："您已在饭店住了一周，并且因为公务曾打过多次电话。"顿了顿，"请您仔细回想一下，这一周里会不会有客户在您房间里打过电话，而您正好不在房间呢？"

小王耐心地和客人核实每一笔账，"如果我们在收款时语言有失礼貌，请您多包涵。"

显然，客人被小王的真诚和友好打动了，他站了起来，握住小王的手，"不说了，不说了，尽管我还是记不清到底有没有打过这个电话，但我相信贵店，相信您们不会错。"

过了几天，该客人带着大小包裹走出电梯准备离店前，特地来到大堂经理值班台，饱含歉意地对小王说："真对不起，那个电话是我的一个客户打的，他忘了给我打招呼。"

两人握手，诚恳而友好。

【评析】

如果客人最终还是不知道电话是谁打的，但只要我们以最大的真诚，最仔细的态度，也会将此事顺利解决。

【案例 24】厕所文明不容忽视

我国北方某城市一家二星级饭店，建筑外观还算不错，设备也算得上齐全。

住在 8306 客房的客人，清早起来发现室内卫生间的地面上被马桶内漏出的水弄湿了，他叫服务员来收拾，而自己走下楼去大堂男用公共卫生间方便，一进去就闻得一股异味，便缸也冲得不清爽，他勉强地使用之后，便找到一个大堂服务员，对厕所不卫生提出了意见。服务员却回答说："卫生间总是有臭味的，我们饭店人手少，公共场所怎么照顾得过来！"客人听了以后更是火冒三丈，再去找饭店经理，谁知经理也是一样的态度，还是那句话："卫生间总是有异味的，怎么能弄清爽！"客人听了更觉得不是滋味，大声申诉说："你们这家饭店也算是星级饭店了，连客房内的卫生间都弄不好，更不要说公共卫生间了，真是岂有此理，我要向你的上级投诉，并且劝说熟人出差时不要住在你们这里！"

【评析】

"卫生间总是有臭味的"这句话听起来似乎不无道理，特别是饭店内大堂公共卫生间，进出人多，的确容易存在异味，然而正是因为有异味才需要由专人去打扫，管理者也应当经常加以督促检查。

该饭店大堂服务员和饭店经理用很不得体的话来回答客人的投诉，完全是很不诚恳、很不虚心的态度。看来这家饭店挂着星级招牌，在管理和服务方面均不合格。此外饭店员工（包括管理者）平素也不注意宾馆语言的使用技巧。

对一家饭店来说，清洁卫生的形象是很重要的。客人们一般对客房内的卫生设备和公共卫生间状况，都是很计较的。

在我国，长期以来厕所都是被视为不登大雅之堂的，其实这是人们的一种历史偏见。人们不论在家里或者外出，厕所是不可缺少的生活设施，人们往往把脏臭看成是厕所的代名词，这是很不公正的。现代生活中的事实告诉我们，厕所是应当不脏不臭的，而且也能够做到不脏不臭的，关键在于管理。只要有具体的制度，落实到专人勤加打扫就可以取得成效。

广州市不仅宾馆而且许多公厕也已采用微电脑控制冲水，并引进一批"绿房子"——移动公厕，在粪便器内溶了化粪除臭剂并加进了天然味香水气味，自然芳香，异味全消。国家旅游局早在1982年先后两次召开省市旅游部门负责人会议，专门讨论厕所问题，并明确宣布：厕所文明不"达标过关"，不能称为文明城市、文明单位。

第二章　客房部分

【案例 1】结账退房以后

一位住客当天中午乘火车回乡，提早在某饭店总服务台办好结账退房手续，他认为虽然结了账，但在中午十二时以前客房的住用权仍是属于他的，因此把整理好的箱物行李放在客房内，没有向楼层服务员打招呼，就出去买东西逛街了。

过了一个多小时，那位客人回到饭店准备取行李离店，谁知进入原住客房一看，已经有新住客在房间内喝茶，而他的行李已不知去向。当找到楼层服务员以后才知道他的行李已送到总台去了，楼层服务员反而责怪他为什么在结账后不和楼层联系。

客人听了以后很生气，"回敬"了几句便到总服务台提意见，谁知总台人员不记得他已结账，还不肯马上把行李交还给他。经过与楼层服务员联系的反复折腾，客人离店时已经快中午了。客人临行时说了句："如果下次再来这个城市，我发誓不住你们这里！"

【评析】

客人办理结账退房以后并未最后离馆的情况并非罕见。通过以上案例，可以看出该饭店在客房服务的程序方面存在漏洞。

有些饭店把房间钥匙交给客人保管使用，比较方便，当客人结账时即把钥匙交回，如果需要寄存行李也应交给总台，不再回客房了。该饭店是采用由楼层服务员为客人开房门的办法，由于总服务台和楼层服务台之间配合得不好，无法掌握客人的行踪去向，造成服务混乱无章。

正确的做法是楼层服务员心中应当对客人退房离店的时间有个数，主动和客人联系以便安排打扫客房接待新来的客人的有关事宜。

如果客人不通过楼层服务员而直接到总台结账，总台人员也应该同时和楼层服务员联系，如果客人不马上离店，那么房间也不可急于打扫，总台也不可把新客人安排入住该房间。假如客人想再进房间，而已把行李寄放到总台，那就另当别论了。

上述案例中饭店的最大失误之处，在于客人虽已办理结账退房手续，但行李仍放在房间内，本人尚未最后离店。在客房未重新整理打扫好之前，马上又安排新的客人入住，这显然是错误的，因为这间客房还不够重新出租的条件。

【案例 2】客人离店被阻

地点：北方某宾馆。一位四十来岁的客人陈先生提着旅行包从 8512 房间匆匆走出，走到楼层中间拐弯处服务台前，将房间钥匙放到服务台上，对值班服务员说："小姐，这把钥匙交给您，我这就下楼去总台结账。"却不料服务员小余不冷不热地告诉他："先生，请您稍等，等查完您的房后再走。"一面即拨电话召唤同伴。李先生顿时很尴尬，心里很不高兴，只得无可奈何地说："那就请便吧。"这时，另一位服务员小赵从工作间出来，走到陈先生跟前，将他上下打量一番，又扫视一下那只旅行包，陈先生觉得受到了侮辱，气得脸色都变了，大声嚷道："你们太不尊重人了！"

小赵也不答理，拿了钥匙，径直往 8512 号房间走去。她打开房门，走进去不紧不慢地搜点：从床上用品到立柜内的衣架，从衣箱里的食品到盥洗室的毛巾，一一清查，还打开电控柜的电视机开关看看屏幕。然后，他离房回到服务台前，对陈先生说："先生，您现在可以走了。"陈先生早就等得不耐烦了，听到了她放行的"关照"，更觉恼火，待要发作，或投诉，又想到要去赶火车，只得作罢，带着一肚子怨气离开宾馆。

【评析】

服务员在客人离店前检查客房的设备、用品是否受损或遭窃，从保护宾馆的财产安全角度来看，这本来是无可非议的，也是服务员应尽的职责。然而，本例中服务员小余、小赵的处理方法是错误的。在任何情况下都不能对客人说"不"，这是酒店服务员对待客人一项基本准则。客人要离房去总台结账，这完全是正常的行为，服务员无权也没有理由限制客人算账，阻拦客人离去。随便阻拦客人，对客人投以不信任的目光，这是对客人的不礼貌，甚至是一种侮辱。正确的做法应该是：

第一，楼层值台服务员应收下客人钥匙，让他下楼结账，并立即打电话通知总服务台，××号房间客人马上就要来结账。总台服务员则应心领神会，与客人结账时有意稍稍拖延时间，或与客人多聊几句，如："先生，这几天下榻宾馆感觉如何？欢迎您提出批评。""欢迎您下次光临！"或查电脑资料放慢节奏，如与旁边同事交谈几句，似乎在打听有关情况；或有电话主动接听，侃侃而谈，等等。

第二，客户服务员也应积极配合，提高工作效率，迅速清点客房设备、用品，重点检查易携带、供消费的用品，如浴巾、冰箱内的饮料、食品等，随即将结果告诉楼层服务台，值班服务员则应立即打电话转告楼下总台。

第三，总台服务员得到楼上服务台"平安无事"的信息后，即可与客人了结离店手续。

【案例 3】访客时间已过

墙上的挂钟在"嗒嗒"地越过 12 点，四周一片寂静，夜已深。服务员皱着眉，看看挂钟又看看腕上的手表。拿起电话拨打黄先生所住房间电话。

错误做法

"对不起，黄先生，我们酒店规定的访客时间已经过了，请您协助，提醒您的访客离开。"黄先生提着话筒："催什么催，住酒店又不是蹲大狱，盯那么紧干什么，真是花钱买罪受！"

正确做法

服务员拎着话筒："您好，黄先生，我是 9 楼服务员，打扰您很抱歉，只是酒店规定的访客时间已过，您的访客该离开了，我怕您不知道，特地提醒您。"停顿一下，见对方沉默不语。

"哦，可能您还有事没谈完，您再谈一会吧，过一会我再给您来电话。"

由于语气平和，并给了对方一个余地，对方已一时无言。

挂钟，"嗒嗒"……时针跨过一点半。

服务员拨电话。

"您好，黄先生，欢迎您的访客来我店，只是现在酒店规定的访客时间已过了，如果您还要继续会谈，欢迎您和您的朋友到我们楼下的咖啡厅，它将 24 小时为您提供服务。"顿一顿，"如果您的访客要留宿，我们很欢迎，请您的朋友到总台办理好登记手续。"

挂钟，"嗒嗒"……时针越过两点，咖啡厅，仅有两人在谈话，不是黄先生他们。

服务员拨电话："您好，黄先生，看来您的访客是想留宿了，我们很欢迎，如果您不方便我通知总台上门为您的朋友办理手续行吗？"

客人听后意识到夜已深，于是客人收起东西，出了酒店。

【评析】

访客不愿离店，一般有两种情况，一是想留宿，二是确有事情商谈。

服务员的环环紧扣法，最终总能奏效，因为访客往往不想办理住宿手续。

为了酒店和客人的安全，饭店必须坚持夜间清房制度，而这项专门的服务，需要智谋，需要语言艺术，这，对服务员是一种考验。

【案例 4】跟踪服务无处不在

（一）

某宾馆 8906 房间。推门而入的是远道而来的潘教授和当地接待部门的杜处长。

"纤尘不染，杜处长，看来这里的管理和服务很不错。"潘教授出于职业的习惯，随手抹了一把写字台的桌面看了一看说道。

两人刚坐下休息，一位面带微笑的服务员敲门进来。她的手上端着盘子，上有两杯刚沏好的茶，亲切地说："先生路上辛苦了，请用茶。"话音未落，紧随其后又来了一位服务员，送上的是两块热毛巾。"先生一定累了，请擦一下脸，再好好休息一下，有事情请吩咐。"两位小姐退出后，潘教授和杜处长一边擦脸一边不约而同地称道毛巾的香水味。

"潘教授是饭店管理专家，感谢您这次来对我们的指导。"杜处长对潘教授说。

潘教授与杜处长亲切交谈着。

（二）

有两位造访者来，他们是潘教授在当地的两位老朋友。一阵寒暄未了，"先生用茶"，"先生请用热毛巾"，面含笑意的服务员渐次而至。

潘教授连忙向服务员致谢，趁机询问这里的服务何以如此热情周到。服务小姐回答："客房部强调人到，茶到，毛巾到。不仅我们对住店的客人如此，对客人的客人也是如此，对客人的客人的客人还是如此。来的都是客，我们一律提供最好的服务。"潘教授赞许地点头。

（三）

客房窗外，天色渐淡。杜处长提醒大家该是用晚餐的时候了。大家起座，步出房门。楼层服务员见状已经抢先为潘教授一行按了电梯。待电梯门开后，服务员又轻声细语地关照："请慢走，请当心。"当他们来到底楼，一阵欢迎光临餐厅的声音又迎面而来。

（四）

晚餐用毕，潘教授一行离开餐厅时，又听到先前那位小姐客气的告别词。

潘教授一行乘电梯回到了 9 楼，电梯门开，服务员小姐热情地说，这是 9 楼，对旁边手提行李的新客连忙介绍说："这是 9 楼，欢迎来到 9 楼。"对潘教授一行说："你们回来了，请休息。"

回到客房后，潘教授对杜处长等人说："这里的服务果真名不虚传。会不会因为有您杜处长在，或者服务员知道我是他们总经理的客人而享受特别优待呢？"潘教授决定再察看一番。

（五）

潘教授独自一人乘电梯下了楼，再转身乘上电梯，从 8 楼起，每层停一下，但见先走出的客人脚才踏上走廊，服务小姐便一边致欢迎词，一边在前引路，为客人开门，而在 10 米远处，另一位服务员已捧起热水瓶在沏茶了，一切都是那么自然，那么连贯。层层楼面都一样规范。

（六）

潘教授送走了客人，走到写字台旁坐下，他扭亮台灯，铺开文稿纸，若有所思，手中的笔落下。文稿上一行字迹清晰可见："论优质服务的精髓——'亲'——兼谈接待型管理在转轨中的特色保留"。

（七）

清晨，电话铃响，潘教授打开床头柜上的台灯，掀开被子接听电话："先生，早上好，您不是今天一早要动身吗？我怕您睡过头，所以特意打了电话给您。"电话那头是楼层服务员小姐亲切的声音。

（八）

潘教授离房告辞，楼层服务员小姐热情相送，并再三关照："请下次再来我们宾馆，再来 9 楼住宿。"

【案例 5】春节的访客

王先生携妻驱车抵达至 A 酒店，入住 807 房间。

次日，大年初一，8 楼服务台。两位服务员小姐谈笑风生，喜气洋洋。墙壁挂钟指针正对着 9：30。一位衣着朴素的先生来到服务台。

刘先生：我姓刘，我找 807 房间王先生。

服务员：（拎起电话）喂，王先生，有位姓刘的先生找您。

王先生穿戴不整地推开房门，探出半个身体打量外面。

王先生：老刘新年好。没想到您这么准时驾到。朱萍还在更衣，请先在大厅休息一下。

刘先生走到大厅的沙发边坐下，一边抽着香烟，一边环顾华丽的装饰和山水风景画。刘先生面带微笑。

两位服务员小姐来到休息大厅中央，把各自怀抱的床单、枕巾、被套之类扔在地上，然后一件件分类。两人各拉着床单、被套的一边上下抖动着，再对叠起来，作送洗衣房的准备。

明媚的阳光透过大幅玻璃窗斜射进来。从刘先生的沙发位置望去，两位小姐正好逆着阳光，愈发显出年轻秀美。在她们的周围，清楚可见棉织物纤维和细碎粉尘纷纷扬扬，弥散开去。

刘先生：（大口吸烟，自语）我坐在这儿她们怎么视而不见。太不够意思了，煞风景。

刘先生起座，走到安全通道口中"通风"。

看到刘先生离去的背影，两位小姐相互做了个怪脸，却不停止手中的操作。

王先生来到大厅。见状急停，紧锁双眉，避之唯恐不及。两位小姐住手，面露歉意。

服务员：今天是春节，住客特别少，您不会介意吧？

刘先生闻声复出，与王先生寒暄的同时疾步走向807房间。

807房间。朱小姐从盥洗室出。王先生准备给刘先生泡茶。

朱小姐：老王，把昨天在杭州冯经理送的那盒高级茶拿出来打开，给老刘尝尝。

王先生取茶、装杯、倒水。水温不热。遂开门唤服务员小姐，要求换水。服务员小姐送水。水温仍不够热。王先生摇头，表情遗憾。刘先生不悦，走出房外。

刘先生：小姐，你们怎么搞的，难道大年初一烧不出热水？

服务员：知道了，对不起。如果水温不够热的话我们马上再送。

刘先生转身欲回房间，边走边喃喃自语："什么叫'如果水温不够热'，这什么话儿。"此刻，身后飘来了小姐的抱怨："访客怎么这样不客气，还反客为主了。"刘先生听摆摇头。

807房间。

刘先生：真对不起。这家酒店牌子够老的了，交通也便利，老虎再三就把你们介绍到这里。没有想到服务质量会这样。换一家酒店吧？

朱萍：就听老刘的，换店。

刘先生：换一个店，我请你们吃早茶，我尽地主之谊。

王先生：哪里哪里，今日为了我却得罪了您，所以早茶我作东。

人去室空。茶几上，三杯未泡开的茶，茶叶浮在水面上。8楼服务台墙上的钟指着9：30。

数日后。A酒店会议室。客房部经理正在进行每周质量讲评。

经理：我想利用大家最后一点时间，再强调一下关于接待访客的问题。今年我们这座城市的大型民俗活动节日特别多。据公关销售部提供的信息，届时将会有邻近各省市许多企事业单位组团前来观光浏览。他们在住店的同时，会探亲访友，也会有许多访客来探望他们。因此，要强化对访客的服务意识，树立起"访客也是宾客"的经营思想，站在入住客人的立场上，为访客提供更加周全、更加细致的服务。访客对酒店的感觉会左右住客的情绪；访客也是我们酒店潜在的住客。散会。

服务员们纷纷走向会议室大门。最后离场的是8楼服务台的那两位小姐。她们神情严肃，似有所悟。

【案例6】小龚的迷茫

服务员小龚第一天上班，被分在饭店主楼12层做值台，由于她刚经过三个月的岗位培训，对做好这项工作充满信心，自我感觉良好。一个上午的接待工作确也颇为顺手。

午后，电梯门打开，"叮当"一声走出两位港客，小龚立刻迎上前去，微笑着说："先生，您好！"她看过客人的住宿证，然后接过他们的行李，一边说："欢迎入住本饭店，请跟我来。"一边领他们走进客房，随手给他们沏了两杯茶放在茶几上，说道："先生，请用茶。"接着她又用手示意，一一介绍客房设备设施："这是床头控制柜，这是空调开关……"这时，其中一位客人用粤语打断她的话头，说："知道了。"但小龚仍然继续说："这是电冰箱，桌上文件夹内有'入住须知'和'电话指南'……"未等她说完，另一位客人又掏出钱包抽出一张面值10元的外汇券不耐烦地给她。霎时，小龚愣住了，一片好意被拒绝甚至误解，使她感到既沮丧又委屈，她涨红着脸对客人说："对不起，先生，我们不收小费，谢谢您！如果没有别的事，那我就告退了。"说完便退出房间回到服务台。

此刻，小龚心里乱极了，她实在想不通：自己按服务规程给客人耐心介绍客房设备设施，为什么会不受客人欢迎。

【评析】

小龚对客人积极主动的服务热情首先应该充分肯定，她按服务规程不厌其烦地给客人介绍客房设备设施，一般说也并不错（客人给她小费，本身也包含了对她服务工作的肯定，说明她所做的工作并没有错。）但是，服务规程有个因人而异灵活运用等问题，对服务分寸的掌握也有个适度的问题。这样来看，小龚对两位港客太地道的服务确有欠妥之处。

显然，将客房的常用设备设施甚至普通常识详细介绍决非初涉宾馆的档次较高的港客，是大可不必的，特别是当人已显出不耐烦时，还是继续唠叨，那更是过头了，也太死板了，会让客人感到对方以为他们未见过世面而在开导他们，使其自尊心受到挫伤，或者误解服务员是变相索要小费而看不起她，从而引起客人的不满和反感，好心没有办成好事，这是满腔热情的小龚始料未及的，其中蕴含的服务技巧问题，值得饭店同行沉思和探讨。

【案例 7】愚人节的气恼

一辆巴士将浏览一天的某香港旅行团送回了下榻的宾馆。在回客房的途中，几位年轻的游客与一位老先生嬉闹。老先生姓马，是该旅行团的导游。

马先生为人随和，又不乏风趣幽默。晚餐之后，与几位年轻的客人在宾馆歌舞厅消遣的马先生，见天色已晚，便先告辞，说回房中还要安排后几日的游览事宜。

夜阑人静，马先生结束了手头的工作，准备就寝，电话蜂鸣声骤起。打电话的是本层8112客房的两位晚上与马先生共舞的女性游客。她们说有急事相商，务必请先生过去一下。"恭敬不如从命"，不便再三推辞的马先生，虚掩上房门，前去8112客房。

在 8112 客房对面的一间客房门缝里，出现了两双窥视的眼睛，当见马先生进入了 8112 客房后，窥视的眼睛变成了两位年轻的男士，但见他们手持啤酒罐，迅速闪入马先生的客房。

在马先生的客房里，两位不速之客将手中的啤酒倒在了两张床铺上。其中一位还不善罢甘休，又从桌上取来茶杯，将茶水倒在床铺上。两位喜不自胜地逃出了马先生的客房。

马先生回到了客房，抬腕看了看手表自言自语："已过 12 点，新的一天开始了赶快睡觉"。当马先生铺被子的时候，发现两张床铺均已湿透。这样，睡觉已是没有可能。

事情报到了值班经理那里，值班经理赶来处理。

"今天是愚人节，这显然是有人在与您开玩笑，诸如此类的事已发生多次了。"值班经理好像已有预料。

"All Fools' Day"，马先生恍然大悟。

值班经理掀开了床单，啤酒、茶水的渗透也浸湿了席梦思。仅仅换床单是解决不了问题的。

值班经理提出为马先生换一间客房。但弄湿的床单和席梦思的清洗费用要请马先生支付，并且要增加一天的住宿费，因为清洗席梦思，整个客房已不能出租。

马先生同意换房，但对赔偿之事颇有微词，理由是"冤有头，债有主"请宾馆找到肇事者赔偿。

值班经理解释道："一旦客人入住进宾馆之后，客人与宾馆之间就形成了一种契约关系，双方都享有权利并各自履行义务。客人有向宾馆要求获得优质服务和完善设施的权利，同时也有义务爱护宾馆内一切设施和财物的义务。现在宾馆的物品受到了损害，又有连带的后果，客人务必履行赔偿的责任。如果因为是愚人节，客人都如此效仿，会给我们的管理和经营带来极大的麻烦，请马先生见谅。至于谁是肇事者，宾馆有责任帮助先生进行调查。"

谁是肇事者？聪明的马先生当然心中有数，只是有口难言。马先生说道："倒也不必兴师动众，我认赔嘛，只不过……"

值班经理体谅到马先生有难言的委屈，又考虑到这家香港旅行团也是宾馆的常客，有理有节，因人而异，灵活掌握，是扩大客源的必要手段。值班经理赶紧说："我们非常欢迎贵旅游团光临我们的宾馆。我们也了解到马先生已不止一次带队到我们宾馆入住。因此，关于赔偿的费用，我们可以按六折计算，先生意下如何？"

"贵宾馆太客气了，你们也有难处，照这样处理，我心悦诚服。"马先生表示同意接受。

值班经理向马先生道晚安，请马先生赶快休息。马先生恢复了风趣，向值班经理说："经理先生，早上好，再见。"

【案例8】还是两把钥匙好

某中外合资企业的张工程师与刘技术员两位男士出差某市，下榻酒店。在总台登记完毕后，接待员给了他们一把钥匙。上楼，打开房门，一定要钥匙插入节能电源插口内，电源才接通。小刘一一开启电灯，室内明亮。这是一间普通的标准住房。过了一会儿，张工与小刘两人商量了各自的工作分工。张工去电子元件厂晚些回来，而小刘去购买机票则早去早回，钥匙该谁拿，成了问题。由张工掌握，小刘早回进不了门；由小刘掌握，张工离去前房里就没了灯。考虑再三，钥匙由张工管。小刘天没黑就先回来，没有钥匙，拿出住房登记卡，叫楼层服务员开了门。进门后，他自作小聪明，找个硬纸先插入节能孔里，想同样能接通电源，不行；换其他东西硬塞，也没有。他去问服务员，服务员告诉他，钥匙柄内安装磁性片，所以能接通电源，其他东西是不行的。机灵的小刘这下可傻了眼。问服务员，她也没有多余的钥匙牌。小刘就这样黑灯瞎火地躺在床上，焦急地等张工回来。

张工心里也不踏实，办完事，马上叫出租车回来了。进门插上钥匙，小刘才"重见光明"。张工打开文件包一检查，发现电子元件厂给他准备的几份资料忘记拿了，他与小刘打个招呼，赶快下楼，又去电子元件厂。

张工来去匆匆，打门铃叫小刘开门，小刘此时正在洗澡。听到门铃声也没办法，光着身子泡在浴缸里，咋开门呀！他只能拉开卫生间的门，大声嚷嚷："张工，我在洗澡，请等三分钟！"张工总算听见了，他想找楼层服务员开门，却找不到，估计是吃晚饭去了。就这样，张工在楼道里来回踱步，直等小刘擦干身子来给他开门。

晚餐后回房，张工有点累了，他一会儿翻阅资料，一会儿看看电视。小刘倒是精神焕发，独自逛夜市去了。10点钟，张工想睡了，这时，他才发现小刘没拿钥匙怎么办？人虽累了，却不敢躺下睡，他靠在床沿打盹，等小刘回来。11点半，小刘的门铃声把他惊起，开门后才脱衣睡觉，临睡前，张工嘟囔了一句："两个人只给一把钥匙，可把我折腾苦了。"

【评析】

现在大多数饭店,对同住一间标准客房的客人,只发给一把钥匙。从饭店来说,管理上方便了,也减少了钥匙丢失的可能性,但这样做,客人很不方便。两位客人住在一个房间里,并不说明他们的活动也是在一起的。当分头活动时,一把钥匙会给客人带来种种麻烦。以上所展示的只是其中的几种情况而已。

从服务质量考察,饭店首先应满足宾客的需要,而不能图自己的方便。下面,我们提出几种办法,为宾客解除钥匙之忧:

1. 总台应配三套钥匙,两套分别给两位客人,一把总台备用。

2. 总台备有三套钥匙,一般只给客人一个。若两人同住,并提出要两把钥匙时,第二把钥匙可采取付押金的办法,以免客人遗忘带走。

3. 楼层服务员(或总台)可备有钥匙柄,只用于接通电源。在两人共用一把钥匙的情况下,各人可付押金另租一个钥匙柄。房门则可出示房卡由服务员开启。

【案例 9】干洗还是湿洗

江苏省某市一家酒店住着台湾某公司的一批长住客。那天一位台湾某客人的一件名贵西装弄脏了,需要清洗,当见服务员小江进房送开水时,便招呼他说:"小姐,我要洗这件西装,请帮我填一张洗衣单。"小江想客人也许是累了,就爽快地答应了,随即按她所领会的客人的意思帮客人在洗衣单湿洗一栏中填上,然后将西装和单子送进洗衣房。接手的洗衣工恰恰是刚进洗衣房工作不久的新员工,她毫不犹豫地按单上的要求对这件名贵西装进行了湿洗,不料结果在口袋盖背面造成了一点破损。

台湾客人收到西装发现有破损,十分恼火,责备小江说:"这件西装价值 4 万日元,理应干洗,为何湿洗?"小江连忙解释说:"先生真对不起,不过,我是照您交代填写湿洗的,没想到会……"客人更加气愤,打断她的话说:"我明明告诉你要干洗,怎么硬说我要湿洗呢?"小江感到很委屈,不由分辩说:"先生,实在抱歉,可我确实……"客人气愤至极,抢过话头,大声嚷道:"这真不讲理,我要向你上司投诉!"

客房部曹经理接到台湾客人投诉——要求赔偿西装价格的一半 2 万日元。他吃了一惊,立刻找小江了解事情原委,但究竟是交代干洗还是湿洗,双方各执一词,无法查证。曹经理十分为难,他感到问题的严重性,便向主持酒店工作的蒋副总经理作了汇报。蒋副总也感到事情十分棘手,召集酒店领导作了反复研究。考虑到这家台湾公司在酒店有一批长住客,尽管客人索取的赔款大大超出了酒店规定的赔偿标准,但为了彻底平息这场风波,稳住这批长住客,最后他们还是接受了客人过份的要求,赔偿了 2 万日元,并留下了这套西装。

【评析】

本案例中将名贵衣服干洗错作湿洗处理引起的赔偿纠纷,虽然起因于客房服务员代填洗衣单,造成责任纠缠不清,但主要责任仍在宾馆方面。

第一,客房服务员不应接受替客人代写的要求,而应婉转地加以拒绝。在为客人服务的过程中严格执行酒店的规章制度和服务程序,这是对客人真正的负责。

第二，即使代客人填写了洗衣单，也应该请客人过目后予以确认，并亲自签名，以作依据。

第三，洗衣房的责任首先是洗衣单上没有客人签名不该贸然下水；其实，洗衣工若对名贵西服要湿洗的不正常情况能敏锐发现问题，重新向客人了解核实，则可避免差错，弥补损失，这就要求洗衣工工作作风细致周到，熟悉洗衣业务。

另外，就本案例的情况而言，酒店一般可按规定适当赔偿客人损失，同时尽可能将客人轻微破损的衣服修补好，由于投诉客人是长包房客，为了稳住这批长包房客源，这家酒店领导采取了同意客人巨额赔款要求的处理方法，这是完全可以理解的。况且，尽管客人的确也有责任，但酒店应严格要求自己，本着"客人永远是对的"原则，从中汲取教训。此外，加强服务程序和员工培训，也是很有必要的。

【案例 10】一副假牙的命运

某宾馆客房。一位香港客人坐在沙发上。服务小姐在做床铺和地面的卫生清理工作。客人客气地说："小姐辛苦了，今天我不出去。您就简单整理一下就行了。"服务小姐对客人抱以微笑，服务小姐做完客房，便来到卫生间进行清理。

在卫生间，服务小姐擦浴缸、揩墙面。当清理到洗面盆时，她转身随手将洗面盆台上一个杯子中的水倒入马桶。然后清擦地面。最后，抽掉马桶里的水，再对马桶进行洗刷。打扫完卫生间，小姐退出了客房。

大约半小时后，香港客人发现卫生间洗面盆台上茶杯中的一副假牙不见了，便匆忙找到服务员小姐询问。

"小姐，你刚才整理卫生间时，看没看到茶杯中的假牙？"

"没看见到。"小姐答道。

"杯子里面的水你倒在哪里了？"客人问。

"可能倒在马桶里。"小姐想了想说。

"我的上帝，你把我的假牙倒入了马桶！"

客人和服务小姐一起来到客房卫生间察看马桶，已经没有假牙的踪影。

客人来回踱步，急汗涔涔。小姐立于一旁，手足无措。

客人拿起电话，向大堂副理投诉。

大堂副理闻讯赶到。

"请你们看看我的牙齿。我真是有假牙的，在香港几经周折才装好的。"港客指着自己的嘴，急不可耐地申诉。

"先生会不会放在了别的地方？"大堂副理问。

"绝对不会，没有一点可能性，每晚睡觉前我都是脱在卫生间里，这是我多年的习惯。"香港客人口气坚决。

大堂副理从卫生间察看到客房，没有发现客人的假牙。

"先生，这件事情您看如何解决为妥？"大堂副理诚恳地问。

"我要我的假牙齿，你们要想方设法。"港客答。

"我们充分相信先生的投诉，只是没有见到这副假牙前，我们难以处理。请先生不要误解，我们没有不相信先生的意思……"大堂副理感到十分棘手。

"我的意思，你们把马桶挖开来，就可以证实。但我有言在先，进了马桶的假牙，我是不会再用的。"港客说道。

大堂副理考虑了一会儿，说："这样好吗？我与有关部门商量一下，尽快给先生一个圆满的处理答复。"

大堂副理来到宾馆工程部，请示工程部派员挖开马桶。

工程部经理说："挖开马桶，瞎子点灯白费蜡。挖开之后找到了假牙，客人会再用吗？还有可能就是已经被水冲走，即使挖开也无法找到。"

大堂副理说："没有别的选择。我们谁也没有见到这副假牙，单凭客人的一面之词，不足为据，就是赔偿也没有尺度。挖开马桶一来为了取证，二来也是向客表示我们的诚意。"

工程部派出了两名工人，开始了拆马桶的工作。港客快快不乐，坐在客房内等待。

大堂副理走进客房，对港客说："先生，这间客房的马桶拆卸之后重新安装，要等固定底座的水泥干，这样起码两天之后才能使用。因此，我们已经为先生安排好了隔壁的房间。"

"那好嘛，遵从你的安排。"港客同意换房。

终于，在拆卸下马桶之后找到了假牙。

大堂副理说："发生了这样不愉快的事情，我们非常抱歉。对属于客人的东西，只能稍加清理，不能随便移位，更不能想当然丢弃。发生今天这样的事，责任全在我们，服务小姐没有严格按照规范操作，粗枝大叶，我们一定改进。我们愿意全额赔偿。"

"没有了假牙我吃东西很不方便。但看在副理的面子上，我只有克服。你们的善后工作做得还是很认真的。"港客苦涩地笑着说。

大堂副理取出手帕将这副假牙包了起来，装进了自己的口袋，并说："这是一次教训，我们将把它作为今后对员工教育的实物教具，尽管它的代价太大了，但是也值得。"

【案例 11】给客人的折扣优惠中的学问

西安市某进口设备公司的周经理到广州办事，在该市某大酒店办理住店手续时，要求房金给予优惠。经请示经理同意打八折，并在住房单上写明。

第二天早晨客房服务员小张进客房后发现客人周经理没有起床，经询问才知客人的老毛病肩周炎突然发作了，肩部疼痛，两手不能动弹。小张于是和另外的服务员小于商量以后，劝那位周经理不要着急，并答应另外利用业余时间帮助他解决日常生活中的不便之处。周经理在广州举目无亲，既然有人肯热心相助，他才安心在店内休息下来。

在周经理住店一周期间，小张和小于几次送他去医院就诊，还帮他洗衣服多次，发信打电话这一类的事也由他们承担。周经理心里很感动，屡次坚持要付给她俩小费以表谢意，但都被婉言谢绝。

当离店结账时，周经理坚持取消八折优惠，要求改按全价支付住宿费，因为他觉得住在这样的酒店，得到如此的超值服务，支付全费完全值得而且是理应如此的。

【评析】

饭店在房金等方面打折扣的做法，除了是市场促销的需要，还是饭店高层管理人员对某些客人表示的尊重。几乎所有的饭店都有这方面的内部规定。但应该注意的是：给予客人折扣以后决不能降低服务质量，同时切忌把给客人的优惠放在嘴巴上讲，否则客人听了会感到受了污辱，产生不良的影响。

广州该大酒店不少住客（包括上述案例中的周经理在内），之所以表示主动放弃优惠的原因在哪里呢？那是由于该店的员工广泛开展"对客人要有爱心，服务工作要精心、细心、耐心，处处让客人放心"的"五心"活动，并且把这一活动与评选"礼貌大使"、优秀员工、服务技能创新能手结合起来，还在前台设立了评选意见箱和意见簿，及时对客人提出的意见加以分析，研究改进措施，并对员工开发活动的情况定期进行检查评比。

难怪不少客人在第一次住店时要求给予优惠，但以后由于酒店服务质量高，他们对酒店产生好感后，有的在再一次前来住店时就不再要求给予折扣；有的在结账时主动提出按全价付房金。可见单纯用折扣优惠的办法来招徕客人是不可取的，因为客人如果对饭店的服务有意见，那么尽管得到房金，也还是会被气跑的。

【案例12】突遇夜游症客人

夜深人静，客人都已休息了，楼面静悄悄的。客房部服务员小张正在值夜班。他按规程在楼面巡逻，不时地来回走动。

凌晨二时许，忽然，一声门响，只见1212房门打开了，一位日本客人双目紧闭，两手摸着墙一步一步朝前移动。

小张见状走上前去，想询问客人是否需要帮助，刚想开口，突然顿住。暗自叫道："这位客人的行动很奇怪，不像是盲人，难道是夜游症患者？"

心中念头一闪，小张赶紧停止询问，他先到楼面打电话报告夜班经理。

"喂，我是12楼客房夜班服务员，这儿有位患有夜游症的客人正在楼道里走动，必要时请提供帮助。"

放下电话后，小张便蹑手蹑脚地跟随着那位夜游客人，心想万一发生险况可及时抢救。

客人慢慢地挪动着脚步，小张轻轻地紧随其后，心情很紧张。

时间一分分过去，约半小时，客人在楼层上摸索了一圈之后，慢慢地摸进了1212房，关上房门。

小张看到客人安全回到自己的客房后，松了一口气，回到值班台。

在以后的几小时中，小张始终注意1212房的动向，以免客人夜游症再次发作，发生意外。

早晨6点，交接班时间到了，小张向来接班的小朱交待了夜半发生的事情：

"小朱，昨夜1212房的日本客人出来夜游，幸亏没出什么意外，你要多多留意这位客人的动态，看看是不是需要帮助。"

小张迈着轻松的步伐回家了。

【评析】

碰到这一类事，一个普通服务员的灵活机动、随机应变能力，对提高服务质量十分重要。设想一下，如果小张不善于随机应变，走到夜游客人身边，发出问话。

"先生，需要我帮忙吗？"

客人被突然来临的干扰惊醒，便可能一下子昏厥倒地，造成的后果不堪设想。

如果小张没有认真的服务态度，不采取保护措施，客人也许因为夜游不慎摔倒而发生意外。所以培养服务能力，树立良好的服务态度是服务员最重要的素质。

【案例 13】一根头发

一位中年男子一身东南亚商人打扮，在两位当地政府官员的陪同下走向某饭店大厅。

商人在总台登记时，一位陪同与总台服务员说："钱先生是市政府请来的贵宾，按贵宾规格接待。"

钱先生和两位官员走出电梯，来到套房，放下行李。

一位陪同说："钱先生一路辛苦，稍稍休息一下，六点钟市长将来餐厅设宴为钱先生洗尘。"

钱先生："市长客气了，只要你们这儿的投资环境好，回国后，一定组织一批工商团来贵市考察，洽谈投资……"

晚宴后，钱先生来到客房，感到很疲劳，淋浴后准备就寝，掀起床被，刚想睡下，发现枕头上有一根长发。

他自言自语道："连床单也没换？太脏了。"随即拨通了服务员电话。

"小姐，我是 811 房客人，请你来一下。"

"您好，服务员。"笃笃的敲门声。

钱先生穿了外套开了门。

"先生，你有什么事吗？"

"哦，小姐，我房间卫生没打扫，床单没换。"

"先生，这不可能，床单肯定换的。"

"你看枕头上有头发，换了怎么会有？"

"先生这不会是你的吧？"

"不可能，我头发没这么长。"

"对不起，可能早上服务员铺床时掉下的，我帮您拿掉。"

服务员伸手把头发拿了。

"这不行，必须换掉。"

服务员拿了两只枕套进来，把枕套换了。

钱先生压制着一肚怒火。

"必须全部换掉。"

"只有枕头上有头发，枕套换了。床单明天一定再换。"服务员边说边向客房外走。

钱先生怒不可遏，拨通总台值班电话。

"先生，我是 811 的钱先生，请给我准备一辆车回 S 城。"

钱先生来到总台退房。

"K 市要吸引外资，必须要有好的投资环境，必须先从你们饭店做起，先从服务员做起。"钱先生如是说。

小车载着钱先生离开了饭店。

总台值班员还在那儿发呆。

第二天，那位客房服务员再也不用到饭店上班了。

【案例 14】早晨叫醒服务不周

住在饭店 1102 房间内的周先生在某日晚上九时临睡前从客房内打电话给店内客房服务中心。

客人在电话中讲："请在明晨六时叫醒我，我要赶乘八时起飞的班机离开本城。"

服务中心的值班员当晚将所有要求叫醒的客人名单及房号（包括周先生在内）通知了电话总机接线员，并由接线员记录在"叫醒服务一览表"之中。

第二天清晨快要六点钟之际，接线员依次打电话给五间客房的客人，他们都已起床了，当叫到周先生时，电话响了一阵，周先生才从床头柜上摘下话筒。接线员照常规说："早晨好，现在是早晨六点钟的叫醒服务。"接着传出周先生的声音（似乎有些微弱不清）："谢谢。"

谁知周先生回答以后，马上又睡着了。等他醒来时已是六点五十五分了。等赶到机场，飞机已起飞了，只好折回饭店等待下班飞机再走。

客人事后向饭店大堂值班经理提出飞机退票费及等待下班飞机期间的误餐费的承担问题。值班经理了解情况之后，向周先生解释说："您今天误机的事，我们同样感到遗憾，不过接线员已按您的要求履行了叫醒服务的职责，这事就很难办了！"

客人周先生并不否认自己接到过叫醒服务的电话，但仍旧提出意见说："你们饭店在是否弥补我的损失这一点上，可以再商量，但你们的叫醒服务大有改进的必要！"

【评析】

客人周先生最后的表态，的确有一定的道理。理应受到客人所信赖的叫醒服务项目，该饭店却没有完全做好，至少应当引出以下几点教训：

第一，饭店应当确认，叫醒服务是否有效。当话务员叫醒客人时，如果觉得客人回答不大可靠，应该过一会儿再叫一次比较保险；

第二，如果许多客房的客人要在同一时间叫醒，而此时只有一名话务员来负责的话，为了避免叫醒时间的推迟，应当由2～3名话务员同时进行，或通知有关人员直接去客房敲门叫醒客人；

第三，最好在客房服务中心安装一台录音电话，将叫醒服务的通话记录下来，作为证据保存，录音磁带至少应保存两三天，这样遇到有人投诉时便容易处理了。

【案例 15】客人在深夜醉倒

南方某宾馆，凌晨2点电梯在15楼停住，"叮当"一声门开了，一位客人踉跄而出，喃喃自语："我喝得好痛快啊！"口里喷出一股浓烈的酒气。这时保安员小丁巡楼恰好走近15楼电梯口，见到客人的言语模样，断定是喝醉了，连忙跑去扶住他，问道："先生，您住哪间房？"客人神志还算清醒，即从口袋里掏出8517房的钥匙牌，小丁便一步一步把客人扶进房里。他把客人放在床上躺下歇歇，泡了杯醒酒茶，并将衬有塑料袋的清洁桶放在床头旁。客人开始呻吟起来，小丁赶紧把客人稍稍扶起，拿沏好的茶"喂"客人喝，同时安慰客人说："您没事的，喝完茶躺下歇歇就会好的。"然后他又到卫生间弄来一块湿毛巾敷在客人额上，说道："您躺一会，我马上就来。"随后退了出来，将门虚掩。

一会儿，小丁取来一些冰块用湿毛巾裹着进房，用冰毛巾换下客人额上的湿毛巾，突然"哇"的一声，客人开始呕吐了，说时迟，那时快，已有准备的小丁迅速拿起清洁桶接住，让他吐个畅快，然后轻轻托起他的下腭，用湿毛巾擦去他嘴边的脏物。小丁坐在床边又观察了一会，发现客人脸色渐渐缓和过来，就对他说："您好多了，好好睡上一觉，明天就能康复了。"他边说边帮客人盖好被子，在床头柜上留下一杯开水和一条湿毛巾，又补充一句："您如要帮忙，请拨 5 楼层服务台。"然后他调节好空调，取出垃圾袋换上新的，轻轻关上门离房。

小丁找到楼层值班服务员，告诉她醉客情况，并请她每过 10 分钟就到 8517 房听听动静。天亮时，辛苦值勤一夜的小丁眯着一双熬红的眼睛，专程跑来了解情况，得知醉客安然无恙方才放下心来。最后又让值班服务员在交接班记事本上写道："昨夜 8517 房客醉酒，请特别关照！"

【评析】

客人醉酒是酒店经常遇到的事，直接关系到客人的安全健康。保障醉客的安全健康，这也是酒店保安人员的神圣职责。

第一，保安员小丁突然遇到客人酒醉，毫不犹豫地伸出援手，及时保护了客人的健康安全，避免了一场可能发生的不测，这种急客人之所急的高度责任心值得赞扬。

第二，要保护好客人的健康安全，保安人员还必须具有娴熟的服务技巧，才能在紧要关头临危不乱，救护有方。小丁突遇醉客，能沉着镇定，井井有条地独立实施救护，达到最佳效果，这说明他平时训练有素。

第三，帮人帮到底，救人须救彻，小丁将醉客安顿停当后，继续交代值班服务员定时观察，又于天亮后跟踪了解，并交代接班服务员"特别关照"，这种极端认真的服务态度，严谨过细的工作作风，尤为难能可贵。

【案例 16】在爱挑剔的客人面前

一位台湾客人入住江南某市一家宾馆。当行李员帮他把行李送进客房刚刚退出后，服务员小汤即已提着一瓶开水走进房间，她面带微笑，把暖瓶轻轻放在茶几上，主动询问客人："先生，您有什么事需要我做吗？"台湾客人说："小姐，请给我一条毛巾。""好的"。小汤满口答应，马上出去，一会儿便用盆子端着一条干净的毛巾，来到客人面前，用夹子夹住毛巾，递给客人说："先生，请用。"没想到客人却很不高兴，责备道："我不要旧的，我要没有用过的新毛巾！"小汤心里一楞，却不动声色，即对客人表示："对不起，我给您拿错了。"说完便出去换了一条新毛巾来，客人这才满意。

台湾客泡上一杯茶——由于他喜欢喝浓茶，就用两袋茶叶泡一杯茶，并打开闭路电视，一边喝茶，一边看电视。茶喝过后再加水味道稍淡，他又把剩下的两袋茶叶另泡一杯。当他觉得茶味又不够时，发现茶叶没有了。于是，客人打电话给楼层服务台，请服务员再送一些茶叶来。小汤很快就拿了几包同样的茶叶进来送给客人，没想到他大为不满地抱怨："我不要这种绿茶，我要喝浓一点的红茶"这时小汤心里很感委屈，但她丝毫没有流露，再次向客人道歉说："对不起，我又给您拿错了。"接着又去换了几包红茶来送给客人。

此刻，客人很受感动，他发觉自己刚才两次对服务员发火太过份了，不由连声的向小汤道谢："小姐，谢谢你！"脸上露出愧疚的神色。

【评析】

以上实例中的客人显然是错了，因为他既没有说清楚要用新毛巾，也没有明确交代要换红茶。而小汤对客人的服务并没有错。小汤主动向客人认"错"，说明她对"客人永远是对的"这句饭店服务的座右铭有着正确的认识，并具有服务员出色的素质和修养，值得称赞。具体表现在两个方面：

第一，从换毛巾到调茶叶，可以看出这位台湾客人是一个爱挑剔的客人。然而，小汤却周到、妥贴地"侍候"好了这位爱挑剔的客人，表现了充分的忍耐心、足够的心理承受能力，和无可挑剔的服务质量，这是服务员一种很高的素质和修养，难能可贵。

第二，无论是新、旧毛巾之别，还是红、绿茶之分，客人一次又一次地无端指责小汤，这对小汤确实是非常不公的，而小汤却能自觉地承受委屈，用自己的委屈换取客人的满意，这正是服务员应努力达到的一种高尚的境界。我们十分赞成国内一些饭店的服务中开展"委屈奖"的评比活动，小汤获得"委屈奖"是当之无愧的。

第三章　餐厅部分

【案例1】餐厅服务员的素质

（一）

导引小姐引导几个客人从门口过来。几个客人簇拥着一位爱挑剔的老太。

服务员为她斟上红茶，她却生硬地说："你怎么知道我要红茶，告诉你，我喜欢喝绿茶。"

服务员不易为人察觉地一愣，客气而又礼貌地说："这是餐厅特意为您们准备的，餐前喝红茶消食开胃，尤其适合老年人，如果您喜欢绿茶，我马上单独为您送来。"

老夫人脸色缓解下来，矜持地点点头，顺手接过菜单，开始点菜。

"喂，水晶虾仁怎么这么贵？"老夫人斜着眼看着服务员，"有些什么特点吗？"

服务员面带着微笑，平静的、胸有成地解释道："我们进的虾仁都有严格的规定，一斤120粒，水晶虾仁有四个特点，亮度高，透明度强，脆度大，弹性足，其实我们这只菜利润并不高，主要是用来为饭店创牌子的拳头产品。"

【评析】

服务员在客人点菜时，将菜的形象，特点用生动的语言加以形容，使客人对此产生好感，从而引起食欲，达到销售目的。

（二）

"有什么蔬菜啊？"老夫人又说了，"现在蔬菜太老了，我不要。"

服务小姐马上顺水推："对，现在的蔬菜是咬不动，不过我们餐厅今天有炸得很软的油焖茄子，菜单上没有，是今天的时新菜，您运气正好，尝一尝吧？"服务小姐和颜悦色地说。

"你很会讲话啊"，老夫人动心了。

【评析】

餐饮服务员，应兼有推销员的职责，既要让客人满意称心，又要给餐厅创造尽可能多的利润，只有这样，才是称职的服务员。

（三）

"请问喝什么饮料？"服务小姐问道。

老夫人犹豫不决地露出沉思状："我们这里有椰汁、粒粒橙、芒果汁、可口可乐……"老夫人打断服务员的话："来几罐粒粒橙吧"

【评析】

"你要什么饮料，"客人可以要或不要，或沉默考虑。第二种是选择问句，必定选其一。对那种犹豫不决，或不曾有防备的客人效果极佳。在推销的工作中，语言的引导十分重要，用什么样的话，才能引起顾客的消费欲望，这是培训工作中不可忽视的重要内容。

【案例2】到飞机场去吃烧鸭

北京某饭店前厅，高大明亮，富丽堂皇。

一位日本客人，男性，中年，中等身材，胖胖的圆脸，留着一小撮八字胡。他刚办完住店手续，一手着磁卡钥匙，一手提着旅行包，乘电梯上7楼。过了一会儿，他又来到2楼的中餐厅门口。

他看了看菜谱，摇了摇头。

又巡视着挂在菜肴彩照，"佛跳墙"、"原汁鲍鱼"、"干炸大虾"、"黄扒鱼翅"……，边看边摇头。

一转身，他看见一亭亭玉立、满面笑容的女服务员。

"北京ダック"他用日语说，递上地图和笔。

女服务员听不懂，紧皱双眉。

"北京ダック"，他又说了一遍。

女服务员还是不懂，又摇了摇头。

日本客人急了，用英语叫了一声："DUCK！"

女服务员不懂英语，又摇了摇头。

日本客人恼火，急中生智，低下头，弯着腰，双手往两侧微微上扬，转圈走了几步。

"噢！你是要去飞机场啊！"女服务员顿时明白，接过地图，用笔划了一个箭头，从饭店指向飞机场。

日本客人虽不懂中文，但他从女服务员的神情中得到了鼓舞，高兴得手舞足蹈，手持地图，快步走出饭店。

他举手拦了一部豪华出租车，出租车停了下来。日本客人向司机指着地图上的箭头，做了一个去再回来的手势。

司机很高兴，心想今天运气好，遇到财主，大老远向飞机场跑来回。

出租车驶出城区，在郊区公路上飞驰。

日本客心里纳闷：吃烤鸭，为什么要走那么远的路。

到了机场，日本客人傻了，不是刚从这儿下飞机吗？怎么又到这儿来啦？他马上醒悟，女服务员误解了，把飞机当成鸭子了。日本客人又气又急，马上要司机往回开。到了饭店，付了70余元车费，冲过前厅，大叫大嚷，用日语骂个不停，引起了值班经理的注意，马上叫来日文翻译，了解情况。

明白了事情的前后经过，经理马上向日本客鞠躬致歉，并派专人陪他去吃著名的"全聚德"烤鸭。

经理叫来女服务员，怒斥道："你怎么搞的？把飞机当成烤鸭，害得日本客人往机场白跑一趟，回来气得哇哇乱叫。"

妇女服务员脸红满面，羞愧地说："他的动作挺像飞机，如果他一边走一边摇摆，或学鸭子嘎嘎地叫几声，我就不会搞错了。"

经理叹了叹气，自言自语地说："你们啊，太不争气了，既不懂英语、日语，又不懂心理学。客人到餐厅是为了品尝美食，要是想去飞机场，会到餐厅来打听吗？"

【案例3】宴请照旧进行

某酒店8906单间标准客房。美籍华天钟先生焦虑不安地来回踱步。钟先生的太太着衣下床欲行，但右脚几乎无法点地，表情痛苦。"疼痛加剧了？"钟先生问道。钟先生的太太点了点头，见此情景，钟先生脑海里出现了几组画面：

1. 某设计院计算站，钟先生与中国同行紧张而愉快地合作；

2. 在欢送钟先生夫妇的宴会上，钟先生向中国同行发出邀请：已在下榻酒店的宴会厅预订了一桌酒席，作为本次离华前的答谢；

3. 昨晚与太太外出散步，为避让一辆自行车，钟太太踝关节处扭伤。医院医生叮咛："无大碍，但肿胀会加剧，多休息，会痊愈。"

钟先生坐到沙发上对妻子说："我每次离开中国时，都想设宴答谢这里的同事，但每次都行色匆匆。我们的基础设计已圆满结束，又适逢这次你来，正是我们设宴答谢的最好时机。唉，你这脚……"

钟先生征询了太太的意见后，拨通了酒店大堂服务总台的电话。

总台被告知：8906房间客人意欲将原订在18楼宴会订的酒席，照菜单不变，改为"客房服务"。如8906客房太小设宴有困难的话，客人愿更换毗邻最近的套房，但仍实行送餐服务。

总台旋即电告餐饮部经理。经理觉得蹊跷，是否客人对18楼宴会厅有所禁忌，抑或另有原因？但在单间标准客房布台设宴会安排十余人就餐，这在本酒店无先例呀！

餐饮部经理为此敲响了8906房间。

面对钟太太的脚伤和钟先生道出的原委，餐饮部经理思忖了一会说道："8906房间用于布台设宴太小，服务员上菜、斟酒、换骨碟等，没有回旋的余地；如果按先生的要求，换一间套房当然可以做到，我想这样一会增加不必要的费用——当然这对生造来说不是什么问题，二来只解决了宴请的场所，换套房总还有走动，钟太太不是仍然不便吗？""如果你们不介意的话，我们可以用轮椅车送夫人去18楼宴会厅，你们意下如何？"餐饮部经理又补充说道。

钟先生夫妇大喜过望，连忙首肯。

于是，餐饮部经理与有关部门联系，找出了一辆尘封已久的轮椅车，让人擦试一新。

当晚6时正，钟太太面带微笑安坐于轮椅车上，手捧一束酒店送的鲜花，由餐饮部经理推送至18楼宴会厅。舒适的环境，优质的服务，色、香、味、型、饰肯佳的珍馐美馔，令人赏心悦目，精神爽快。经理首先为大家敬酒，表示祝愿。钟太太的身旁还多了一位专司服务的小姐。

席间，餐饮部经理在远处注意到钟太太坐的轮椅车比座椅矮，立即搬来一把椅子，让两位服务小姐小心翼翼地把钟太太搀扶到椅子上。宾主频频举杯。畅叙友情，对酒店的优质服务也交口称好。

次日，酒店大门口中，酒店管理人员为钟先生夫妇送行。大堂副理特意在卖品部买来一把雕饰精美的手杖赠予钟太太，并祝其早日康复。钟先生告诉大家，不久还将来中国做工程施工图设计，一定再次光临该酒店。

【案例4】培养服务角色意识

（一）

这是几位训练有素的餐厅服务员，客人进门，主动招呼，热情接待，殷勤服务，客人都很满意。一天，有两桌宴请，到场的都是家喻户晓的影视明星。席间，旁桌客人们起哄，而明星们也有意为整个餐厅助兴，开始表演节目，唱卡拉OK。

服务员们开始走神了，明星们精湛的表演把餐厅里所有的人（包括服务员）的目光全都吸引过去了，大家都陶醉于其中。

一位客人的餐巾掉在地上，旁边的人移脚踩上；

一位客人举手示意，要求加一杯饮料；

又有一位客人招手，还有两道菜没上来；

门口又有两位客人进餐厅，没有迎接引位；

一个小孩跌倒在地，哇哇哭泣，没人过问。

服务员忘记了她们的服务角色，竟变成了"观众"，心安理得地欣赏地起表演来了。

【评析】

实际上恰恰相反，在服务的"舞台"上，任何员工都是"演员"角色，把自己的优质服务淋漓尽致地"表演"给客人看，所有的客人就是我的"观众"。通过你的"表演"让客人得到享受，用你的感情去激发客人的共鸣。在酒店的"大舞台"上，一投入工作，就应该忘记一切与服务无关的思想、情绪和活动。

一位相声演员哪怕去剧场前和家人吵了一架，他上台照样得说、学、逗、唱；一位歌手在路上丢了一件心爱的贵重物品，但上台以后仍应稳定情绪，不露声色地引吭高歌。服务员工同样如此，不能把个人的、店外的情绪带到店里来。

（二）

某酒店的餐厅服务员小孟便扮演了一个出色的服务角色：小孟的孩子将两周岁，发离烧在家，她给孩子喂完药后，气喘吁吁赶到酒店，适逢和上述明星在宴请时一样的表演场面，她换好制服，马上进入角色。

一位客人餐巾落地，旁边的人移脚踩上。她马上走上前去，说声"对不起"，捡起餐巾，立刻换上一块干净的。

一位客人举手要加饮料，她马上拿起柜上的大瓶"雪碧"，给客人斟加。

又一位客人招手，还有两道菜末上齐，她马上跑进厨房去催。

门口又有两位客人进餐，她立刻迎上前去招呼，并介绍说："今天你们赶巧了，刚好影视明星在这里为大家助兴，你们可以既用餐，又欣赏，机会难得。"

一个小孩跌倒在地，她奔上去抱起小孩，边哄边唱，孩子破涕为笑。

已是子夜时分，客人散尽，小孟疲惫地倒在椅子上，但脸上露出欣慰的笑容。

【案例 5】账单的透明度

某潮洲酒楼餐厅，座无虚席。

其中一角，四个食客围桌而坐。

席间，一位客人突然站起，不满地示意服务员过来。

"菜谱上写的是红石斑鱼，怎么端上来的是灰斑？"客人指着餐桌上的一盆鱼说。

服务员可能是个新的，答不出个所以然，"笃笃"地跑去找来餐厅经理。

"各位对不起，红石斑鱼最近无货，而我们在菜谱上又忽视了'红''灰'这点小小的区别。客人如果实在不满意，那只能退啦。"餐厅经理做了个无奈的动作。

经餐厅经理这么一说，客人一时无话可说。

"石斑鱼很贵，如果能体谅我们酒楼的苦衷，就请改吃这条灰石斑鱼。当然，全部菜肴按八折补偿，服务费免收。"经理做了个 8 的手势，"但酒水不能折扣。"

杯盘狼藉，酒酣耳热，其中有一位操着四川方言者，显然是这里的常客说："在这里点虾，半斤就是半斤，数量上丝毫不差，决不会没征求客户意见加几两来推销。"

"小姐，结账。"

服务员应声而来，呈上账单："共 756 元。"

客人拿过账单。

某酒楼

CHENGDU ×× RESTAUNT CO，LTD

中国四川成都 ×× 路 ×× 号　　　订座电话：×××××××　　　NO 101746

开单员：164　　　　　　　日期：2013.8.17　　　　桌号：304

茶位		8.00	烟	0.00
酒水		80.00	菜肴	835.00
打折	20%	167.00		
服务费	0%	0.00		
共收银	756.00			

细目：

青岛扎啤	1 扎	60.00	60.00
鲜榨果汁	1 杯	20.00	20.00
香炸金银馒	1 打	18.00	18.00
潮洲拼盘	2 例	70.00	140.00
白灼基围虾	0.5 斤	146.00	73.00
潮洲凉瓜排骨煲	1 例	60.00	60.00
例汤	1 例	30.00	30.00
清蒸膏蟹	1 斤	168.00	168.00
清蒸红石斑鱼	1.20 斤	230.00	276.00
蚝油时蔬	2 例	35.00	35.00
水果（赠送）	1 例	0.00	0.00

【评析】

账单上不仅有总账，还有细目，连啤酒的牌子，果汁的性质，菜肴的全称都一目了然地打印出来。

先前的那些口头允诺，一字不漏，一分不差，也打印在账单上。

不掺假的价格，再贵，也付得心甘情愿，这份账单的高度透明，赢得了顾客的信赖。

是的，该酒店的价格比较贵，但还是门庭若市。在该酒楼吃过的食客，在评价其服务时，是那样高度地一致而简单——只要你花得起，值得，吃下来，感到公道，而没有被欺诈的感觉。

有了这样的账单，客人就有了放心感，难怪酒楼的回头客络绎不绝，慕名者纷至沓来。

打开市场，"信"不能缺，"诚"不可少！

【案例6】点菜和结账时的尴尬

某日，一位美籍华人请一位在国内的老同学在饭店内的餐厅吃饭。本来那位老同学说这顿饭就该由他作东，而那位美籍华人执意不肯（大概是考虑老同学的经济能力），老同学只好说："那么改日到我家里来聚一次，为你送行吧！"

两人进餐厅坐下以后，服务员送上菜谱，那位美籍华人接过一看，全都是标有价钱的，于是先请老同学点菜。老同学本一想点几样价钱公道便宜的，但感到无从点起，于是说："随便吃什么都可以，上三菜一汤就可以了。"那位美籍华人也感到为难，于是要服务员介绍一些有特色的拿手菜，服务员随口报了三个。美籍华人征询了老同学的意见以后对服务员说："再来一盘醋溜黄鱼和一碗汤，菜不够再加吧。"两人边吃边谈倒也开心，最后客人说已经用饱了，不必再加菜了。随后服务员送来账单："你们两位一共吃了280元。"

如果是在单独或和亲人用餐的情况下，这位美籍华人对服务员的这句话能忍受的，但在老同学（客人）的面前实在感到忍受不住了。当时他顾不上那么多，便当着客人的面对服务员说："你不要大声嚷嚷好不好！"

"在我们这里叫做唱收唱付。"服务员竟理直气壮地回敬了那位美籍华人，弄得他啼笑皆非。

【评析】

饭店服务员用什么所谓"唱收唱付"的方法来结账（当着客人的面，大声对主人嚷出钱数，然后让主人付账），显得很不礼貌，又缺少教养，特别是会使国外来客感到我们的饭店员工缺乏正规训练，素质不高，这样会把他吓跑的。

看来，在饭店服务规程方面有借鉴国外经验的必要。第一，饭店餐厅可以考虑准备一套没有标价的菜谱专门供客人过目点菜，而把有标价的送给主人参考；第二，服务员应该善于察言观色，凭借其观察力来确定谁是作东的付账者；或者轻声地在某位耳边问一下："请问是哪一位付账？"然后默默地将账单递至主人面前。这种作法有很多好处，如果你请的对方是位地位很高的人，用餐费用太便宜了，会使客人不满；如果请的对方是经济不大宽裕的朋友，对方也不会因为你请他吃一顿便饭，花掉他相当于一个月的工资而心中有什么不安；第三，在境外（如香港）账单也称为"埋单"，即账单送来时，将其埋在茶杯下面或别人看不见的地方，免得令人产生尴尬。

【案例 7】教授喜欢喝的咖啡

某日下午，李教授和他的一位朋友来某大宾馆大堂咖啡厅，坐定之后等服务员前来点要饮料。两人对坐闲聊了一会儿，此时服务员端来一壶现磨咖啡，外加两茶盅牛奶和数块方糖，朝着李教授说："我送来了您喜欢喝的咖啡。"（李教授是这里的常客，服务员几乎都很熟悉他的爱好）谁知那天是李教授的朋友作东，他从来不喜欢喝现磨咖啡，而习惯雀巢速溶咖啡加咖啡伴侣。

李教授的朋友面露愠色地对服务员说："今天是我请李教授来此叙谈休息一下，您怎么如此不懂得待客的道理，竟自作主张要我们喝什么就喝什么？！"服务员不肯认错，对李教授的朋友说："我了解李教授平素喜欢喝现磨咖啡，我料想您不会是忌喝咖啡的客人。"

李教授听服务员这样讲，觉得对他的朋友有失尊重，于是批评这位服务员道："你不应当没有弄清主客之前就主观地下结论，即或今天我是主人，你也应当说'请问客人需要什么饮料吗？'。李教授的朋友接着讲："我恰好是向来不喝现磨咖啡，而是喝惯了雀巢速溶咖啡加咖啡伴侣的人。"服务员讨好不成，反而自讨没趣，准备继续争论下去。这时大堂副理闻声趋前，弄清情况后要服务员赔了不是，并答应现磨咖啡按一杯计价，另外补送一杯雀巢咖啡加咖啡伴侣给李教授的朋友才算了结此事。

【评析】

上述案例中的服务员尽管出发点并无恶意，但是忽略了应有的服务程序，不应当由于李教授是常客，彼此很熟悉，便自作主张任意行事，不分清主客而越俎代庖。要知道教授喜欢喝的咖啡不等于就是教授的朋友喜欢喝的呀！

咖啡厅也有一套正规的服务程序，不得任意改变。当客人光临入座后，服务员先热情主动相迎打招呼问好。然后将饮料单递给客人当中的作东付账者，当发现客人点饮料时犹豫不决时，服务员可主动推荐介绍，并观察客人的反应及时调整，当客人全部点完后，服务员根据开的单子重复读一遍以取得确认，上饮料时也不要忘记报一下名称。

【案例 8】活虾与死虾

晚上 10：30，两位客人来到饭店餐厅吃宵夜，客人翻着菜谱，挑选菜肴，他们互相商量着，一位说："来一道白灼虾怎么样？"

"好的，我最爱吃虾了。"另一位回答道。

他们一共点了四道菜，便吩咐服务员上菜。

10：40，四道菜已整整齐齐地摆在客人的餐桌上，客人一边品尝菜肴，一边闲聊着，似乎兴致很好。

"这儿上菜速度真够快的，只要 10 分钟的功夫，四道菜都上齐了。"

"来来来，先尝尝这道白灼虾，如何？"

客人笑嘻嘻地吃虾。忽然，客人脸上笑嘻嘻的表情不见了，他们再仔细看看餐桌上的虾，显出很气愤的样子，责问在旁的服务员：

"小姐，这虾一点都不热，是不是早就烧好，等我们来吃啊？"

另一位也不示弱："是啊，你看这虾色泽深浅不匀，光泽偏暗，要么是剩虾活虾混在一起，要么是剩菜重烹,这样的虾我们不能接受。"

服务员心平气和地说:"先生,我们饭店绝对不会卖死虾的,厨房出来也总是根据菜单配制烹调的,不可能有剩菜,请先生放心。"

客人就是不相信,固执地说:"我们点四道菜,前后上齐只用了 10 分钟,这里肯定有问题,这样的虾你怎么解释?"

服务员耐心地劝说,客人仍然固执己见。这里,值班经理小顾闻讯走了过来,先安慰客人:"先生,请息怒,能告诉我是怎么回事吗?我会尽快替你们解决的。"

在倾听客人投诉的同时,小顾一面叫服务员为客人换上热手巾,斟上热茶,以缓和紧张气氛,一面观察席上的那盘虾。

很快,小顾就意识到问题的关键是客人对活虾烹制后的特征并不了解,要消除顾客的疑问,仅仅靠口头解释难以使客人信服,于是,小顾对客人说:"先生,这盘虾是不是活虾烹制的,我先不下结论,请你们随我到餐厅操作台来看看,如何?"征得客人同意后,小顾带客人朝操作台走去,决定以现场操作来解释。

小顾叫服务员取来卡式炉,将鸡汤烧开,然后让厨师拿来一只活虾,在客人面前进行现场烹制,再将此虾与桌面的虾比较,结果,各方面都基本相似。

见状,客人的面色开始缓和,已经相信所食的虾并非死虾,但仍有疑惑。善于察颜观色的小顾又热情地对客人说道:"观虾秘诀在于颈尾,活虾色泽深浅不匀,原因在于生虾本身纹理之粗细。"一番内行话说得客人直点头:"原来如此。"

小顾接着又说:"我们工作中也有疏忽,虾体微温不够热,多谢你们提出宝贵意见,我们一定改正。"

听到小顾诚恳的话语,客人也谦恭地说:

"我们态度也不够好,你们的现场操作让我们开了眼界。"双方之间一片融洽的气氛。

【评析】

值班经理用现场操作的方法解释客人的疑问,取得了较好的效果。这个案例的成功之处在于:

1. 值班经理能够迅速找出客人投诉的焦点:是不是活虾?这样才能有针对性地找出解决问题的办法。

2. 遇到不内行又固执的客人,运用"眼见为实"的现场操作方法不失为一种有效的举措。

【案例9】客人误读菜价

(一)

客人们在金碧辉煌的餐厅中,津津有味地品尝菜肴,服务员们有条不紊地为客人们上菜斟酒,优雅的背景音乐更增添了几分情调和气氛,一切都在正常运转。

三位客人就座在一张小方桌旁,服务员递上菜谱,恭候在侧,客人开始点菜。客人一面翻着菜谱,一面心里在计算着价格,差不多 300 元,客人对服务员说:"就这些,上菜吧。"服务员应声将记好的菜单交递厨房。

服务员上菜,客人用餐。

用餐完毕，服务员递上菜单，道："请结账。"随后走开招呼别的客人。三位客人看着账单，愣住了。

账单上人民币650元。一位客人说道："我点菜的时候估算这顿晚餐的价格约300元，可这儿竟写着650元，怎么会出入这么多？"另一位客人说："是啊，这家饭店在社会上信誉不错，决不可能挥刀斩客，肯定是什么地方搞错了。"

小方桌前的三位客人在窃窃私语，蹙眉纳闷，这一切都看在领班小王的眼中，她估计客人可能对刚刚递过去的菜单有疑问。

小王满面笑容地朝小方桌走去，轻声问道："先生，需要我效劳吗？"见到领班满面的笑容，听到她那柔和的声音，客人顿时感到很亲切，便说出事情的原由："小姐，我们这顿晚餐吃得很开心，只是账单上的价格与我们所点的菜价格不相符合，相差300多元，不知是怎么回事，请小姐帮忙搞清楚。"小王听罢，对事情的大概有了个谱，她一边送上茶，一边安慰客人道："三位先生请用茶，待我去总台查核一下是什么地方搞错了，请稍候。"

小王去总台查核，并向当时负责的服务员了解详情，很快回到小方桌前。

小王对客人说："先生，我去查核过了，你们食用的一道菜'咸菜黄鱼汤'，标价是以每50克计算的，每50克黄鱼标价20元，你们所食的这条大黄鱼重750克，计价300元，价格出入可以在这儿，你们看对不对。"菜谱上明明白白标明该菜以重量计算价格，显然是客人看错了，误以为一碗汤20元，面对剩下的小半条鱼，三位客人面面相觑，不知所措。这时，小王主动安慰客人，她心里记着饭店服务最重要的是"要站在客人的立场上为客人着想"这一简单的道理，便说道："发生这样的事，我们饭店也有责任，在接受点菜时，遇到按重量定价的菜肴，服务员应向客人讲明，以免发生事后的不愉快；其次，按重量计价的菜肴，服务员应把工作做到家，主动询问客人对数量的具体要求，这是我们服务上的疏忽，还请原谅。"听到小王主动承担责任，客人心里的不满大为减少，也主动说："是我们太粗心，没看清楚，不能怪你们。"

【评析】

事情到此，似乎可以结束了，但要圆满地解决这个事还不够，为了把服务工作做到家，维护饭店良好的信誉，也为了能争取回头客，小王认为必须让每一位客人满意而归，且看她怎么做的。

（二）

小王在向客人道歉后，走进经理办公室，向经理请示。

小王回到小方桌前，诚恳地对客人说："先生，这件事我们饭店有一定的责任，作为经营者，我们应该承担一定的经济责任，今天三位的晚餐，给予8折处理，以弥补我们服务上的不足。"客人听罢，从不满到感激，由衷地表示："你们饭店真是名不虚传，下次我们一定再来。"一场潜在的风波在愉快的再见声中结束了。

【评析】

这是容易发生的事，客人误读菜谱价格，服务员服务不周，会影响饭店的声誉，如何随机应变，老练圆满地处理好问题是每个称职的服务员必须掌握的本领。此外，从事服务工作，更要学会善于察颜观色，主动寻找服务对象，而不是消极等候客人提出要求，像小王那样，正是由于她不时地用敏锐的目光注视着餐厅的各个角落，才能及时地发现客人的要求，消除影响饭店声誉的隐患。

【案例 10】餐桌旁的出色实习

小汪即将从某旅游学校毕业，在上海一家大饭餐厅当实习服务员。有一次，她正在餐厅实习，看到邻桌服务员将一大碟冷盆递给两位广东客人时，其中像是主人的一位皱了皱眉头，拿起筷子却没有吃，只是不时地看着身旁一个餐桌上的另一种什锦冷盆。她马上走上去问客人道："先生，你喜欢这个菜，还是那个菜？"一边指着他身旁餐桌上的那盘冷盘。客人忙答："那一个。"她一看，原来他想要的什锦冷盆不是有熏鱼的那种，而是有大明虾的那种，客人已点了菜，既不愿吃前一种，又不好意思向服务员提出换后一种。小汪看出了他的矛盾心理，觉得客人的要求应尽量满足，况且服务员在介绍菜肴时不够周详也有欠缺，便主动地为客人换了菜。当她给客人端上一盘有大明虾的什锦冷盘时，客人立即站起来，翘起大拇指说："谢谢你，你的服务太出色了！"

接着，服务员又给两位广东客人陆续上了三道菜后，最后一道菜汤客人等了半天还没上来，就到账台把总给结了。正在这时，服务员把那道汤给端上来了。客人见了哭笑不得，气呼呼地说："我们已结账了，你怎么才把菜端上来？"服务员把一碗汤往餐桌上一搁，理也不理，一声也不吭就走开了。这令人难堪的场面又被在另外餐桌服务的小汪看在眼里，连忙走上前去问明了情况后，她赶紧道歉道："两位先生，实在抱歉！由于我们工作上的疏忽，给你们带来了麻烦和不快，请多原谅！"她想，账已结了，账单都已打入电脑，不便打扰总台改账。她又看了看菜单，最后是道例汤，价格 15 元（外币），便灵机一动对客人说："先生，我给你们 20 元人民币，作为损失补偿，你们看如何？"两位客人脸色顿时多云转晴，笑着回答："不必了，你们的服务做到这种程度，我们已心满意足了，谢谢你了！"她又说："先生，如果你们喜欢这道菜，我为你们免费提供一瓶啤酒。"客人非常感动地说："这个菜端走好了，你的一片心意我们领了。难为你这么为我们着想，下次来一定还请你为我们服务。"听到客人由衷的赞扬，小汪心里甜滋滋的。

【评析】

本案例中餐桌岗位上的服务员"服务"不称职姑且不谈，更值得议论的是实习生小汪那高人一筹的出色服务。

首先，是她主动补位的服务意识。两件事都不是发生在她负责的服务岗位上，但她目光四射，时刻留意着周围服务区域客人的一举一动，当同伴的服务跟不上时，就及时赶上去补位。当她发现另桌客人不想吃已点好的菜而想换别的，又不好意思开口之时，就主动上前，道出客人心思，满足客人需求；当她察觉邻桌上客人与服务员因一道菜晚到气氛不妙时，又主动前去安抚客人。这种主动补位的服务意识值得在酒店服务中大大提倡。

其次，是她灵活敏捷的应变能力。她从客人不寻常的表情动作中敏锐地捕捉他想换菜而不好开口的心理，当机立断地迎合了客人的潜在要求；她又针对服务员晚上一道菜给客人造成的不快，采取了灵活多变的补救措施，使客人由"多云转晴"直至心满意足。这种灵活敏捷的应变能力，也是酒店服务员应具备的基本素质。

【案例 11】明码标价

（一）

这十位顾客围着圆兴高采烈地酣饮，桌面已杯盘狼藉。

少顷，服务小姐推门而入："各位还需要什么？"

众人或摇头或说不要。

"那么，哪位先生买单？"小姐彬彬有礼地问。

当中有一人掏口袋，未及掏出，这时……

"2 500 元。"小姐依然彬彬有礼地说，似乎更加谦卑。

掏口袋者露出一副尴尬相，众皆愕然，其中一人脱口而出——"这么贵？"拿过菜单。

菜谱上，鲑鱼与毛蟹一栏上标"时价"顾客大惑不解。

服务小姐：今天的鲑鱼是××钱一斤，毛蟹是××钱是一斤。

众人忿忿然。

一位客人："真是点菜打闷包，付账吓一跳啊"

【评析】

隐形的标价，也就是时价，在餐饮业包括部分酒店中很流行。但结账时常令顾客大感意外，有被宰的感觉，享受的乐趣顷刻化为不满和气愤。对此，物价部门、酒店老板和消费者有着不同的看法。

某一老板振振有词："海鲜进价一天一变，总不能准备十几种菜谱吧？"

一位大学的青年副教授说："我去过欧美不少城市，从未遇过什么时价不时价，在上海四星五星级宾馆的餐厅里，也没'时价'一说。"一顾客插话："我们有些酒店热衷于'时价'，显然是由于这种隐形价格能掩盖他们的暴利行为，使被宰者哑巴吃黄连，有口说不出。"

上海富丽华大酒店的康经理很自信地说："我们不用'时价'，尽管这一标价很普遍，实际操作也很方便是，但顾客看了，会产生不信任感，价格一天一变的时令海鲜毕竟很少，多数商品在一段时间内上下浮动并不大，我们的做法是公布一个比较合理的定价，相对稳定。"

上海市物价局发言人在接受记者采访时说："国家有关部门针对所有的商业单位规定要明码标价，凡标以'时价'，的时令海鲜等菜肴，当天必须在店醒目位置标明实际的价目，让消费者一目了然。"

【案例 12】客人挑剔心理分析

"酒店常会遇到一些挑剔的客人，如何使'客人是上帝'这一服务原则得心应手地运用到每一次出现的挑剔冲突中，还需具备对客人进行心理分析的能力，这样才能有的放矢，缓解矛盾。"已有二十多年餐饮经理的香港梁先生正在给国内一家酒店的餐饮部员工上课。

梁先生接着说："我几十年碰到的客人数不胜数，真正不友好、带有敌意的客人只是极少数的。其中有一类客人的挑剔，是为了刻意显示出他们富商大贾之气派和地位。"

（一）

一位阔商请几位男女宾客共进晚餐。服务员端鱼翅羹上桌，每人一份。主人吃了一口，大表不满："我吃过上百次鱼翅了，你们的鱼翅做得不好，僵硬，不爽。去问问你们厨师是怎么做的！"

客人面露傲慢，话说得很重。

服务员二话没说，答应去问。出去后，悄悄告知经理。餐厅经理走了过来，笑容可掬，故意放大音量说："老板真不愧是吃鱼翅的行家。今天的鱼翅在泡发和火工上确实稍缺一点点时间，这点小差别，您一口就尝出来，不愧为美食行家。"餐饮经理招手把服务员叫了过来，站到了客商边上又接着说："鱼翅不满意，老板您看，是换，还是取消？取消的话，损失当然我们承担，您不用支付分文。"

【评析】

餐饮经理的一席话，句句扣住了阔商的心理。他抓住了两点；一方面经理不作任何调查研究，先把阔商捧到天上，将责任全部归于店方，给阔商以足够的面子，既突出了对他主地位的尊重，又烘托了他美食家的身份。客人心理得到了超期望的满足；另一方面，使用了"欲擒故纵"的手法，退还是换，鱼翅这类高档菜肴的损失价值是很大的。但既然心理得到了满足，这类阔商就一定不会继续斤斤计较，反而要借机显示自己的大度。情形果然不出所料。

（二）

"算了，算了。这次就算了，以后要注意质量。你们蒙混别人可以，骗我是骗不过云的。"阔商还要借机炫耀一下自己。餐饮经理不愧经验丰富，进一步"欲擒故纵"。

"老板，感谢您宽宏大量，我看就打八折吧。为了保证质量，我叫厨师也出来向你们道歉，并扣他当月奖金。"这时阔商又开始显示他的大度和阔气了。

阔商说："难道我就要省这 20% 的钱吗？老实告诉你，再多 10 倍的钱我也不在乎！厨师一个月赚不了多少钱，不能为这区区小事扣他的钱嘛！"

【评析】

至此，矛盾已有了很大的缓和。但在这种情形下，不要急于向客人结账，而应留出给客人一段平静过渡的时间；或是让他有一个在赴宴客人面前吹嘘的机会。有条件的话，还可免费赠送一盆水果致歉。

（三）

服务员送上账单，阔商点清钱，爽快地付账离去。餐饮经理已站立在门口，递上名片，恭请客人再次光临。

课讲到最后，梁先生告诉大家，这是他亲自处理的一个真实的案例。自此以后，那位阔商成了他酒店的座上常客，并经常介绍客人前来用餐，还指名梁经理必须好好关照。实际上是这位商在继续向他周围的人炫耀自己。但对酒店来说，客源就是通过客人这样的心理满足不断增加、扩大的。

【案例 13】"指鹿为马"与"认鹿为马"

深秋，南京一家大酒店的粤港餐馆，顾客盈门，生意红火。一家大公司的经理牛先生正在宴请客户、朋友，一桌人落座后，酒菜点过，服务员小孔开始为客人上加过温的花雕酒，她先为第一位客人牛经理酒杯中放上一颗话梅，正要倒酒，不料牛经理牛手挡住酒杯说："小姐，您的操作方法不对，喝话梅泡的黄酒，应该先倒酒后放话梅。"小孔一愣，心想："先放话梅再倒酒，这是餐馆的一贯做法，从未有人提出异议，现在既然这位先生提出异议，先倒酒后放话梅也未尝不可，就依客人的要求办吧。"于是她说一声："对不起，先生。"便用夹子取出话梅，倒上酒，再把话梅放进去；并照同样的方法给其他客人服务。牛经理这才表示满意。

上菜时，上来一道滑炒虾仁，牛经理随即邀同桌趁热动筷，自己带头品尝，刚尝一口，不觉眉头一皱，脱口说道："这虾仁味道太淡了。"小孔听说随口问了一声："是吗？"未等对方回答，她便接着说："哦，这样吧，我马上拿到厨房去请厨师加工一下。"说完便把虾仁端进厨房，交给掌勺的厨师——厨师长，又立即把经理蒋先生请来，向他们汇报此事，还顺便说了刚才弄话梅黄酒时发生的事，蒋经理和厨师长仔细品尝了炒仁，都认为咸淡适中，是严格按照标准烹制的。蒋经理分析，可能是那位先生的口味偏淡，而联系刚才他对话梅泡酒的挑剔，还有一种可能性更大，即这位客人要面子，好炫耀，特别爱在大庭广众面前自我表现一番，他认为应该因势利导，尽量满足他的自尊心，妥善处理好此事。于是他让厨师长稍稍放了点盐回炒一下，请小孔端出去，并嘱咐她加强注意，小心伺侯。小孔把滑炒虾仁端上餐桌，对牛经理说道："先生，对不起，刚才确实淡一点，现在加咸了，请品尝。"牛经理当即先尝了一口，含笑点头道："这还差不多。"小孔顿时松了口气。

过了一会儿，酒宴最高档的一道菜肴——鱼翅上来了，牛经理照例邀大家趁热品尝，他刚尝了一口，果真又"发难"了，对小孔说："这鱼翅质量有问题。"小孔听了大吃一惊，他知道，餐馆烹制这类名贵海鲜质量把关严上加严，通常是不会有问题的，正想作适当的解释，早就在远处留心观察的蒋经理及时赶上前来，和气地对牛经理说："我是餐馆经理，欢迎您对这道鱼翅多提宝贵意见。"牛经理一口咬定鱼翅质量有问题。只见蒋经理毫不犹豫地说道："那就取消。""取消"就是白送一个名贵菜，意味着餐馆承担重大经济损失！这时在座的客人都有点看不过去了，纷纷对牛经理说："这鱼翅质量不错，不要难为经理了。"牛经理也没想到店方会主动提出取消，听了众人的劝告，更觉得过意不去，便对蒋经理说："取消就不必了。"蒋经理见形势缓和下来，就退一步说："那就打八折。"这时，牛经理既有点不好意思，又显得洋洋得意。蒋经理见了他的神态若无其事，微笑着告退。

从此后，牛经理和他的公司属员便成了这家粤港餐馆的常客。

【评析】

"客人就是上帝"，"客人总是对的"，这类服务的座右铭在酒店业中已是司空见惯，可要做到像本案例中粤港餐馆服务员和管理者那个份上就不容易了。客人对酒菜的意见，有投诉，哪怕是并无什么道理，他们总是不辩解任何理由，马上按客人的要求去做，甚至客人"指鹿为马"，店方也就"认鹿为马"，彻底把"对"、"理"让给客人，给客人面子，让客人满意。

特别是蒋经理主动提出"取消"并无质量问题的鱼翅，更是表现了对客人的宽宏大度和企业家长远的眼光，虽然将蒙受重大损失，但这是取信于客，为餐馆的根本利益而考虑。实际上大多数客人还是通情达理的，真正蛮不讲理的毕竟是极少数。最后客人还是为店方的诚心和严格的所感动，不让"取消"，也就打了个折扣，由此还吸引客人成为回头客。这就是彻底把客人奉为"上帝"所应得的丰厚回报。

【案例 14】服务员打翻饮料

夏日中午，酒店宴会大厅正在举行欢迎记者午宴，百余名客人在互相交谈，舒缓的背景音乐响起。

这时，一位男侍应生手托饮料盘向客人走来，一不小心，托盘上的饮料翻倒，全部洒在邻近的一位小姐身上，小姐被这突如其来的事情吓得发出了一声尖叫："啊呀！"

响声惊动了百余名客人，大家目光一齐投向这位小姐。

这样的场合发生这样的事情，年轻的小姐显得无比尴尬。那位服务员手足无措，脸色煞白。

这时，公关部沈经理和杨小姐一前一后从宴会大厅不同的方向向客人走来。

沈经理对站立在一边的服务员说道："请尽快把翻倒在地毯上的饮料和杯子收拾干净。"

同时对客人说："小姐，请先随我来。"说着与小杨一起一前一后用身体为女记者遮挡着走出了宴会厅。

沈经理对客人说："小姐，对不起，发生这样的事是我们服务上的失误，请多多原谅。"

客人从尴尬到气愤，抱怨不停："你们是怎么搞的，我的衣服被弄湿了，叫我还怎么出去啊？"又道："我第一次到你们酒店来就碰上这样的事，真倒霉。"

沈经理一面安慰客人，一面把客人带到一间空客房内："小姐，你请先洗个澡，告诉我们你的内衣尺寸，我们马上派人去取。"

小姐走进浴室，沈经理到客房部借了一套干净的酒店制服，小杨把客人的衣服送到洗衣房快洗。

很快，衣服取来了，客人换上了酒店的衣服，沈经理对客人说：

"您的衣服我们送去快洗了，很快就会取来，我们先去用餐吧！"说着陪同客人一起到一楼餐厅单独用餐。

客人渐渐平静了，一面用餐一面与沈经理闲聊起来。

得知这件事的总经理也特意赶到一楼餐厅，对正在用餐的客人道歉："小姐，我代表酒店向你道歉，我们的服务质量不高……"

客人被总经理的诚意打动了，笑道："你看，我都成了您酒店的员工了。"说着指指身上的酒店制服。

用完餐，客人回到客房，看到自己的衣服已经洗净熨好送来了，换上自己的衣服后，她满面笑容地对沈经理道谢。

"谢谢你们。虽然碰到不愉快的事，但你们入微的关怀，快捷利落的措施，妥善的安排却令人愉快，你们的真情和诚意更令人难忘。"

【点评】

当酒店服务发生过失而给客人带来不快时，饭店在向客人道歉的同时，更应采取有效的措施使客人的利益得到补偿，各部门相互配合做好善后处理工作，处理得当，可以将事件的消极影响减少到最低限度。

【案例 15】如此餐馆销售

宾馆内气派豪华、灯红酒绿的中餐厅，顾客熙熙攘攘，服务员小姐在餐桌之间穿梭忙碌。

一群客人走进餐厅，引座员立即迎上前去，把客人引到一张空餐桌前，让客人各自入座，正好十位坐满一桌。

服务员小方及时上前给客人一一上茶。客人中一位像是主人的先生拿起一份菜单仔细翻阅起来。小方上完茶后，便站在那位先生的旁边，一手拿小本子，一手握圆珠笔，面含微笑地静静等待他点菜。那位先生先点了几个冷盘，接着有点犹豫起来，似乎不知点哪个菜好，停顿了一会儿，便对小方说："小姐，请问你们这儿有些什么好的海鲜菜肴？""这……"小方一时有点答不上来，"这就难说了，本餐厅海鲜菜肴品种倒是不少，但不同的海鲜菜档次不同，价格也不同，再说不同的客人口味也各不相同，所以很难说哪个海鲜菜特别好。反正菜单上都有，您还是看菜单自己挑吧。"小方一番话说得似乎头头是道，但那位先生听了不免有点失望，只得应了一句："好吧，我自己来点。"于是他随便点了几个海鲜和其他一些菜肴。

当客人点完菜后，小方又问道："请问先生要些什么酒和饮料？"客人答道："一人来一罐青岛啤酒吧。"又问："饮料都有哪些品种？"小方似乎一下子来了灵感，忙说道："哦，对了，本餐厅最近进了一批法国高档矿泉水，有不冒汽的 eviau 和冒汽的 perrier 两种。""矿泉水？"客人感到有点意外，看来矿泉水不在他考虑的饮料范围内。"先生，这可是全世界最名牌的矿泉水呢。"客人一听这话，觉得不能在朋友面前丢了面子。便问了一句："那么哪种更好呢？""那当然是冒汽的那种好啦！"小方越说越来劲。"那就再来 10 瓶冒汽的法国矿泉水吧。"客人无可选择地接受了小方的推销。

服务员把啤酒、矿泉水打开，冷盘、菜肴、点心、汤纷纷上来，客人们在主人的盛情之下美餐一顿。

最后，当主人到总台结账时一看账单，不觉大吃一惊，原来一千四百多元的总账中，10 瓶矿泉水竟占了 350 元！他不由嘟哝了一句："矿泉水怎么这么贵啊？""那是世界上最好的法国名牌矿泉水，卖 35 元一瓶是因为进价就要 18 元呢。"账台服务员解释说："哦，原来如此。不过，刚才服务员可没有告诉我价格呀。"客人显然很不满意，付完账后便快快离去。

【评析】

本案例中服务员小方在向客人销售菜肴、饮料的过程中，犯了两个极端的过失。

一是推销不当。当客人主动询问哪些好的海鲜菜肴时，小方不应该消极推辞，放弃推销的职责，而完全可以借机详细介绍本餐厅的各种海鲜，重点推荐其中的特色品种，甚至因势利导地推销名贵海鲜，客人也会乐意接受，这样既满足了客人的要求，又增加了餐厅的营业收入，何乐而不为呢？

二是推销过头。餐馆推销必须掌握分寸，超过了一定限度，过头了，就会适得其反。像法国名牌矿泉水，这是为某些客人的特殊需求而备的，一般不在服务员的推销之列，若有客人提出要喝法国矿泉水，就说"有"即可。像小方那种过份推销，使客人处于尴尬境地，虽能勉强达到推销目的，但到头来反而引起客人更大不满，很可能就此失去了这个回头客，是很不值得的。

【案例 16】鸡毛风波

某日晚，有四位广东客人在某饭店的餐厅内吃晚饭。当最后上点心时，有一位客人在品尝菜包子时发现内有一根细小的鸡毛。于是其余的三位客人也不肯动筷了。他们要求餐厅服务员小韩加以解释。小韩仔细观察后对客人们说:"对不起各位,是我们没有把包子做好,我马上给你们调换。"然而客人们仍旧感到不满意,要求餐厅领班出来做进一步的解释。小韩此时看到餐厅领班正忙得不开身,于是灵机一动说领班有事外出未回,接着用手指着那只吃过的包子说:"其实这只包子里的东西根本不是鸡毛,而是一片黄菜叶根,不信,我吃给你们看。"话音刚落,他已把这只剩下的包子吞下去了。

餐厅和客人之间的矛盾,通过小韩吞下鸡毛的方式得以化解。但事后在饭店内引发出一场争论。

在该饭店事后组织全体员工的讨论会上,一些与会者首先向小韩提问:"你为什么想到把鸡毛吞下肚中?"小韩腼腆地说:"当时实在想不出其它好办法,吞下鸡毛,为的是维护本企业的声誉。"接着大家在会上纷纷发表意见。一部分人认为小韩在关键时能够挺身而出,从维护企业的声誉出发,这种举动值得赞扬,有人还在发言中补充说:"当前的饭店饮食服务业中有这样一些服务员,当碰到类似的'鸡毛事件'的事情,会简单地回答顾客说:'包子不是我做的,你要问就去问做包子的人。'这些人比小韩的表现就差得多了。"

在会上也有人(包括餐厅领班在内)则认为小韩明明知道包子里是鸡毛,有意弄虚作假,不够实事求是,不值得赞赏。小韩的做法不应该提倡。今后要彻底杜绝"鸡毛事件",只有严抓管理,注意餐饮质量。

饭店的领导根据大家的意见,经过认真分析,最后作出了奖罚决定:

1. 发给餐厅服务员小韩奖金 300 元,并提前一年升级。
2. 免去餐厅领班的职务。
3. 扣发餐厅做点心的有关人员的奖金。

【案例 17】半只蹄膀

D 饭店坐落在上海的西南,是一家以接待商务客人为主的涉外宾馆。

某天傍晚,餐厅服务员一切准备就绪,开门迎客,客人陆续进来用餐,服务员为他们引座,上菜。餐厅呈现出一片温馨似家的气氛。

一位台商模样的客人进入餐厅,点头和服务员打招呼。显然他是一名常客,他挑了临窗的座位。服务员沏上一杯香茗,递上菜单。

台商:"我昨天在这儿请客,都说你们的走油蹄膀烧得相当好,可惜我没吃,今天再来一份,一只太多,吃不下,来半只可以了。再来一份松花蛋、海蜇皮、小碗酸菜汤和一瓶啤酒。"

服务员:"对不起,先生,走油蹄膀我们是整只卖,不能分割。酸菜汤都是用大的汤碗盛的。我们这儿菜品种比较丰富,你可以点一些其它合口味的。"

台商一脸的不高兴,显出不可理解的样子。

"这么简单的要求你们都做不到?!我在你们饭店长包房,几乎天天在这儿吃,其它喜欢吃的都尝遍了。唯独走油蹄膀不知什么味。别人都讲好吃,想尝尝而已。这么大的一只蹄膀,又油,叫我一人怎么吃得下去?吃下去肚子(客人用手指指肚子)受得了吗?"

领班看到这位客人指手划脚,走了过来,向服务员简单了解了一下。

领班:"先生,你的要求我们尽量满足,我和厨房商量一下。"

没多会儿,领班又来到台商桌旁。

"对不起先生,让你久等了,酸菜汤可以用小盅上,但走油蹄膀实在无法分割,很抱歉,你是否改用其它的。"

台商摇摇头："再也没味口吃了。"边说边气呼呼地向餐厅外走去，刚巧餐饮部经理进来与台商擦肩而过。经理看到客人神态。进来问领班，领班把情况汇报了一下。

经理："我们饭店有一个显著的特点，绝大部分入住者都商务长包客人，餐厅就应让他们感到像在家里用餐一样方便、自由。在规范服务上，更应再强调个性服务。用小盅上汤，上半个走油蹄膀等要求必须满足。虽然眼前利润低了或赔本，这也是个别的，可为我们餐厅创造信誉，也为饭店留住客人，创造了利润。"

一位餐厅服务员手推餐车来到台商房门，揿响门铃，门开了。

服务员："先生请用餐，这是你刚才在餐厅点的菜，今天你的晚餐免费。"

服务员把餐车推进房，把菜端上台，看到半只蹄膀。客人满意笑了，连说："谢谢、谢谢。"

【案例 18】筷落风波

众多的宾客在恭维台湾吴老先生来大陆投资，吴老先生神采飞扬，高兴地应承着这些祝贺的话。宾主频频碰杯，服务小姐忙进忙出，热情服务。

不料，过于周到的小姐偶一不慎，将桌上的一双筷子揩落在地。

"对不起"小姐忙道歉，随手从邻桌上拿过一双筷，褪去纸包，搁在老先生的台上。

吴老先生的脸上顿时多云转阴，煞是难看，默默地注视着小姐的一连贯动作，刚举起的酒杯直停留在胸前。

众人看到这里，纷纷帮腔，指责服务小姐。

小姐很窘，一时不知所措。

吴老先生终于从牙缝里挤出了话："晦气"，他顿了顿接着说，"唉，你怎么这么不当心，你知道吗，这筷子落地意味着什么？"

边说边瞪着眼睛："落地即落第，考试落第，名落孙山，倒霉啊，我第一次在大陆投资，就这么讨个不吉利。"

小姐一听，更慌了，"对不起，对不起"，手足无措中，又将桌边的小碗打碎在地。

小姐尴尬万分，虚汗浸背，不知道怎么才好，一桌人也有的目瞪口呆，有的吵吵嚷嚷地恼火，有的……

就在这时，一位女领班款款来到客人面前，拿起桌上的筷，双手递上去，嘴里发出一阵欢快的笑声："啊，吴老先生，筷子落地，筷落，就是快乐，就是快快乐乐。"

"这碗么——"领班一边思索，同时瞥了一眼，示意打扫碎碗。服务员顿时领悟，忙拾碎碗片。

"碗碎了，这也是好事成双，我们中国不是有句老话——岁岁平安，这是吉祥的兆头，应该恭喜你才是呀。您老这回大陆投资，一定快乐，一定平安。"

刚才还阴郁满面的吴老先生听一这话，顿时转怒为喜，马上向服务员小姐要了一瓶葡萄酒，亲自为女领班和自己各斟了满满一杯，站起来笑着说："小姐，你说得真好！借你的吉言和口彩，我们大家快乐和平安，为我的投资成功，来，干一杯！"

【评析】

优秀的服务员，要善于应变，而应变中，语言技巧是很重要的，敏捷的思路，伶俐的口齿，往往是突发事件中反败为胜的首要条件。

【案例 19】茅台酒风波

两男一女三位客人到餐厅进餐。他们品着香茗，谈着生意经，等着上菜。在相距不远处，一群团队客人热热闹闹，餐厅经理正向团队来宾举杯致辞，欢迎客人来餐厅用餐。相形之下，方才来到的三位客人觉得受到冷落，特别是看到服务小姐为团队客人上菜忙忙碌碌，其中的女客说餐厅是厚此薄彼，尤其不悦。

三位客人点的菜陆续上桌，服务小姐给客人斟上了茅台酒。伫立在侧伺候。过了一会儿，女客开始抱怨这里的菜肴味道不地道，不如在其他饭店尝到的口味好，另一位客人忽然停住手中的酒杯，说道："这茅台酒的味不对啊！"旁边一位呷了一口，表示出同样的感觉，并拿起茅台酒瓶仔细看了起来。"这酒瓶表面有污渍，肯定是旧瓶装假酒。"顿时气氛紧张起来，女客提高了嗓门说："小姐，这酒是假货，我们不要了，请你的经理出来说话。"

风波骤起，引来无数眼光的注视，餐厅经理闻讯后即刻赶到。

经理知道，这批名酒都是经正规渠道进货的，经过了层层严格把关，绝对可靠。客人对酒心存疑虑，大抵有两种原因，一是客人对此种酒不熟悉；二是可能客人对菜肴或服务不满意，况且餐厅的酒价格高出市场价一倍，给人印象很深，客人稍有不满就容易迁怒于酒上，加上名酒假冒的报道确实太多。

果然，客人除了反映茅台酒是假的外，对菜肴和服务也有不满，餐厅经理抱歉说："关于菜肴，大家的口味不同，原料上并没有不新鲜的吗？服务上怠慢了客人，责任在餐厅，我们一定改正，请多原谅。"经理转身又对服务小姐说："小姐，先生用餐结束前，免费送水果盘一份。"

餐厅经理得知三位客人是住店客人，接着说："这里所有的酒我敢用饭店的信誉担保，绝不会有假的，如果不相信，我们可以请市食品质量监察部门做鉴定，这瓶茅台酒先放在一边，明天就会有结果，今天三位客人还是要付这瓶酒的账，如果明天证明你们三位的判断正确，今天所有的费用悉数奉还。"客人面面相觑，但只能同意。

"小姐，先生，是否需要继续用酒，如果对白酒不放心，那洋酒来一点怎么样？洋酒掺假少。"经理问道。"我们是爱国主义者，也喝不惯洋酒。"另一位男宾说："就来五粮液吧，五粮液是五种粮食做成的，真假易辩。""前几天有人送来两瓶五粮液。结果被我发现是冒牌货，后来才知道是用什么'红楼梦'酒勾兑的，真是稀奇古怪。""好，就上五粮液"，旁边的男客也不甘示弱。小姐随即取来五粮液，客人们尝过之后没有异议，经理打过招呼后退下。

待到三位客人用餐将结束时，经理亲自为客人端上水果盘。

经理说："请先生将住宿证出示一下，这样便于茅台酒的鉴定一有结果，便转告你们。"客人拿出住宿证。

经理紧接着又说："其实茅台酒是酱香型，虽然醇香馥郁，味感醇厚，但不一定适宜于每个顾客，它的酱香很别致，酒足饭饱之后再尝一口，尤其感觉得出。"

其中一位客人说道："算了，算了，你们也不必为一瓶酒去质量监督局来回折腾了，今天看您经理的面子，这瓶茅台的钱一起付了，这瓶酒就先存在吧台里，明天我们再来喝了它。"

这样一场茅台酒的风波就平息了。

【案例 20】批评要注意场合

（一）

某酒店卡拉 OK 舞厅开张。

锣鼓，或鞭炮，或军乐队，一片喧闹声。

主席台或主桌，有关嘉宾、领导在轻声说话，服务员穿梭般在服务。

服务员逐个上茶水，完毕后，转身欲走。

突然，经理发现，所有的客人的茶都上了，偏不巧，唯独漏掉了场面上的最高领导——副市长。

经理脸色陡变，当场上前，大声训斥该服务员："你怎么搞的，魂到哪里去了！嗯，平时是怎么培训你的，你是不是不想干了？"

经理一脸吹胡子瞪眼相，场面也一阵尴尬。

服务员被训得一时不知所措，惊悸之余，才想起应该帮副市长补上茶，忙走到副市长跟前。

副市长起先并没注意自己的茶是否上了，经这一折腾，明白了，马上打圆场："没关系，没关系。"

【评析】

这种做法至少有两点是错误的。其一，把服务员的漏洞一览无遗地暴露在客人面前。其二，给挨训斥的服务员心中留下了离心的隐患，该服务员如果肚量小，更会记恨他的上司。其实，正确的处理方法如下。

（二）

经理将"漏洞"看在眼里，不声不响地自己去"补位"，把茶水送到副市长面前。

【评析】

就酒店的整体服务来说，做到了"天衣无缝"。客人并不计较谁来送茶水，只要茶水不缺就是服务的完美。如一定要计较的话，经理亲自上茶，更显尊重，更加礼遇。

（三）

经理用眼神，或干脆和颜悦色地提醒服务员，服务员神态自若地上前笑着道歉上茶。

【评析】

从管理角度分析，这中间又有领导的艺术，经理完全可以事后引导或者个别与服务员谈话，和善地指出她的不足，让她在服务中，不断锻炼自己的眼力。

【案例 21】一张信用卡

某酒店餐厅来了两位客人。男宾衣冠楚楚，气宇轩昂，女宾端庄秀美，风韵高雅。

照例是服务员向两位来宾致欢迎词，并热情引座。

两位落座，服务员便送上了茶水、毛巾和干果。稍事休息后，伫立一旁的服务员接受客人的点菜，殷勤地介绍特色菜肴。

女宾将菜单转给了男宾，说："还是由老同学来点吧。吃在香港，你到香港定居这么多年，又事业发达，肯定是一个美食家。"

男宾在嘴里谦虚客套的同时，非常老到地点起了菜。

菜是一道一道非常有节奏地端上餐桌，"酒逢知己千杯少"，男宾今天胃口特别好，不断劝女宾多吃菜，自己也不断喝酒，还嫌酒不够，让服务员加酒。他们畅叙友情，回忆过去，十分开心。

当用餐即将完毕之时，男客示意服务员结账，随手从裤子口袋里摸出了一张信用卡，交给了服务员。

不一会儿，服务员走回来，告诉男宾信用卡本来已透支，现在付这餐账单还差一部分。

男宾满腹狐疑，起身赶到账台，问："你们今天会不会搞错了，或者电脑出了故障？"

总台小姐回答："先生，刚才几位客人的信用卡也是用的这台电脑。这样吧，我再给您试一试。"

账台小姐将这位男宾的信用卡重新又拉一了遍，结果与前次相同。

男宾有些不知所措，面部表情由难堪变为了生气，嗓门也比刚才提高了许多："你们不相信我。我可是住店客，不是过路客，每天住店的消费，不知比今天这顿饭要多多少，我决不可能搞错。"

这时的餐厅领班、服务员都陪着笑脸，不断安慰这位男宾，请他再仔细想一想。

"先生是否可改付现金？"

"带了信用卡就没带现金。要现金，有的是，在客房。""就是有现金，我现在也不付。"他又补充道。

这时，同来的女宾款步走来。她矜持地对领班说："这位先生是不会弄错的，你们可以再查一查。我来付现金。"说着将皮包打开。

见此情景，男宾当然更加气愤，他连忙拦阻女宾，将信用卡重重地摔在账台上，拉着女宾扬长而去，还高声地说："随你的便，反正不会赖你们的账，莫名其妙。"

餐厅将这位男宾的信用卡带到酒店大堂总台查询。验卡结果确如在餐厅的一样。总台小姐告诉了这位客人的房号。

下午，餐厅经理亲自来到男宾的客房，将信用卡交还给客人，告诉客人经多方验证，信用卡里已无钱可付。

男宾这时的态度与中午相比，几乎已经完全平静，他说："非常抱歉，是我弄错了，昨天我支付了一笔较大数额的款子。我这个人有个毛病，就是喝酒有些过量时就不易控制自己的情绪，还容易忘事。"

"应该我们向先生道歉。在餐厅里人多，伤害了先生的面子，当时，我们都知道先生是住店客，是不会不付账的。"餐厅经理话语真诚。

说着话，这位先生从写字台的抽屉里又拿出了一张新的信用卡。

"这张卡绝对没问题，经理先带回云，晚餐时我会来用餐的。"

"这倒不必了，欢迎先生晚餐再次光临。到时候一并结账不是也一样嘛。"

两人脸上都微笑着。

【案例 22】急中生智

某宾馆举行圣诞庆祝活动，晚宴以后接着是化妆舞会，休息之际搞抽奖活动，人人有奖。在每人的奖品袋中都附有一张精致的"口彩卡"，上面印有"圣诞快乐、吉祥如意"之类的吉利话。有一对外籍的夫妇（虔诚的基督教徒）正好来我国旅游欢度圣诞节，也参加了宾馆组织的圣诞庆祝活动。当他们中的一位打开奖品袋一看，里面根本没有"口彩卡"，于是感到非常不吉利，心中闷闷不乐，服务员见状趋前表示抱歉（由于"口彩卡"没有备货，无法补送，而且客人也并不要求补卡）却无济于事，餐厅经理闻讯，带着微笑走到客人面前用不怎么熟练的英语先说了一句"Merry, Christmas Eve"（圣诞平安夜快乐），接着讲了一句美国谚语："No news is the best news."（没有消息就是最好的消息）。这两句话马上说得这对夫妇转怒为喜，竟和经理握手，连声道谢，僵局就这样很便当地打破了。

【评析】

在服务性行业的接待服务中，可能发生考虑不周、一时疏忽而引起客人误解和不快，这便要求接待服务人员能够随"地"应变，急中生智。

上例中的那位餐厅经理，尽管英语讲得还不够熟练，但知识比较渊博，而且能够揣摩客人的心理，用巧妙的语言解决了客人不满的问题。

这使我们联想起为世人称道的一件事：一次我们敬爱的周总经理设宴招待外宾，席间上了一道菜，厨师特地把菜中的春笋加工成象征我国"万福"状的图案，而客人们见了大惊失色，以为是希特勒纳粹党的标志！周总理见状便风趣地说："可能诸位对这道菜发生了兴趣，这是我们的厨师为了向大家表示祝福，用我国万福图案加工而成。"周总理稍微停顿了一下，接着又说："退一万步讲，我们的厨师不免有失误之处，令各位难免联想到希特勒，而对这道美味可口的菜，请允许我先下筷子尝一下，然后让我们一起来消灭'希特勒'如何？"

客人们到此时疑去顿释，宴会厅里一片欢声笑语，大家跟着周总理开始消灭"希特勒"了。

【案例 23】微笑也要有分寸

某日华灯初上，一家饭店的餐厅里客人满堂，服务员来回穿梭于餐桌和厨房之间，一派忙碌气氛。这时一位服务员跑去向餐厅经理汇报，说客人投诉一盘海鲜菜中的蛤蜊不新鲜，吃起来有异味。

这位餐厅经理自信颇有处理问题的本领和经验。于是不慌不忙地向投诉的客人那个餐桌走去。一看，哟，那不是熟主顾老食客张经理吗！他不禁心中有了底，于是迎上前去一阵寒暄："张经理，今天是什么风把您吹来了，听服务员说蛤蜊不大对您老胃口"。这时，经理打断他说："并非对不对胃口，而是我请来的香港客人尝了蛤蜊以后马上讲这道菜大家千万不能吃，有异味变了质的海鲜，吃了非出毛病不可！我是东道主，自然要向你们提意见。"餐厅经理接着面带微笑，向张经理进行解释，蛤蜊不是活鲜货，虽然味道有些不纯正，但吃了不会要紧的，希望他和其余的客人谅解包涵。

不料此时，在座的那位香港客人突然站起来，用手指指着餐厅经理的鼻子大骂起来，意思是，你还笑得出，我们拉肚子怎么办？你应该负责任，不光是为我们配药、支付治疗费而已。这突如其来的兴师问罪，使餐厅经理一下子怔住了！他脸上的微笑变成了哭笑不得。到了这步田地，他揣摩着想如何下台阶呢？他在想，总不能让客人误会刚才我面带微笑的用意吧，又何况微笑服务是饭店员工首先应该做到的。于是他仍旧微笑着准备再做一些解释，不料，这次的微笑更加惹起那位香港客人恼火，甚至于流露出想动手架势，幸亏张经理及时拉了拉餐厅经理的衣角，示意他赶快离开现场，否则简直难以收场了。

【评析】

事后，这一微笑终于使餐厅经理悟出一些道理来。

那就是不应该由于认识客人而想采取大事化小、小事化无的态度，相反应该一视同仁，诚恳虚心接受任何一位客人的意见。如果能站在客人张经理的角度，考虑其处境或考虑到客人吃不到新鲜的蛤蜊以后，可能会产生的种种后果，那么那种僵局可能不会出现。事实上由于餐厅经理考虑不周，结果微笑服务反而走向反面，引发出不愉快的结局！

要懂得，微笑服务固然应该经常加以倡导，但也并非是到处可以套用的化解问题的最好方式。在不同的场合，微笑也要有分寸。

第四章　培训、保安及其他部分

【案例1】敬语缘何招致不悦

一天中午，一位住在某饭店的国外客人到饭店餐厅去吃中饭，走出电梯时，站在梯口的一位女服务员很有礼貌地向客人点头，并且用英语说："您好，先生！"客人微笑地回道："你好，小姐。"当客人走进餐厅后，引台员发出同样的一句话："您好，先生！"那位客人微笑地点了一下头，没有开口。客人吃好中饭，顺便到饭店的庭园中去溜溜，当走出内大门时，一位男服务员又是同样的一句："您好，先生！"这时客人下意识地只点了一下头了事。等到客人重新走进内大门时，劈头见面的仍然是那个服务员，"您好，先生！"的声音又传入客人的耳中，此时这位客人已感到不耐烦了。默默无语地径直去乘电梯准备回客房休息。恰巧在电梯口又碰见了那位小姐，自然是一成不变的套路："您好，先生！"客人实在不高兴了，装做没有听见似地，皱起眉头，而这位服务员小姐却丈二和刚摸不着头脑！

这位客人在离店时写给饭店总经理一封投诉信，内容写道："我真不明白你们饭店是怎样培训员工的？在短短的中午时间内，我遇见的几位服务员竟千篇一律地简单重复着一句'您好，先生！'，难道不会使用些其他语句吗？"

【评析】

在饭店培训员工的教材中规定有"您早，先生（夫人，小姐）"!、"您好，先生！"的敬语使用范句。但是服务员们在短短时间内多次和一位客人照面，不会灵活地使用敬语，也不会流露不同的表情，结果使客人听了非但毫不觉得有亲切感，反而产生厌恶感！

"一句话逗人笑，一句话惹人跳"，指的是语言表达技巧的不同，所产生的效果也就不一样。饭店对各个工种、各个岗位、各处层次的员工所使用的语言做出基本规定是必要的，然而在实际工作中，不论是一般的服务员、接待员、还是管理人员或者部门经理，往往容易因为使用"模式语言"欠灵活，接待客人或处理时，语言表达总是不够艺术，以至于惹得客人不愉快，甚至投诉。礼貌规范服务用语标志着一家饭店的服务水平，员工们不但要会讲，而且还要会灵活运用。可见语言的交际能力是每位服务应接人员应该具备的第一位工作要素。

【案例2】服务员品尝菜肴

（一）

豪华的中餐厅里，灯火辉煌，大大小小的餐桌摆台就绪。迎宾小姐伫立在餐厅口，恭候客人。

[镜头一] 两位客人在一只小方桌前坐下。服务员递上菜谱，客人开始点菜："先来冷盘。这'家乡咸鸡'是什么鸡做的？是农民喂养的草鸡，还是饲养场买来的肉用鸡？"

"不知道，我没吃过。"服务员老老实实地回答。

（二）

"佛跳墙是什么菜？怎么那么贵？"客人指着菜谱问道。

"好的东西都放在瓦罐里煲，很鲜的。"服务员总算比较含糊地回答了问题。

"那海鲜'佛跳墙'与'迷你佛跳墙'有什么区别？"客人要有所选择。

服务员嗳嘴了。

客人不悦地对服务员说："算了，算了，你讲不清楚，我们也怕白花冤枉钱，那就点别的菜吧。"

（三）

"再来两碗小刀切面，不要汤水，有什么调料可以拦？"

服务员借机推销："我店新推出的 X.O.酱，味道很好。"

"X.O.不是酒吗？怎么变成了酱？"客人感到新奇。

"这是新产品，您试试，开开眼界。"服务员对客人循循善诱。

客人还是打破沙锅问到底："X.O 酱是什么玩意儿？"

"当然是用 X.O 酒配制成的嘛！"服务员胡诌一气。

街酱端上来，客人一看，有红油有辣子，不吃了。他训斥服务员："根本没 X.O 酒，我不吃辣的，退掉。"

服务员态度还算好，颇有几分冤屈："我从来也没吃过，怎么知道是什么味儿。"

（四）

最后客人还要上些水果，菜牌上有新奇士橙和新会橙两种，但价格差别很大。客人又提出疑问。

服务员答道："'新奇士'是进口的，'新会橙'是国产的。"

"进口的？哪国进口的？进口也不该那么贵！"显然，服务员简单的回答并没有说服客人。

"那还是吃西瓜吧。西瓜总不会进口的。免得被宰。"由于不放心，客人改变了主意。

【评析】

从上可见，餐厅服务员对菜肴的知识十分贫乏，几乎是一问三不知，或是错误百出。问题出在培训上。许多酒店上岗培训结束后，没有再搞与工作实践紧密结合的业务培训。没有业务知识，就没有服务质量，客人不会满意，酒店好的产品卖不出去，也就得不到好的效益。有的酒店请餐饮部经理、厨师长和优秀服务员经常给服务员上课，必要时，让他们聚在一起，让他们品尝。在品尝的同时，又给他们讲授知识，这种现场品尝式的培训效果特别好。下面我们模拟以上情景，进行品尝培训。

服务员们围坐一桌，厨师长老薛、餐馆部经理大李和特级服务师徐梅先后讲解。

（一）

"这种'家乡咸鸡'用的鸡，都是从农民家中收购来的三斤左右的公鸡，味道鲜。腌制的配方是丁师傅自己研究出来的，吃口咸中透出清香。现在做咸鸡的酒店、餐厅很少，我们不自卖自夸，你们有机会可到别处去比较品尝一下"

（二）

'佛跳墙'由许多珍贵的原料烹炖而成。其典故是因为这道菜香味诱人，以致和尚也忍不住跳过墙去偷吃。近年来，海鲜盛行，我们在原来鱼翅、海参、干贝、香菇等主料的基础上，又增加了新鲜的鱼、虾、贝、蚌等，内容更丰富，共有 18 种原料组成。价钱当然也就贵喏，要卖到 138 元一盅。有时候，客人消费水平不太高，或是有些大型会议要人人尝一口，于是我们推出了较为大众化的'迷你佛跳墙'，原料在品种和数量上有所减少，但用的汤还是原汁炖出来的。卖价只用 78 元一盅。这样点'佛跳墙'的客人就多了，容易推销了。

（三）

"这是 X.O 酱。小心辣。辣度是根据客人要求高速的。今天故意做得辣一点，给大家印象深一点。"厨师长幽默地介绍着。"X.O 酱与 X.O 酒毫无关系。它是用日本瑶柱、金华火腿、高汤和香辣酱放在一起妙制而成，其香无比，拌煎食品，可使胃口大开。"

（四）

"'新奇士'是英文 Sunkist 的译名，它是世界上最有名的橙子，产于美国加利福尼亚州。由于加州四季阳光明媚，日照充裕，土壤肥沃，尤其是具有适于柑桔生产的养份，因此得天独厚，那儿的橙桔果大味浓，质量最好。你们看，每个橙个头一样大小，上面盖有 Sunkist 的印章。这种'世界第一'橙子当然卖得贵啦。新会橙是广东省新会市的产品，在国内是'名牌产品'，并有出口。其味甜、浓、醇，是我国橙桔类上品。如求实惠，倒是选新会橙好。若是讲究派头，讲究名牌，那就选'新奇士'。这就要求服务员察颜观色，恰如其分地推销了。

大李言毕，指着餐桌中央的橙子说："好，饭后每人一个'新奇士'，一个新会橙，尝好滋味后谈感想。"

全体服务员欢声笑语，热烈鼓掌。

【案例 3】开餐前 10 分钟

时钟，指向中午 10：45。

开餐前，餐厅服务员整齐地站成一列，餐厅经理拿起桌上放着的两瓶进口矿泉水，向服务员进行现场讲解。

"这两瓶都是法国著名的矿泉水，一瓶是 Perrier。"说着，他举起贴着绿色标签的瓶子，"这是带气的，开瓶后有气体冒出，略有硫磺味。上桌时，在杯中加一片柠檬。进价是 13 元，卖价是 25 元"。

接着他又举起另一个白底红字标签的矿泉水，说："这叫 eviau，相对便宜些，进价 5 元，卖价 10 元。这种矿泉水是不带气的，无色无味。"

善于对这两种矿泉水销售的经理对大家进行指导说："这两种矿泉水是名牌，价格又贵。知道它们的，不用推销，客人进门看到我们的饮料柜中有这种矿泉水，如果需要，自然会买。不知道的，或不需要的，你上去推销，会造成不满或尴尬。"他接着展开说："类似象 X.O 路易 13 这类高档次的名酒，不宜推销，名流大款会自己点的。不过如 Sunkist（新奇士）之类中档次的饮料必须强化推销。""Sunkist，居世界橙桔汁第一位，产于美国加利福尼亚，阳光（日照）、和土壤（肥沃）亦居世界首位。这是地球最好的地方生产的饮料请您品尝。"经理做起了语言示范。

这番话，用时 5 分钟。

接着，餐饮主管站出来说："三件事情请注意：（1）时近春节，餐厅很拥护，所有服务员不要站在送菜的走道上，以免碰撞。尤其是有汤汁的菜容易泼到客人身上，如引起客人的强烈不满和投诉，投诉到谁，谁一次扣奖金 10 元。（2）冬令季节，许多菜看很热，甚至很烫，不要烫了自己的手。今天，有一位服务员上铁板牛肉，手上烫起了一个泡。烫起泡，不是好事，是你服务技能不到家的表现，今后如果出现这种现象，凡手上烫起泡的，一律一个泡扣 5元。（3）一位美籍华商来餐厅，饭至半途，客人用中国话委婉地说：'我想方便一下。'一位服务员（不点名）回答：'Toilet is downstairs.'（厕所在楼下），客人不悦，回了服务员一句：'英文应该说 Restroom is downstairs.'这就是语言中的细微差别——用词'厕所'不够文雅，来自发达国家的高档次客人感到不能接受。我们的酒店在对员工的外语培训中，对常用名词的使用应尽可能地与酒店的服务结合起来，做到文明用语、贴切用语、情感用语。"

【评析】

服务员手上烫出泡，居然还要扣奖金，看来真是不合情理。但是从国际标准衡量，这是服务员技能不到家的表现。在我国，员工常常会想不通，感到在服务过程中花了不少力气，承受了不少委屈，居然还要扣奖金。在市场经济下，在客人是上帝的前提下，只讲客人满意程度的结果，不计较服务员个人的得失。客人满意——重奖；客人投诉——重罚！

【案例 4】酒店整体概念培训

两位客人走进一家三星级酒店大堂，正好碰上刚送完行李的行李员。行李员以为客人要住店，就指引他们去总台登记。未料客人并不是住店，而是来就餐的。

客人问："你们旋转餐厅很有名，在几楼？"

行李员答："28 楼。请乘左边的快速电梯上去。"

问："是广帮菜吧？"

答："有粤菜，也有淮扬菜。实际上，像上海这样开放的城市酒店，菜看已是集各帮之长，像这里也有北京烤鸭，也有四川火锅。很难绝对说只是哪一帮。你们不妨上去试一试。"

客人又提出第三个问题："价钱贵不贵？"

答："旋转餐厅和二楼的潮州餐厅一样很豪华，档次高，价格比较贵。一般吃吃，平均每位的消费总要 100 多元，如果点海鲜或高档菜的话恐怕要 200 多元了。底楼东侧的百花厅也可以吃，价格适中。你们两人去吃，100 元出头就差不多了。"

两位客人得到了准确的信息，相互商量了一下，决定还是真奔 28 楼旋转餐厅。拔腿之前，又问行李员一句："旋转餐厅开到几点？""晚上 11 点。"行李员不加思索地回答。

【评析】

别以为这位行李是位先进员工，在这家酒店，每位员工——不管是哪个部门、哪个岗位，也不管是前台，还是后台——店之后都必须进行酒店整体概念培训。

酒店将所有的服务设施和项目写成培训册子。员工对全店这些设施的服务作用、服务对象、所在位置、性能、特点、开放时间、专门要求等都必须记住并背出，并进行考核。过关后方能上岗。这就是酒店的整体概念培训。当客人来到酒店，还会向任何一位员工打听任何一项服务项目，都能得到及时满意的回答。如果刚才那两位客人碰上的不是行李员，他们同样也能如愿以偿得到满意的答复。

在客房，楼层服务员也会把酒店的餐饮、康乐、购物、商务等服务向客人介绍一清二楚。有几位北京客人住店，晚上想唱卡拉 OK，楼层服务员把卡拉 OK 娱乐厅的位置、表演内容、开放时间、散座和包厢收费方法和价格都详细告诉了客人。客人再三致谢，玩得十分尽兴。

对于前台一线员工，尤其是前厅、餐厅、公差销售部门的员工，这种整体概念培训更为详细严格。如销售人员，必须对客房数、客房结构、房价、客房档次，及其浮动幅度，各餐厅餐位、毛利率、售价、菜肴品种和特色菜肴等都了如指掌。有议筹办人员在与这家酒店的销售人员洽谈后，得知有周到、妥贴、细致和熟练的情况介绍，费用核算和活动安排后，感到十分满意和信任。于是，当场拍板，放弃对另两家酒店的选择，决定把国际会议放在该酒店举行。

【案例 5】餐厅英语强化培训法

目前，影响酒店员工提高英语能力的主要因素有三个：一，外宾少，没有语言环境；二，不敢上前与外宾对话；三，自觉和酒店组织的强化培训机会少。

在校学的英语语法规范，但口语较少。而外宾的日常用语既简单又随意，用语法去套根本无法解释。要在短期内学好口语，做到应付自如绝非一日之功。一般餐厅常用英语可根据外宾用餐是最常涉及的问题，从中收集挑选出二三十个有一定代表性，简单、易记，适合于餐厅使用的句子。

强化培训可分两步。

第一步：熟记常用英语，规定时间，死记硬背（不讲解语法）。然后在每天开餐前后短暂的休息时间内进行培训，轮流对话，强化模拟，随时纠正发音。半周后，由主管排出值台表，要求轮流为外宾点菜（第一次可由主管陪同），活学活用。进行第一步需要注意的是：一，点菜时力求听懂客人话语中的关键词语，并且迅速作出判断，不必猜测整句话的意思。例如：客人提出"May I change this beer to sprite？"（我是否能把啤酒换成雪碧？）这句话的关键词是"change"（换）。这就要求服务员有灵活应变的能力。二，不要试图拼凑完整的一句话再回答客人，这样既浪费时间，也无法准确把握。在明白意思后，给予简短回答即可。当然，如果自己根本不能回答，应立即向客人说："Wait a minute，please（请等一会儿）"。然后迅速去找主管来解决。

第二步：要求服务员能熟练地运用英语介绍和推销本餐厅的名菜和酒水。一般餐厅均有中英文对照的菜单和酒单，服务员不必死记硬背。名菜、名点、名酒每样熟记十种左右就基本上够用了。重点要向客人介绍名菜、名酒的口味和特色。

例如："This is Magnificent Hall specializing in Chao cuisine，but we also serve some famous Guangdong dishes. Would you like to try some？"（这是潮州餐厅，但也提供广东菜肴，您是否品尝品尝？）

如果服务员不推销，只凭客人挑选，就很难让客人品尝到真正的地方风味。经过服务员的介绍，既可增加餐厅收入，也向客人展示了中国这个烹饪王国中富有特色的美酒佳肴。

如果服务员不推销，只凭客人挑选，就很难让客人品尝到真正的地方风味。经过服务员的介绍，既可增加餐厅收入，也向客人展示了中国这个烹饪王国中富有特色的美酒佳肴。

【案例6】餐厅客人投诉

（一）

盛夏，一位客人来餐厅就餐，在菜肴还没有上来以前，先把一杯冰啤酒几口喝光。餐厅里开着吊扇，但他手不停地挥扇子，上菜以后客人招手叫来服务小姐，声称有只苍蝇在附近飞来飞去，扰乱了他就餐的情绪，表示不愿付账。那位服务员小姐束手无策，只好说苍蝇在空中飞，我哪拦得住。

（二）

餐厅经理李某因病休息了两个多月。最近才正式上班，在他的病假期间，餐厅的一切事务均由餐厅主管王某代行。由于主管只是代行性质，所以处事比较随便。

傍晚五时半，饭店住客陈某准备外出，打算当晚回饭店吃晚饭，因此特意到餐厅去问什么时候关门，服务员小梁说："先生，晚上八点半。"陈先生听毕便匆匆离去。当他回店去进餐厅时，是晚上8点20分，看见小梁和餐厅主管王某并排站在门前闲谈。王某见有客人想进餐厅便迎上前说："对不起，餐厅快关门了。"陈先生大为恼火地说："什么？餐厅在8时半以前就打烊？"主管王某说："现在餐厅虽然还没有关门。但厨师们已经下班了。"陈先生指着小梁说："你为什么不在事先说清楚。"就在此刻餐厅经理李某正好经过那里，见此情形便向客人说："请问先生，有什么事需要我帮忙呢？"客人把事情原委又讲了一遍，而且强调小梁所讲过的话。小梁正想再加解释，但李经理斜视着她要她不要开口。

事后，李经理并未因上述事件对小梁采取任何口头警告或处分，好像整个事情没发生过似的，四天后，在一次员工从事例会上，李经理重申了餐厅的营业时间。

【评析】

餐厅服务员要凭足够的能力和经验，运用一些比较妥善的方法，把事情处理圆满。这样才能使客人不会对你产生不满的感觉。

基本上有几点要加以注意掌握：（1）千万不要和客人辩论；（2）就算不满意其投诉，也要说声对不起。因为客人光临餐厅是想享受一餐可口的膳肴，却因遇到一些令人烦恼的问题才引起投诉，那么道歉也是必需的；（3）可以及时向主管汇报，这样会有机会纠正你的错误，也会令客人体会到他是受重视的，下次还会再来用餐；（4）投诉者其实非恶意，目的只是让餐厅改进服务，投诉者的意见有道理的话，那就更加需要及时正确处理，通过一些必要的措施以弥补餐厅工作的失误。

遇到上述第一个案例的情况，确实很棘手，服务员小姐可以向主管汇报，并从两方面着手解决：（1）如果该客人在投诉时，确实没有就餐的情绪而且未动过菜肴，在这种情况下应向客人道歉并请示主管同意客人不付这道菜的钱。（2）如果该客人在投诉时，已将桌上的食物吃光或并未看出有任何迹象表明"扰乱了他就餐的情绪"那么可向他解释不能消账的理由，但可免费供应一杯饮料以缓和弥补客人的不满。

至于上述第二个案例中餐厅李经理可以采用下面的办法加以处理解决。他可以对客人说："很对不起，是服务员一时大意搞错了，没有讲清楚，您这么晚还没有用餐，我想立刻安排一辆小轿车送你到附近的餐厅去，等用好膳再送您回来，接送车费由饭店支付，陈先生，这件事请您多多包涵。"一切纠纷就迎刃而解了。

【案例 7】更衣室制度

这里，我们来比较两种不同的培训方法。

培训的内容极为简单，就是对新进酒店的员工进行教育，使其懂得并执行更衣室的制度。

第一种方法——灌输式。更衣室制度总共不过 15 条。诸如"不准吸烟；不准随地吐痰，乱扔杂物；不准嬉闹推搡；更衣箱内不要存放贵重物品；不要随意放置更衣箱前的凳子，保持环境整齐……"这小小的十几条，在厚达几十页的《酒店规章制度》的培训小册子中，仅仅占不到一页的位置。当培训部经理讲到这部分时，往往就照本宣读，一念了之，然后硬性将其与其他内容一起，作为对新员工规章制度知识的考试内容。新员工对酒店的更衣室本来一无所知。但为应付考试，不得不花费很大精力死记硬背。由于没有亲身感受，考试完上了岗，这些规定并没有往心里去，违反规定的现象屡屡发生。

第二种方法——参与式。培训开始时，并不把规定给新员工看，培训部经理把十几名新员工领进酒店更衣室，让他们仔仔细细了解更衣室的设施和环境，然后把员工带回教室。员工分成两组，先充分讨论，再由各组自己来制定更衣室纪律规定。讨论场面十分热烈、发言踊跃。甚至有的新员工提出了一些很幼稚可笑的"规定"，如"不能光屁股"，"男同志不能进女更衣室"，等等。但不管怎么说，他们确实开动了脑筋独立思考了。讨论后进行归纳，少数服从多数，那些可笑的提议并没有写进各小组的规章制度。然后，两个小组对面而从，双方各自亮出归纳的草稿。相同的条款双方认同。对不同的条款，双方进行了激烈的辩论，有时甚至各执一词，互不相让。在这种情况下，培训部经理进行指导，摆出一些道理，提供一些思路。逐渐地，双方观点趋同：各组抛弃了自己不合理的条款，采纳了对方合理的内容来补充自己的疏漏。最后，两个小组定稿之后，内容就基本一样了。这个时候，培训部经理才把酒店现在的更衣室规章制度拿出来给大家看。一比较，15 条内容都有了，只是员工们把有的内容细化了，有的内容合并了，一共是 18 条，还有一条是店规中原来没有的。新员工提出了"不准在更衣室存放和阅读黄色报刊杂志"的规定。培训部经理觉得这条很有道理。培训结束后，即将这条新建议上报总经理。几天后，酒店更衣室制度中多了一条新规定，第 16 条就是这次培训中产生的新建议。

【评析】

将两种培训方法进行比较。灌输式的方法实效差，教师不讲解，员工不求理解，只是为了应付考试，一旦进入岗位，缺乏执行的自觉性和积极性。参与式的培训方法，新员工自我讨论、自我思考、自我设计制度，充分调动了员工的主观能动性，在不知不觉之中，培养了他们酒店主人翁的精神。参与式的培训后不再有背诵条文的笔试，实际上，他们自己制定出来的规章制度，就是完美的答卷。

【案例8】客人在客房内滑倒要求赔偿

国外一位舞蹈演员 K 女士来我国探亲后，准备很快从某大口岸城市出境回国。

当她到某家涉外饭店办好住宿手续，被领进客房时，发现房间并未打扫好，于是把行李放下，到航空公司去拿飞机票并去商场购买纪念品，直到晚上才回来。看到床上的被单和浴室里的浴巾已被换上干净的，但地板、废纸篓、烟灰缸还没有清扫整理干净，她本想叫服务员来重新打扫，但感到时间已经不早，人也疲倦了，于是熄灯入睡了。

第二天清晨，她刚醒来，朦胧地感觉有人在房间内拖地板，但她由于疲惫马上又翻身入睡。不知过了多少时间，她忽然听见有人敲门。她匆忙披衣起来，没有立稳就急着去开门，由于地板擦好的腊尚未干，使她一下子滑倒在地，脚后跟扭了一下，强烈疼痛立刻袭来。

经过服务员向经理室汇报后，客房部经理来到客房向 K 女士作了口头慰问和道歉，并同意请一位医生来为她检查治疗。

此时 K 女士感到不满意。她进一步提出申诉索赔说："如果医生检查后发觉伤势严重，无法走动，一切住院医疗费用应由你店负责。此外，我原本决定在后天回国，如果因受伤而不能演出的话，一切经济损失也要由你店负责赔偿！"

客房部经理这下子傻眼了，手足无措。经医生检查后说总算是不幸中之大幸，幸而没有引起骨折。

【评析】

从这起事故中应该引起店方深思的是什么呢？

饭店中的客房未经过彻底打扫整理干净就让客人住进去是绝对错误的，甚至可以说是一种欺诈行为。事后据客房部经理了解，K 女士住的那间客房两天前已腾空，检查人员也口头确认已清扫完毕。但事实上该饭店在客房管理、清洁服务方面存在漏洞。发生事故后需要追查责任时没有书面证据可查（上面应该有房间管理员和检查员的签名、日戳和上述时间）。此外客房管理员与总台之间不"通气"，将客人领进还未清扫好的客户更是错误的。最后客房管理员和服务员既然已经知晓有客人入住，当客人醒来之前，任意进入客房在地板上打蜡，又始终不想法提醒客人注意防滑，店方有不可逃脱的责任。

保护住房客人身财产案例是饭店的头等大事。不管主客观原因如何，当客人受了伤，饭店就有一定的责任。如果不能防患于未然，等事故发生再来议论是非，总归会陷于被动。该饭店应该理解 K 女士的心情，除了使客人在精神上得到慰藉以外，在物质方面也要考虑合理适当地予以补偿，当然更重要的是改进管理制度，吸取事故的教训！

【案例9】当客人被车门夹伤后

东南亚某现代化大都市，春光明媚，鲜花盛开，整座城市被装饰得流光溢彩。市里正在举行各种各样的宴会和庆典活动，市里各大饭店也挤满了身着盛装的绅士淑女。在当地一流的 D 饭店门前豪华轿车川流不息，好不风光。饭店贵客 H 太太乘上一辆奔驰车，当门卫推上车门时，只听 H 太太"啊哟"一声，门卫忙把门打开，可已经来不及了，H 太太的手指被门夹了一下，而且伤得很厉害。"你是怎么关的门？" H 太太怒气冲冲地责问门卫。"对不起，夫人！可我是看你落座后才关的门。"门卫解释说。"你还强辩！" H 太太更是怒不可遏。于是双方发生了一场争执。

第二天，H 太太通过律师向饭店投诉，并提出了赔偿 1000 美治疗费及精神损失的要求。H 太太陈述：这一事件是由门卫明显的失职引起的。作为客人，对于饭店专职服务人员的过失行为所造成的损害要求给予赔偿，是理所当然的。

饭店方面对 H 太太的投诉作了反驳：根据门卫的陈述，当时 H 太太已进了车内，两手也放在了里面。门卫是看清情况、确认不会发生事故之后才把门推上的。H 太太是在门卫关门时不小心把手伸到了关门的地方。这一本不该发生的事故是因客人的无意行为而发生了。这要归咎于饭店是不公平的。确切地说，这一事故与其说是由于门卫的过错造成，还不如说是因 H 太太不当心造成的结果。

【评析】

从本案例来看，客人受了伤，饭店总负有不可推卸的责任。具体地说，不论事故发生的原因是什么，开门、关门是门卫的职责，专门司职开关门的人却因为关门给客人造成了不该发生的伤害，这只能说明是门卫的失职；而从根本上说应归咎于门卫所属饭店的过错，如教育不力，管理不善，等等，所以饭店不能不赔偿 H 太太的损失。

退一步说，门卫在处理 H 太太受伤的态度、方法上，也是不冷静、不正确的。如果换一种积极主动的态度和方法，效果就会好得多。试想，当门卫看到客人的手被夹伤时，马上赔礼道歉说："夫人，是我失手了，真对不起！"一边立即从口袋里掏出雪白的手绢，为客人包扎止血，并且带客人去饭店的诊疗所。H 太太的伤势得到了妥善的治疗，门卫诚恳道歉的态度也使她大为感动，于是对门卫的过失不好再说什么，投诉，赔偿之类的念头也就可能会烟消云散了。

另外日本东京都某饭店也发生过一件门卫关门夹伤客人之手的事故，闯祸的门卫也采取了类似以上假设的认错、道歉补救的态度和方法，还特地报出了自己的姓名，使客人谅解了门卫的过失，自己离开饭店去找认识的医生治疗，几天后还寄来一封感谢信，对那位门卫的行为表示敬佩和赞赏，并高度赞扬了饭店的服务质量和从业人员的管理水平。可见对待过错，采取正确的态度、方法，还可以"因祸得福"呢。

【案例 10】客人淋浴时被烫的事故

一天，在某饭店客房同的浴室中发生了一件令人不愉快的事：客人本要想放水在浴缸内洗澡，后来嫌浴缸不干净，洗盆太麻烦，于是改用淋浴器冲洗身体。

当客人把水温刚刚调好，由于浴室内温度低，便马上冲洗起来，淋浴开始片刻，水温突然自行热了起来，将客人的皮烫破了一块。他非常恼火，匆匆穿上衣服把客房楼层管理员喊来，提出申诉说："你们是怎么搞的？淋浴器根本不能用，你们对淋浴设备保养差，如果没有毛病故障，那绝不会中断冷水流出开水把我烫伤了！"

管理员根本不买账，对着客人申辩解释道："我们饭店供给浴室的大炉水温度最高是 60℃，在通常情况下是不可能烫伤人体的。多半是由于你不注意，将水龙头开关的方向拧错了，以致放出大量热水，同时当拧动开关后，还要等一会儿淋浴器流出来的水温才会相应发生变化。"

客人听了非常恼火地阻止管理员再讲下去，抢着说道："你真是岂有此理，明明是淋浴设备失灵，反而倒打一耙，怪我不注意，我要找你们经理讲讲清楚，你们饭店要负责支付治疗费和赔偿费。"

饭店经理后来在客人面前感到如果像管理员一样，继续和客人争论下去，是无从解决问题的，于是采取息事宁人的态度，口头表示了歉意，并表示如果客人确因烫伤而产生的医疗费用由店方负责。问题算是勉强解决了，但如果要消除今后隐患的话，看来还有下面的文章要做。

【评析】

第一，该饭店的淋浴器是老式的，出水口固定在上方，下面是开关的把手。用这种结构的淋浴器，只得一边淋着还没有调节好的水，一边调节水温。看来最好将原有的淋浴器改成不固定、带有把手、可自由移动的，这样，身体不淋水也能调节好水温。这种新型的淋浴器排除了危险因素，客人使用起来也方便。

第二，该饭店以为使用淋浴器的方法是常识性的，事先不必明确告诉客人。这样就令不少客人十分为难。就拿水龙头的开头来说，右边是冷水，左边是热水，往右拧开关水量减少，往左拧开关水量增大。红色的记号是热水，蓝色的记号是冷水。这些虽然是普通常识，但还是应该将它的使用方法以简明的文字告知客人，这样就自然消除客人被水烫伤之类的隐患了。

第三，当客人提出申诉或索赔时，饭店服务员和主管人员应该掌握客人的心理，注意使用合适的证言技巧，乱顶硬争，不留余地都会使事态恶化，带来消极不良的后果。

【案例 11】我们都是维修工

太原市某饭店南楼 205 号房是间长包房，住着两位德国客人，他们是一家合资企业的德方工程技术专家。一天晚上，两位德国客人从餐厅搬来一箱易拉罐啤酒及几个冷盘，各自坐在自己的床沿上，靠着电控柜兴致十足地时饮起啤酒来。两人的酒量极好，一个劲地豪饮猛喝，不多时，喝剩的易拉罐就堆成一大摊。突然，整个房间的电灯熄灭了，一团漆黑。原来是他们喝酒不小心，打翻了一罐啤酒，酒水倒到电控柜中面上，顺着缝隙渗进柜内，千万电路短路与电器故障。此时，两位客人尚未喝醉，头脑还算清醒，连忙摸到门口，打开房门，用略显生硬的汉语大声呼叫服务员。

当班服务员小严闻讯赶来，得知 205 号房发生断电事故。当即安慰德国客人，请他们放心，并表示一定尽快修复。他马上跑到办公室，找到正在值班的客户部孟经理和主管小郑，报告了刚才的意外事故。孟经理和小郑二话没说，不慌不忙地从旁边的一只工具箱里熟练地取出螺丝刀、手电筒、电工笔、电源接线板、电吹风等工具（这只被称为"百宝箱"的工具里装着各处工具，用品及零配件，还有打钉枪、修理剪、裁纸刀、钳子、扳手、锉刀、钢锯、锤子、烙铁、油灰刀、刻字刀、刷子、毛笔、尽子、绝缘胶布、透明胶纸、砂纸、各式零块地毯、小木块、乳胶、修正液、钉子、螺丝，等等）然后一起赶到 205 房现场。

只见他们打着手电，麻利地卸下电控拒侧面的盖板，用干布、卫生纸把柜内的水分吸干，再从外面楼层引来电源拉好接通电吹风，对准受潮处使劲猛吹，只用 5 分钟就吹干了，刹那间房间里一片光明。

"哦"两位德国客人禁不住欢呼起来，连声道谢，并竖起大姆指一个劲地称赞饭店的服务员和管理者的技术精、服务水平高。孟经理则表示，这是他们应该做的，并告诉客人，今后若在客房喝酒，一定要注意防止类似的事故再次发生。两位德国客人连连点头称是，表示今后一定吸取教训。

【评析】

一场客房电控柜失灵造成的断电事故,仅在短短 15 分钟之内便圆满解决,这是一个超常规的优异成绩。按常规,遇到类似事故只能封房,晾它两天以上,等受潮部分自然干燥。这不仅给客人带来麻烦,而且客房经济损失至少达六七百元。并州饭店的客户管理者和员工,通过小小的"技术革新"解决了这个难题,方便了客人,还带来了经济效益。

这个案例的可贵之处在于,酒店客户设施设备的维修保养工作一般都是由工程部"承包"负责的。而并州饭店的客房管理者和服务员工,自己动手超常规地解决了客房断电的意外事故,其先进的经验值得酒店同行学习与借鉴。

并州饭店对客房部设施设备的维修保养有一套严格的甚至超常规章制度和操作程序,其根本一条是要求从管理人员到服务员工人人都做维修工。为此,管理人员带头钻研掌握硬件维修技术,并传授给服务员。这样,从经理、主管到服务员工,人人在硬件维修上都有一手,遇到一般硬件毛病,都能自己动手及时修好,有的毛病个人一时又难以解决,就向客房部反映,尽量由部门调动力量自己解决,以缩短周期,提高客房服务质量,本案例便是这方面的一个突出实例。

【案例 12】空调坏了吗

盛夏七月,骄阳似火。热流袭击着滨海城市青岛。某大酒店未装空调的办公楼内,每间办公室里都开足电扇,办公人员个个满头大汗,精神疲惫。

一家韩国公司的中方代理人入住该酒店。进客房后他觉得室温偏高,便打开空调,欲吹冷风降温,可是怎么拨弄都不管用。于是他拨通了酒店工程维修中心的电话报修。

不一会儿,维修工小乔满身大汗地赶来了,在服务员的引导下进入客人房间。只见小乔来回拨动了几下空调开关,空调通风口马上便吹出冷气——也许是刚才空调机发生临时性的偶然故障,当小乔赶来检修时空调机已恢复了正常;也许是客人刚才使用空调开关不当,出现空调坏了的假象。小乔便随口老实告诉客人说:"先生,这空调没有坏。你看,这不?""什么? 没有坏? 那我为什么还要打电话报修? 难道我没事找事?"客人听了小乔的话,很不高兴,带着不满的情绪责问小乔。

小乔发觉自己的话使客人误解了,马上冷静下来,改口说:"哦,您说得对,这空调刚才是有点毛病,现在好了。""这就对了,谢谢您啦!"客人态度马上由阴转晴,高高兴兴地送小乔离开房间。

【评析】

酒店空调之类设备偶尔发生小故障即自行恢复的情况,有时是难免的;客人因使用不当而造成设备坏了的假象,也是可以理解的。本例中客人发现空调有问题,无论属于以上哪种情况,小乔第一种处理方法都是不妥的,而第二种处理方法则比较得当。"这空调没有坏"与"这空调刚才是有点毛病,现在好了"这两句话,是有明显区别的,效果也完全不同,前句话含有对客人"空调已坏"的报修前提的否定,很可能,实际上也已经伤了客人的自尊心;而后句话,说得比较含糊,既包含了空调发生临时性故障即自行恢复的可能,又回避了客人因使用不当误认空调已坏的另一种可能，不会挫伤客人的自尊心，而且还会使客人对小乔有修复快、技术高的良好印象，何乐而不为呢？

当然，如果小乔在离开时能再主动地对客人说一些热情、友好、致歉的话，诸如："对不起，让您久等了，这么大热的天气空调机不能使用太扫兴了，望您谅解。如再发生问题，只要打个电话来即可。"那将会锦上添花，对客人产生更好的效果。

【案例 13】使客人心悦诚服地负担赔偿

某五星级宾馆 1508 客房内的大理石花架台面上的一只角掉落在地面上。客房服务员发现后即向大堂经理汇报，经过检查分析，是属于人为损坏性质。

当晚，当客人回来后，大堂副理有礼貌地到客房内拜访了解。住客是两位外籍中年妇女。

其中一位胖太太气冲冲地说："昨天晚上在客房内拍照，我刚坐上台面，一个角便落了下来，当时我没有穿袜子，尖角还擦破了皮肤！"另一客人在旁帮腔说："你们五星级宾馆怎么能采用质量如此差的设施。"

大堂副理不动声色地听完两位客人的申诉，脑子转了一下，便接口道："台面的大理石是世界有名的意大利进口货，花架台是放花盆用的，如果由于花盆的重量而使台面破袭失角，责任自然在饭店，如果客人因而受了伤，那么饭店应该负责。但是这一次的事故却因为压了重物才造成的，显然饭店不应负责。"（大堂副理在这里有意避开"肥胖"这一类的字眼，而用"重物"代之，目的是不伤客人的自尊心。）

那位胖太太听了以后，开始平静下来，继而考虑如何解决此事。

此时，另外一位客人用比较平静和打圆场的口气说："我们住进这间客房时便发现这个台面的一角有浅浅的裂痕。"

大堂副理听了以后，对破损的边级进行了仔细检查，果然发现留有污痕，于是他客气地对客人说："不错，台面的确过去就有裂痕。"说完便又请来了工程部的有关人员，经过商量决定划去台面的周围一圈，改成一个较小的花架台。当客人被告知只需负担 200 元人民币的时候，她们点点头，当场从钱袋中掏钱付清。

【评析】

在不少省市的宾馆饭店人，客人一看到客房里的"旅客须知"就像当面被训斥一通，感到受到侮辱，因为那"须知"上面是一连串的"严禁"，接着是"加倍处罚"、"照价赔偿"的语句，毫无亲切感可言。上面所提及的五星级宾馆并没有明文规定被告人损坏客房中物品时的赔偿制度，但处理的方法还是可取的。

一般处理的程序和做法如下：

第一，服务员在打扫房门时，发现有物品损坏，如客人在场，可婉转地向其了解原因，并将情况报告领班后一起向客人说明赔偿制度；第二，在客人不承认的情况下，会同上级主管人员和客人作解释，避免饭店受损；第三，可视实际情况酌情减免赔偿费用。

【案例 14】抓小偷

某日下午北京某饭店商品部各个柜台前有不少顾客在选购东西。售货员小郑发觉有一位可疑的"客人"在附近遛来遛去，并且多次用斜眼看着小郑。接着趁小郑为另一顾客选购洋酒的时候，以为她没有注意他，于是迅速拿了两条三五牌洋烟转身想溜走。此时小郑急忙对选购洋酒的顾客说："请您稍等一下，我先去跟对面那位客人打个招呼好吗？"小郑快步赶去对那位可疑的客人说："请你把两条烟款直接付给柜台不必去收银台付款，省得你麻烦了。"此时对方慌张地摸了自己的口袋以后说道："哎呀！我忘记带钱包了。"小郑便开口道："请你把香烟留下，等你回去取钱再交货。"那位可疑的顾客脸涨得通红，急忙离开了店堂。另外一天，一位顾客前来该饭店商品部试穿西装把原来穿的衣服放在旁边的架子上。这时一位披着大衣"客人"悄悄凑近了那位顾客的衣服旁边将手伸进了衣袋。这时小郑灵机一动便大声喊道："先生，那件衣服不是我们店里出售的，它是这位客人的。您喜欢哪件衣服，要多大号的？要我帮你挑选吗？"小郑的一番话使那只行窃的手，无可奈何地收回，同时也引起了那位试穿上装的客人的警觉，他马上把自己的衣服穿好，并检查了一下衣袋。而那位披大衣的人一句话没讲，就灰溜溜地走了。

【评析】

在涉外饭店商品部的顾客中也会碰到有个别不怀好意、试图顺手牵羊的"梁上君子"。上述案例中的售货员小郑为了杜绝偷窃现象，使本店和顾客们不受经济损失，通过多年工作经验，总结出一些如何对付小偷行窃的方法。

第一，仔细观察。小偷和一般的顾客不同。一般的顾客总是把注意力集中在商品的质量、款式和价格方面。小偷则不然，他们的注意力往往是集中在售货员身上，而且总是东摸西摸，有时还会提出不沾边的问题，上述案例中的可疑顾客，其所作所为也是屡见不鲜，碰到这类小偷必须密切防犯，不能有丝毫松懈。

第二，热情待客。一旦发现顾客形迹可疑，则一定要分外"热情"，对其提供"优先"服务，做到寸步不离，使其无任何可乘之机。

第三，讲究语言艺术。俗语说，抓贼抓赃，就连警察抓小偷，如果没抓住证据也没办法，更何况售货员呢？所以在对付小偷时，讲话一定要注意方式方法。

【案例 15】罪犯在酒店"潇洒走一回"

某大都市一家豪华酒店。一位装束不凡的男士跨进大堂，向服务总台走来。他中等身材，穿一套笔挺的银灰色的皮尔·卡丹西装，内穿雪白的衬衣，佩带金利来领带，足登鳄鱼皮鞋，戴一副 24K 金框眼镜，还留着两撇整齐的仁丹胡子，俨然是一派日本贵族的气概。但他身上却散发出一种令人难闻的口臭和脚臭。漂亮的服务员小姐小程恭敬而又有点疑惑地看着那男士从西装上衣里掏出护照。她打开护照一看，果然是位日本客人，名叫"井俊太次郎"。

小程忙用日语致词："欢迎您下榻本酒店！""井俊太次郎"显得神态迷茫，没想到这位日本客人不懂日文！小程又用英语重复一遍，"井俊太次郎"更是把头摇得像个拨浪鼓。她还想用别种语言再问候一遍，谁知他硬梆梆地甩出一句："干啥呀，别瞎整了，干脆给咱弄间客房就得了！""哇！原来是个东北大汉儿！"小程想想不大对劲，"管他呢，只要能给钱就好！"小程又一转念，就给"井俊太次郎"办好了入住手续。

"井俊太次郎"入住酒店后，从不到日本风味餐厅光顾，更不用说吃和食、喝清酒了。倒是顿顿跑中国餐厅，尝遍川、粤、京菜，喝足茅台、五粮液，甚至连小笼包子、油炸臭豆腐等风味小吃也吃得津津有味。其食欲之贪、胃口之大，令人咋舌。而且他付账只用信用卡，从不用现金。很快全店各个餐厅员工都知道有这么一位嗜好中国饮食、出手阔绰的日本贵客。

那一天，客房服务员小曹在打扫"井俊太次郎"的房间时，却发现了一双锦丽园大酒店的拖鞋。这可就蹊跷了！住过饭店的人谁不知道每天都供应一次性拖鞋？"人家爱穿什么拖鞋，谁还管得了那么多？"小曹这么一想，也就作罢。

正巧当天下午，酒店保安部门接到市公安局发来的追捕犯罪通缉令。通缉令称，锦丽园大酒店发生了一起盗窃日本游客井俊太次郎财物的恶性案件。案犯为东北地区一农民，身高170cm左右，留有胡子。保安部沈经理漫不经心地把通缉令往抽屉里一塞，自言自语道："这事管得过来么？再说，哪会这么巧跑到我们饭店来？"

当晚，"井俊太次郎"到总台办离店结账手续，当服务员小程打开他的信用卡计算机储存键一看，大吃一惊，原来那是一张已经宣布作废的信用卡！当她转过身来时，"井俊太次郎"已经消失得无影无踪了。

后来，这个冒充日本贵客"井俊太次郎"的盗窃犯，在另一家酒店故伎重演时落网。而先前这家酒店为这此事不仅损失了几十万日元的收入，而且受到了有关部门的通报批评。

【评析】

本案中盗窃犯"井俊太次郎"在酒店的行骗手法并不高明，可以说破绽百出，暴露无遗。然而，他居然能在酒店蒙混过一关又一关，"潇洒走一回"，原因何在呢？这里有两条教训值得记取：

第一，酒店服务人员决不能为了赚钱怕得罪有钱的主顾，而放松了对钻空子的坏人的警惕。总之，服务员小姐因为罪犯一派日本绅士的豪华装束，就不顾他浑身异味的疑点，甚至不懂日语、英语，"只要能给钱就行"，为他放行；餐厅服务员们也不管罪犯不光顾日本风味餐厅，而尝遍中国菜肴的奇怪现象，却因其只用信用卡，出手阔绰，而对他毕恭毕敬，无不说明正是这种错误意识在头脑里作祟，造成了对罪犯的放纵。

第二，要搞好酒店的安全保卫，全员重视，全员关心，全员投入，是至关重要的。该酒店全员在各个环节上对案例的疏漏，给了罪犯以可乘之机。试想，总台服务员小程为什么不能从罪犯日本贵族的豪华装束与其不懂日语、东北土味的强烈反差中发现问题呢？餐厅服务员们为什么不能从其大吃中国餐的反常习惯中看出破绽，揭露其真面目？客房服务员小曹为什么不能从"日本贵宾"竟从别的饭店带来一次性拖鞋的幼稚行为中寻根究底，抓住罪犯的"狐狸尾巴"？最难以叫人原谅的是，那位保安部沈经理，接到上级部门的通缉令，竟无动于衷，让罪犯从自己眼皮底下溜走！全员缺乏自觉的安全保卫意识，不能全身心地投入，故而罪犯来此"潇洒走一回"也就难以避免。

【案例 16】有人代客登记

某大饭店大堂登记处，挤满了准备住店的客人。此时，一名男青年推搡着等候的客人使劲挤，引起一阵小小的骚动。正在大堂巡逻执勤的保安员小郝见状走过去，对他说："先生，您别着急。我来替您拿登记单好吗？"那男子连忙摇头说："不用，不用，我是替别人拿的。"说罢，挤了进去，拿了一张登记单填写起来。

按饭店规定替人登记是不允许的，特别是近来饭店作案较多，客人案例得不到保障之事屡有发生。眼前的殿堂情况更引起了小郝的警觉，他仔细打量了那男人，见他未带行李，穿着随便又不太整洁，像是从县区来的客人或是过路客，但对饭店又比较熟悉。于是，他走近那男子，眼光飞快地在登记单上扫视，"韩某，男，26 岁，住南通县平潮镇云台山村三组，工作单位，平湖综合厂。"霎时间，6 个月前发生的一件事浮现在他的脑海里：

那一天，住 608 房的房客不辞而别，收款部门转来一叠账单，请保安部协助追账。小郝从账单中翻到了 608 房住客登记单："马某，男 27 岁，住南通县某镇某村三组，工作单位：××综合厂。住店三天。"于是，他顺着这条线索与当地派出所联系，告知查无此单位，马某另有其人，但他声称从未到过大饭店，而身份证曾在南通 A 大酒店附近被人连包抢动，报过案。"马某"逃账案就此石沉大海。

那么，眼前这位"韩某"为什么仍填写一个名不符实的单位呢？他与逃账的那位"马某"又是什么关系呢？小郝不禁疑窦丛生。他便找出了当初"马某"的那张登记单。令他兴奋不已的是，两张登记的笔迹完全一致！于是，他请示了总经理，决定与韩某进行正面交锋。

小郝找到那位男子，开门见山问道："韩先生，你今天是替谁登记住店？""是我，又怎么样？"对方态度强硬。"你叫什么名字？在什么单位工作？请出示你的身份证。"小郝紧追不放。韩某掏出身份证，往桌上一扔："姓韩，在某镇综合厂工作。""韩先生，我告诉你，这里根本没有什么综合厂。"韩某谎言被一语道破，他不觉一愣，尽快改口掩饰："我以前在这个地方，现在可能撤销了吧。"小郝突然又话锋一转，请问："你以前住过大饭店没有？""住过。不，没住过。我以前来饭店玩过。"韩某猝不及防，说话语无伦次。"不对！"小郝断喝一声，把登记单亮到他眼前。韩某顿时傻了眼，"这……这"半响说不出话来。最后，韩某终于承认冒用他人名字登记住宿逃账的事实，并表示愿意付清所有欠款，承担一切责任。

韩某又坦白，他在饭店筹建时期曾进店参加过装潢工程，比较熟悉饭店情况，"马某"则是他的一个朋友，对于韩某曾使用的马某被抢劫的身份证的来源，小郝又与公安局取得了联系，公安局即派来两位民警，继续对韩某进行审查。

【评析】

第一，小郝作为一名保安员，肩负着保卫酒店安全的重任，他有着高度的职业敏感，体现了可贵的基本素质。他从替人登记的细微现象中发现疑点，抓住不良分子的蛛丝马迹，顺藤摸瓜，穷追猛打，终于揭露出不良分的欺诈真相，保卫了酒店的安全。

第二，小郝在与不良分子的斗争中善用智谋，灵活机动，攻心为上，这是他克敌致胜的重要原因。他抓住不良分子做贼心虚的致命弱点，时而单刀直入，时而一针见血，时而又转移目标，终于击败对手，胜券在握。这种机智巧妙的斗争艺术，也是酒店保安员应该掌握的。

【案例 17】客人丢钱之后

夜晚。某宾馆保安部。

"嘀铃铃"……电话铃骤然而急剧地响起。

保安部经理拎起话筒，脸色突然一变"什么，8517 房间失窃？"

楼层走廊，保安部经理与大堂副理急匆匆进了 8517 房。

房内：有数人，包括客人夫妻俩。

男客坐在床沿，颓丧地说："晚上我和妻子去吃饭前从密码箱中取出 4 000 元用红纸包好后放在这里。"客人指着沙发的座垫与靠背间的夹缝。

客人口气一转，气愤地用坚定的口吻说："你们服务员手段可真高明厉害呀！"

服务员委屈地咕嘟："你不要报复。"同时，保安部经理安慰客人："不要急、慢慢说、慢慢说。"

（镜头一闪，无声）客人夫妻晚饭后回到宾馆，在大堂吸烟时将灰缸打碎，服务员按规定让其作了赔偿，他很不满意……（镜头又回到 517 现场）大堂副理小声地对保安部经理："客人外出后，没有出现过外来人员，服务员进去过，但是为了做夜床，并且是按规定时间出了房间。"（特写）大学经理呈思考状，"是不是刚赔了烟灰缸而找麻烦呢？"

保安部经理将客人夫妻分开问询。（镜头又重复客人藏钱时的动作）——客人将红纸包塞进沙发的夹缝中后，发现还露出一点，经其妻提示，又往下塞了塞。之后男客又坐在沙发上压了几下，直到肯定看不见为止。

保安部经理若有所思，突然恍然大悟，一个箭步冲到沙发前，把沙发翻倒，果断撕开沙发底座上的装饰部位。

这时，一个红包露了出来！

客人脸上露出了明显的尴尬相。

【案例 18】工作车堵住房门的作用

在南方一家四星级饭店里，富丽堂皇的吊灯，色彩艳丽的地毯，美丽庄重的迎宾小姐，均未能使我驻足流连。但当我走出电梯，来到第 14 层楼时，突然一辆工作车却引起我的注意：它不是按惯例放在过道中间，而是紧紧地堵住房门。

我轻轻地推开工作车。

"是谁啊？"里面传出一种和蔼可亲的声音，走出一位年约二十的小伙子，手上拿着抹布。

"是我，客人"，我出示了住宿证。

"您有什么需要帮助的吗？"

"我是一家饭店的经理，很想知道工作车堵住房门的原因。"

"噢，是这么回事了。"他讲了一起严重的客房失窃事件。

当地的另一家五星级宾馆。20 层 2005 房门。女服务员正在打扫卫生间。她一边轻声哼着流行歌曲，一边用刷子清洗恭桶。门敞开着，工作车放在走道中内。一个西装革履、留着长发的小偷，绕过工作车，轻手轻脚地溜了进来。坐在床旁，背对房门，拿起话筒，假装打电话。

服务员清洗完毕，走出卫生间。

她看见有一个人坐在床旁打电话，以为客人回来了，不宜干扰，于是退出门，关上房门，到其他房门做清洁整理。

由于客房内没有配备小型保险箱，客人的公文包放在写字台上，大衣挂在衣橱里，旅行箱放在沙发旁的圆桌上。

小偷乘机行事。

他用螺丝刀撬开公文包，翻寻值钱的物品。其中有一个豪华的钱包，他搜出一叠美元。

他从衣橱中拿出客人的长大衣，从口袋中翻出一叠人民币，一支名贵金笔。

他打开旅行箱，把里面的杂物一古脑儿地倒在地上，寻找珍贵物品。

他找到一串珍珠项链，一只装金戒指的首饰盒，将它们塞进自己的西装口袋。然后，迅速地将看不中的物品塞回旅行箱，把大衣、公文包放回原处，打开房，溜了出云。

傍晚，客人回房，发现失窃，立即报案。保卫人员和公安人员赶到现场，搜集线索，拍摄脚印、指印照片，询问女服务员。

她一边哭，一边讲述了事情经过。

5天后，公安机关在小商品市场抓获了正在向行人兜售珍珠项链的罪犯。

案子虽然侦破，但给客人和饭店敢精神上痛苦和不必要经济损失，严重地损害了饭店的声誉。

而防止盗窃的有效方法是，服务员用工作车堵住房门，可防止小偷和闲杂人员乘机潜入。

【案例 19】不翼而飞的烟灰缸

临近中午，某饭店楼层房务员打电话给前厅结账处收银员说："704 房间内缺少了一只烟灰缸，准是被客人顺手牵羊带走了。"收银员马上向大堂经理汇报。当 704 房间的客人来到柜台结账时，大堂经理也赶来了。他彬彬有礼地把客人请到一处比较僻静的地方。

大堂经理："先生，房务员刚才知悉您房里缺少了一只烟灰缸。"（蓄意点到为止，留待客人考虑表态。）

客人："你的意思是说我拿的？真是岂有此理！"（客人面孔板起，似有问罪之意，但仍不免流露出一丝不安的神色。）

大堂经理："我希望您回忆一下，今天早晨或是昨晚是否有朋友来看过您？"（他想让客人下台阶，体面地照付赔偿费以摆脱僵局。）

客人："根本用不着想，肯定没有客人来看过我。"（他暗思店方不至于为了一只烟灰缸而敢搜查他的箱子。）

大堂经理："我认为像您这样有身份的人是不会拿客房里的东西的，但是想请您回忆一下，是否把烟灰放在房间里哪个角落了，以前我们也曾遇到过这样的情况，按理发生了这类事，应该由我店保安员进行查明处理，我想还是麻烦您回房间自己找一下好吗？"

客人此刻总算变得聪明起来，于是提着箱子又上了电梯，大堂经理立即打电话给七楼房务员，要他把 704 房门打开让客人单独进去。

过了不多久，客人下来了，面孔上显出一副怒气未消的样子，找到大堂副理说："你们的服务员太粗心了，烟灰缸不是明明放在窗台上面，窗帘的后面吗？"

大堂经理听见客人这样说，心弦完全放松了，可能发生的一场不愉快的风波得以避免了。

【评析】

如果那位大堂副理不考虑语言技巧，不注意工作方式方法，简单化地让保安员来处理这件事，必然会损伤客人的自尊心，使客人感到非常难堪。就算饭店"占了上风"，但实际上却丢了一个甚至更多的回头客，饭店的形象也并未因此而树立起来。大堂副理的处理手法很巧妙，既保住了客人的面子，又保住了饭店的利益。由于客人体面地下了台阶，他下次再度下榻该店也就成为可能的。有一些客人收集纪念品，把饭店客房内的烟灰缸或小巧的装饰品顺手拿走，也并非罕见的事，当发生这种情况时，服务员不宜直接向客人问询，而应立即报告总台或有关主管处理。

【案例 20】多角色的诈骗剧

一天傍晚，北京某饭店服务总台的电话铃响了，服务员小姐马上接听，对方自称是住店的一位美籍华人的朋友，要求查询这位美籍华人的信息。小姚迅速查阅了住房登记中的有关资料，向他报了几个姓名，对方确认其中一位就是他找的人，小姚未思索，就把这位美籍华人的所住房间的号码818告诉了他。

过了一会儿，饭店总服务台又接到一个电话，打电话者自称是818房的"美籍华人"，说他有一位谢姓侄子要来看他，此时他正在谈一笔生意，不能马上回来，请服务员把他房间的钥匙交给其侄子，让他在房间等候。接电话的小姚满口答应。

又过了一会儿，一位西装毕挺的男青年来到服务台前，自称小谢，要取钥匙。小姚就毫无顾虑地把818房钥匙交给了那男青年。

晚上，当那位真正的美籍华人回房时，发现的一只高级密码箱不见了，其中包括一份护照、几千美元和若干首饰。

以上即是由一个犯罪青年分别扮演"美籍华人的朋友"、"美籍华人"、和"美籍华人的侄子"，而演出的一出诈骗饭店的丑剧。

几天后，当这位神秘的男青年又出现在另一家饭店用同样的手法搞诈骗活动时，被具有高度警惕性、严格按饭店规章制度、服务规程办事的总台服务员和总台保安员识破，嫌疑人当场被抓获。

【评析】

冒名顶替是坏人在宾馆犯罪作案的惯用伎俩。相比之下，本案中的这位犯罪青年的诈骗手法实在很不高明。总台服务员只要提高警惕，严格按规章制度办，罪犯的骗局完全是可以防范的。

首先，按酒店通常规定，为了保障入住客人的安全，其住处对外严格保密，即使是了解其姓名等情况的朋友、熟人，要打听其入住房号，总台服务员也应谢绝。变通的办法可为来访或来电者拨通客人房间的电话，由客人与来访或来电者直接通话；如客人不在，可让来访者留纸条或留电话，由总台负责转送或转达给客人，这样既遵守了酒店的规章制度，保护了客人的安全，又保证了客人与其朋友、熟人的联系。本案例中打电话者连朋友的姓名都叫不出，令人生疑，总台服务员更应谢绝要求。

其次，"美籍华人"电话要总台让其"侄子"领了钥匙进房等候，这个要求也是完全不能接受的。因为按酒店规定，任何人只有凭住宿证方能领取钥匙入房。凭一个来路不明的电话"委托"，如何证明来访者的合法性？总台服务员仅根据一个电话便轻易答应别人的"委托"，明显违反了服务规程，是很不应该的。总台若能把好这第二关，犯罪的诈骗阴谋仍然来得及制止。

【案例 21】识别伪币和信用卡的本领

一天，北京某饭店的外币兑换台前面有客人排着队兑换外币。外币兑换员小王和小张用温和而又肯定的语气对着一位面带焦急神色而排上了队的外籍客人说："对不起，先生，您要兑换的百元面额美钞当中有一张是伪造的！"

那位客人先是怔了一下，眼神掠过一丝惊慌，自言自语说："这怎么可能呢？"

这时小王和小张用锐利的目光一直盯住对方不放。客人见势不妙，于是装作镇静，突然发作起来，用力在柜台上一拍，故作姿态地叫喊："你们有什么根据说它是假的，马上把钱还给我，不然我要去告你们。"

此时小王和小张反而更加笃定，慢慢等待客人的无名火发泄得差不多了，便开始耐心向他讲解假钞的特征，并且把伪造的痕迹指给他看，在铁的事实面前，客人只好说："就算这张美钞是假的，但你们也应当让我把这张钞票收回自行处理。"

小王和小张寸步不让地说："你的要求是无法实现的，问题在于凡持有伪钞而蓄意行骗的话，是要负法律责任的。"

最后，这位客人终于认输，耸了耸肩，摊开双手，表示不得不同意店方将这张伪钞予以没收。

【评析】

北京前门饭店的外币兑换员和各部门结账人员大都练就了一身识别外币和信用卡真伪的本领。目前在国外制作伪钞的手法的确很高超，不仅尺寸、花纹、防伪金钱与真钱几乎一模一样，而且电子扫描分色制板也已达到以假乱真的程度。但他们在没有任何防伪仪器的情况下，通过手感发觉纸张硬度不足，就能断定是伪钞。

此外在国外伪造的信用卡也屡见不鲜。前些年制造假信用卡的人将大本营建在欧洲，后因无法立足，只好往我国香港地区和东南亚国家转移，最后又开始向我国内地转移。一些非法之徒掌握了镭射全息图技术，可仿制出鱼目混珠的假卡。尽管如此，骗徒的消费行为与正常持卡人还是有区别的，只要多加注意还是能及时发现这些诈骗案的。

上述案例中的小王和小张等站在防骗案的第一线，他们认为留意防范作案者的消费或兑换行为，骗徒就很难有得逞的机会。小王和小张深深洞悉那位外强中干的客人的心理状态，通过循循善诱，说理劝服，终于使对方在事实面前败下阵来，企图蒙混诈骗的伎俩无法得逞。

【案例 22】精诚至　金石开

一位来自我国台湾地区的住客手持一封酒店的催款信，气急败坏地走进大堂，对着账台破口大骂，指责酒店不守诺言，提前一天又催收款，肯定因为他是一名外地人的缘故，并说是酒店对他的歧视，牵强附会地将酒店对他的催款，往两岸关系上硬扯。同时，还扬言有朋友是报社记者，要让言论披露。酒店总台方面发言相劝，请这位先生冷静思考一下酒店对他的一再宽容，并相信这位先生次日一定会如期付款的。最后还将他送上了电梯。

次日，酒店总台一直等待着这位方先生来付款，而与此同时这位方先生信誓旦旦地表示正在筹款。下午，酒店果然来了一名要了解情况的记者。酒店方做了如实陈述。

这位方先生入住某酒店已有多时，入住登记时的预付款早已不够。为此酒店多次向方先生催款，希望方先生结一次账，并缴以后的预付款。方先生不是今天说钱有的是，只不过借给朋友了，就是明天说自己如何诚实守信，绝不赖账并希望长住，还要求酒店给予收费上的优待。总之，明日复明日，一再应允又一再拖欠不付。

酒店经过了解，得知方先生的资信程度并不好，与他自我吹嘘的大相径庭。于是，不仅酒店保安部门也协同登门催账，而且向方先生每日发出了催款信。

自知理亏的方先生，迫于无奈，从朋友那里借来了一张支票作抵押，并与酒店约定 10 天后台湾一定有钱带到，到时一次结清。

为了提请方先生注意，酒店才在与方先生约定付款的前一天，再次向他发了催收信。

来访的记者听完了事情的经过，表示理解酒店的做法，还答应立即与方先生取得联系，从他那方面做一些说服工作。

当天傍晚，酒店总台接到方先生打来的电话，电话中口气仍很强硬，要求酒店总经理携带足以证明身份的证件，到他的客房洽谈收款事宜，理由是自己到总台谈付款之事，众目睽睽之下，怕造成旁观者的误解而有失颜面。酒店对此作了答复：总经理已下班，况且由总经理亲自到客人客房收款，既有不妥，也无先例。酒店的值班经理建议方先生到办公室来谈。

在办公室，当方先生看到酒店开列的账单之后，提出了两个问题：一是自己暂无外汇，只能付人民币，而且只肯加价 30%；二是对其中的几张电话单表示拒付，因为并没有打过这几个电话。

酒店值班经理拿出电脑打印资料，核实出这几个电话都是从方先生客房打出的。方先生不得不承认是有朋友造访时因有急事用过长途电话。见到方先生已有付款诚意，酒店同意方先生先付人民币只加价 30%，待方先生过几天用外汇换回，毕竟酒店收回了这笔费用的"大头"。最后，还向方先生收取了以后几日在店消费的预付款。这时的方先生也承认了自己平时脾气过于火爆，对眼前这位值班经理的一贯工作态度表示出钦佩，还说今后若再来这座城市一定还住在这里，决不住其他酒店。

【案例 23】哪一种处理方法最佳

某宾馆总服务台。

一个当地个体老板携几位外地客户，酒后跟跟跄跄进了大厅。

"噢，是陈小姐，"老板认出了值台的陈小姐，掏出一张牡丹卡往服务台上一掷："给……给我开三个房间，我朋友要住。"口里还胡言乱语嚷嚷着，"老赵灌我，哈哈，不要搞错，哈哈……"

"张老板，"服务员见是牡丹卡，"不好意思，牡丹卡在我们宾馆暂时还没通用，能否用现金结算，您是我们本地人，请多多协助关照。"

"唔……那，我为他们担保，钱我会付的。"张老板边说边打着饱嗝。

"张老板，这样也行，那麻烦您签一下字。"小姐边说边呈上签单和圆珠笔。

值班人虽两次婉言相求，个体老板仍大为恼火，感到自己在客人面前失了面子，便借着酒劲大吵大闹："不相信我，怕我给不起钱，他妈的，老子在外面混的时候，你这个小丫头还没生出来呢。"边说边指手划脚，众人越劝越闹得凶。

"哗啦"一声，先是打碎了总台上的指示招牌，和一些玻璃器皿，继而，又用烟灰缺打伤了服务员的后背……

场面一片混乱。保安部经理来了，值班经理也下来了。

个体老板见此阵势，自知理亏，便携客户溜走了。临走时，嘴里还叫着，似乎口气还很硬。

【处理方法】

（一）

一种意见认为："为维护企业和职工的尊严和秩序，应通过法律途径。"

一种处理方法：张老板的家，公安局的警察破门而入。干警大声宣布："破坏公共场所财物，无理取胜闹打骂工作人员，扰乱社会秩序，违反了治安条例，刑事拘留七天。"

老板唯唯喏喏，面色如土，被警察带上警车，警灯闪烁，呼啸而去。

（二）

另一种意见认为：张老板是本地有影响力的人物，也曾经为宾馆带来一些客源，再加上毕竟是酒后闹事，由宾馆保安部出面解决较妥。

另一种处理方法：宾馆保安部出面，找到张老板家，张老板恭恭敬敬让座倒茶，保安人员晓之以理。

张老板羞愧不已，连连道歉："酒后一时冲动，这，这……造成这样的后果，并不是我的真实愿望，非常后悔，一切损失，我照价赔偿。"

【评析】

两种不同的处理方法，两种不同的处理效果。

【案例 24】巧妙的婉拒

夜晚，阿鸣与阿华在大街上徘徊，两人东张西望。

"已经十点半了，到哪里去找公用电话。"

前面是 H 大饭店，那里面肯定有电话可打。

"你倒是敢指望那里，现在哪家高级饭店不挡驾，门卫会问你：'先生，请出示一下您的护照。'我们有吗？我的这身穿戴，还想进 H 大饭店。H 大饭店又是新落成按五星级标准建造的。"阿华觉得没有什么必要。

"没有其它办法，试试看。"阿鸣给阿华鼓劲，更像给自己打气。

阿鸣右脚跛得不轻，这是小儿麻痹落下的后遗症，行走不方便，除了眼前的 H 大饭店，他还能怎样的选择呢？两人来到了 H 大饭店。

拉门员侧立两旁，为阿鸣、阿华毕恭毕敬拉开了酒店大门，"欢迎先生光临。"

阿鸣、阿华如刘姥姥走进大观园。面对豪华、气派的大厅，他俩暗自惊叹的同时，更多的是心虚。阿华有些手足无措，面部表情很不自在，眼睛快速搜寻电话机。

"那里，服务台上有电话。"阿华说。

两人走到总台，开始给朋友朋大李打电话。

这台电话好像有些特别。阿鸣打来打去始终打不通。无奈，阿鸣只好向总台小姐请教。

"先生打外线电话，您先拨'0'键，然后就会有拨号音。"小姐态度和蔼可亲。

电话终于打通了，临挂断电话时，阿鸣还不忘对着电话说："今天开洋荤，我是在 H 大饭店给你打电话。"

挂断了电话，两人心中的石头总算落了地，不觉精神轻松、爽快了许多。

"既来之则安之，何不参观欣赏一下这里的豪华、气派、反正用不着买门票，打电话都不用收费。"阿鸣主意总是最多。

阿华有些犹豫。

"用不着自己吓自己，我们不是如入无人之境嘛。"阿鸣又说。

"那边有自动扶梯，走，上二楼。"

两人走上了自动扶梯很快来到二楼。

当他们的双脚刚一着地，一位手持着对讲机，**身穿制服、英姿勃发的保安员**出现在他们面前。阿鸣、阿华一下了收敛住满脸的得意，

"先生，请问找谁？"保安员语气平和，微笑着问。

"哦，不找谁，想随便看一看。"

"当然可以，您们想看什么？"

"啊，……"阿鸣、阿华语塞。

"我来给您们介绍一下。"保安仍然笑容可掬。他指着下面宽敞的一楼大厅开始介绍起来。

那是咖啡厅，那是钢琴酒吧，那是卖品柜……

阿鸣、阿华此时已有些心不在焉。末了，保安员转身又指着二楼电梯说："两位先生如果想用夜宵，可乘电梯至十八楼餐厅。"

"谢谢你的热情指点，我们还是到大厅去看看。"两人连忙点头，表示致谢。

说着，阿鸣、阿华转到旁边下楼梯的自动扶梯。阿华一步上了扶梯，阿鸣显得小心翼翼试着脚。看到阿鸣行动不便的样子，保安员上前一步，搀了阿鸣一把。

"再见。"

"再见。"阿鸣有些感激。

回到大厅的阿鸣、阿华，顾不上流连四周，径直走出了酒店大门。

大街上，两人紧张的情绪真正释然，都开心地笑了起来。阿华说："那位保安员婉拒我们的办法真够可以的，既给了我们足够的面子，又履行了他的职责。真不愧是大饭店的大家风范。"

【评析】

这个故事虽然发生在六七年前，现在几乎所有的高级涉外饭店已取消了这种限制，由人随意进出。但每当阿鸣提起涉外高级饭店，总津津乐道于这段往事，并引为美谈。尽管从此之后他们再也没有去过 H 大饭店。

【案例 25】客人逃账失风记

某公司经理办公室。总经理严肃地宣布：鉴于业务部穆一飞去某市出差中的表现，已严重损害了公司的形象，经讨论决定，给穆一飞记行政大过一次，调离工作岗位。在一旁的穆一飞垂头丧气。

事情的经过是这样的。

几天前，穆一飞只身出差外地。在某地长途汽车站，穆先生拾到了一张身份证，因无人认领，汽车又将出发，他便匆忙将这张身份证揣进了自己的兜里。汽车经过长途跋涉，于晚八时抵达某市，穆先生来到一家高级酒店，心想如果住宿费用很高的话，反正可以找哪家客户单位报销。

在这家酒店入住登记时，穆先生无意之中将拾来的身份证交给了总台服务小姐。也许因为身份证上那人的相貌与穆先生很像，小姐未能认出，于是登记表上的姓名当然就不是穆一飞。这正中穆先生下怀，这样找人报销就可以不留痕迹了，最后他还补充道，是否可以将酒店的用餐费用打在住宿费用里，小姐应允。这样，穆先生预住两天，缴了 1 000 元预付款，并

得到一张用餐记账卡。

穆先生住进客房。房内迷你吧台上，摆放了酒、饮料、香烟等。穆先生随手拿了一包红塔山香烟，标价 26 元；饥肠辘辘的他，目光又停在了一盒碗装康师傅方便面上，标价为 6 元，这玩意儿也比市面上价贵一倍！穆先生伸出的手又缩了回来。突然，他灵机一动，拿出一把小刀，小心翼翼地挑开了那碗方便面的塑料膜上，取出其中的方便面后，又将塑料膜封口，归位。他乐不可支地吃起这"战利品"，心想，你们发现了我就付款，没有发现呢？哈哈……

第二天，穆先生去市某家客户单位联系工作。中午，这家公司的副经理和业务科长招待他吃中饭。酒足饭饱时，穆先生回邀二位到他下榻的酒店共进晚餐。

华灯初上，穆先生领着中午那两位朋友来到了酒店餐厅。一桌粤菜，品种虽不多，但多属高档。其中还有"龙虎斗"。穆先生煞有介事地说：这道名菜始于清朝，原是用黄鳝、田鸡料理，后发展为三蛇与豹狸烩制。餐毕，穆先生拿出用餐卡交予服务小姐，显出他博学的风雅和出手的阔绰。

翌日清晨，穆先生该离店了。他叫来客房服务员作离店查房。服务员睡眼惺忪，对吧台也只浏览了一下食品与账单是否相符，便与穆先生道别。

走在通往大堂服务台的通道上和电梯中，穆先生对自己的高明沾沾自喜。少顷，一个本来朦朦胧胧的想法突然出现在他的脑海中，一不做二不休，瞒天过海，逃出酒店。

机会确实来了。在大堂里，一群团队客人正在办理入住手续，服务台小姐正在紧张的工作，穆先生手提拎包，堂而皇之地接受了门僮的问候，走出酒店大门，遁入苍茫的晨雾中。

结果是可以想见的。总台催款时，发现穆先生已经离店。经多方核实，身份证上的那位"冤大头"被排除了逃账的可能。最后从大堂监控电视的录像中，终于找到了当地某公司的副经理和业务科长。至此，穆先生逃账的伎俩彻底败露。

【案例 26】免费住总统套间

一家颇有名气四星级宾馆内的小餐厅。一对新人将在这儿举行结婚宴请。他们站在餐厅门口，迎接络绎不绝来贺喜的亲朋好友。有的来宾带来礼品，就由新郎家人放在门边台子上。酒席正式开始，放在门口的礼品无人照应。过了一段时间，新郎家人想起什么跑到门口，发现礼品没了，马上问服务员。

家属："小姐，你们看到有人拿这儿的礼品吗？"

服务员："我好像看到一个中年男子装入手提包的，后又走进餐厅，我还以为是你们的家属，所以没在意。"

家属："那么人应该还在，你认一下好吗？"

服务员说："可以。"

服务员看了一圈没发现那人，出来摇摇头。

家属："那怎么会？他不是明明进去了吗？"

服务员："我再问问其他服务员。"

服务员走过去向其他服务员了解，都有摇摇头说不知道。

"对不起，刚才我们都在忙，没在意台上的东西，我马上向保卫部门联系。"服务员对家属说。

保卫人员来到餐厅，向家属和服务员了解情况。

得悉此事的餐厅部经理也赶到现场。他分头找服务员了解情况后说："餐厅发生这事我会处理，你们照常服务，尽可能不要让参加婚礼的人知道，影响气氛。"

餐厅里好像什么也没发生，新郎新娘在为客人一一敬酒。

餐厅部经理、保卫人员和一家属悄悄退出餐厅，来到总经理室。

总经事听了汇报后说："估计是小偷混入客人之中来到餐厅，也不排除饭店员工作案。保卫部门对餐厅保卫工作不力，负有一定责任。迅速查明情况，但不得惊动客人。要维护饭店声誉，不得扩大事态。"

总经理："总台，把总统套房钥匙送来。"

宴请将结束，总经理等来到餐厅，为新郎新娘祝福，祝他们白头到老，并悄悄把这事告诉新郎。

总经理："这件事发生，饭店负有一定责任，结婚礼物情重无价。今晚饭店免费为你们安排总统套房。从现在起你们就是我们饭店'总统'和'总统夫人'了。"并把钥匙给了新郎。

新郎："感谢饭店经理，虽然结婚礼物被偷心中很难受，但你们饭店已表达你们的诚意。"

【案例 27】客人行李被错拿

一天上午，上海一家五星级宾馆大堂，各国客人来来往往，熙熙攘攘。一位新加坡客人提着旅行箱走出电梯准备离店，正在值勤的保安员小徐见行李员都在忙着为其他客人服务台，便热情地迎上前去，帮新加坡客人提起旅行箱往大门走去。快到行李值台时，他发现电梯口又有离店客人出来需要帮助，就把行李提到行李值台处放下，并请值台人员代办，即回电梯口为其他客人服务。

这时，又有一批日本客人离店，他们自己的行李放在新加坡客人旅行箱旁，由于陪同疏忽，既未指定服务员照看行李，又没有拿行李牌注明，就去收款处结账，因此，当他们离店时，就"顺手牵羊"地把那位新加坡客人的旅行箱一起带走了。当新加坡客人在为寻找自己的行李急得团团转时，离其乘坐的赴苏州的火车时间只有 55 分钟了。

面对这突如其来的紧急情况，大堂副理当即安慰客人请客人放心，一定设法找回失物，不误班车，并马上向宾馆有庆方面了解日本团队的去向，得知他们乘火车离沪去杭州，便当机立断派保安员小徐随新加坡客人一起乘坐宾馆的轿车去火车站找寻日本客人。结果不到半小时就在候车室找到了日本客人。新加坡客人拿到失而复得的旅行箱，转忧为喜，连声称谢。

【评析】

这件事从意外发生到妥善解决，酒店方面既有值得吸取的教训，又有令人肯定的地方。

第一，为了保障客人行李财产的安全，酒店应加强对员工服务有关服务程序的检查与监督。保安员小徐主动补位帮助客人搬运行李，这种精神值得肯定。他为了进一步为其他客人服务，将手头的客人行李半途转交给行李值台处理，固然出于工作热情，这种做法无可厚非，但从严密的工作程序上推敲，似有不妥之处，最好将客人的行李一手处理完毕再去为别的客人服务，较为稳妥。日本团队的行李放在新加坡客人行李旁，造成错觉，固然是由于陪同疏忽，既未指定服务员照看行李，又没有拿出行李牌做标记，但值台服务台员也负有一定责任。值台服务员既然接受了小徐的委托，就应该保管好客人的行李，当时他可以及时地把客人的行李挪开，不使混淆，或者提醒日本团陪同拿出行李牌，以示区别，这样就可以避免错拿行李的事故发生了。

第二，酒店方面为维护客人的行李财产安全，对这一突发事件采取的应变措施是及时而正确的。首先安慰客人，稳定其情绪，紧接着摸清日本团队的去向，然后带着客人"跟踪"，终于赶上了日本团队，又不误其班车。酒店急客人所急，想客人所想，并以较强的应变能力"亡羊补牢"，使客人的损失减少到了最低限度，是值得称道的。

【案例28】醉客欲牵驴进大堂

西北地区某酒店的大门口，门僮小赵和小高正忙碌地迎送客人。忽然，他们发现前面有一位汉子牵头一头驴子向酒店蹒跚走来。稍近一点，他们察觉这位男子是住店客人许先生，只见他迈着踉跄的步子，口中一个劲地嘟囔着："我买了一头多好的驴子呵！牵到大堂溜达一圈，那就太棒了。"显然他酒喝得太多了。两位门僮顿时意识到，若让驴子牵进大堂，后果将不堪设想。他们迅速交换了一个眼色，各自心领神会，立即一里一外分头"出击"。

小赵迎上前去，截住许先生"纠缠"不放。他一会儿夸奖驴子好，一会儿询问驴子是从哪儿买来的，什么价码，一会儿让许先生牵头驴子在门口的停车场上溜达一圈作演示……

那边小高快步推门入大堂，冲到服务台前，请服务员迅速查明许先生入住的707房，他记得许先生有一位朋友与他同住，随即给707房打电话，那位朋友果然在房里，小高便把刚才发生的事情告诉他，请他马上下来帮忙。那位朋友赶紧下楼，小高候在电梯口接住，领他冲出门口。

此刻，门外的醉客已被小赵缠得不耐烦了，牵头驴子执意要往大堂冲，小赵则死死缠住客人。眼看就要扛不住时，小高带着那位朋友赶到，一起劝阻，许先生认出朋友，便显得平静些了。小赵趁机用力把驴子从醉客手中拉出，牵到酒店侧面厨房门口的院子里拴住，请一位熟悉牲口的老厨师喂养照料。同时，小高与那位朋友把许先生连扶带架拖进宾馆大堂，送到707房。小高泡了一杯醒酒茶，让客人喝了，又与他朋友安顿客人躺下睡觉，请其留心照顾，然后离去。

次日早上，许先生醒来，听朋友述说昨晚发生的事，懊悔不已。他连忙赶到门口，向小赵和小高道谢，又跑去牵走驴子，到集市去卖了。

【评析】

第一，大堂是酒店的眼睛和窗户，庄重、静谧、优雅的氛围是必不可少的。因此，保证大堂环境的正常、有序，在任何时候、任何情况下不受干扰，这是酒店每个员工义不容辞的职责。门僮小赵和小高发觉醉客将要牵驴子入大堂，意识到问题的严重性，并竭尽全力阻止了严重后果的发生，表现了维护酒店利益的高度责任心，值得充分肯定。

第二，两位门僮在处理这一突发事件中所表现的敏锐的应变能力和默契配合，也很值得赞扬。他俩一个上前与醉客纠缠，时而夸驴好，时而问驴的情况，时而让其牵驴溜达，一个入内搬请救兵——许先生的朋友，从而有效地制服醉客，这里所显示的机智令人叹服。同时，他俩所体现的天衣无缝的配合，也十分可贵，显然这是他们长期合作的结果。由此亦可看出，岗位上的服务员加强相互间的合作，对于提高服务质量有重要作用。

【案例29】客商硬要赊账

一位美籍华人客商在上海蓝天宾馆入住两个半月，那天，他在两位朋友的陪同下到总台结账。总台服务员小姐经查核电脑资料告诉他："先生，您的支票只剩三百余元了，而您手头这笔账就有四百多元，请您补足现金再结账。"客商说："那就给我赊账吧。"服务员答道："先生，对不起，根据宾馆有关规定，您不能赊账。"客商大为不悦："我是你们宾馆的长包房客人，难道赊一点账也不行？""不行，先生。"服务员一口拒绝。客商觉得在朋友面前丢了面子，下不了台，便带着客人气冲冲地回到客房。

客商马上给宾馆公关销售部打电话，将刚才在总台发生的事诉说了一遍，指责服务员在他朋友面前不给他结账是对他的无礼，"难道我连这点房费都付不起吗？"接电话的小彭原来不是负责接待这位客商的，对他并不了解，因此感到很突然，但她立刻冷静下来，迅速清理一下思路，答道："先生，刚才总台服务员确实对你说话态度比较生硬，有失礼之处，我代表宾馆向您道歉。不过，服务员也有难处，因为按宾馆规定，凡是客人消费的钱款收不回来，就由当事的服务员负责。这一点，也请先生谅解。"客商情绪开始缓和，但接着又把难题扔给小彭："那么，我现在就请您给我赊账。"小彭灵机一动，顿时有了主意，她平静地答道："让我请示一下宾馆领导，请您过 5 分钟再给我打电话。"实际上彭小姐并没有给领导打电话，因为她本人就有赊账权，但她不想让客商产生可以随便赊账的感觉。5 分钟后客商打来电话，小彭告诉他："宾馆领导同意给您赊账，请您在近几天内补上支票，好吗？"客商高兴答应了。

第二天上午，小彭又给客商所在公司打电话，客商不在，接电话的是他的秘书曲小姐，上彭便请曲小姐向客商转达她的建议，即今后在该酒店账目往来事宜，不必劳驾老板亲自出马，可由曲小姐出面办理；也不必再找宾馆总台服务员，可直接找她处理。当天下午，曲小姐就拿了一张支票送到公关销售部小彭手里，并转达了老板对她的谢意。

【评析】

本案例中公关销售部小彭处理客商与总台服务员的赊账纠纷十分得体，关键在于把遵守宾馆规章制度与根据具体情况灵活变通很好地结合起来。

第一，按宾馆规定，除了熟悉了解、信誉可靠的长住客外，像美籍客商那样初入住的长住客不在赊账之列，但小彭看出客人坚持要赊账，无非是怕丢面子，不像是要逃账的，为了打破僵局，破例准予赊账，在情理之中。

第二，小彭决定给客商赊账，又故意表示要请求上级，让其感觉赊账并不容易，然后很自然地请他及时了断，处理得很有技巧，既满足了客人的要求，又保障了宾馆的利益。

第三，小彭让客商秘书与她直接办理账目往来，中断了客商与总台服务员的接触便于缓解矛盾，有利于问题的解决，也是灵活而切实的措施。

【案例 30】客人行李箱上面的小辘轳不见了

事情发生在英国的某饭店内。

一位住店客人准备离店，行李员到该客人房间取走三件行李，用车推到前厅行李间以后才绑上行李牌，等待客人前来点收。

当客人结好账，行李员准备将行李搬上汽车，要客人清点时，那位客人忽然发现了什么，于是很不高兴地指着一只箱子说："这只箱子上面的辘轳被磕掉了，我要你们饭店负责！"

行李员听罢感到很委屈，于是辩解道："我到客房取行李时，你为什么不讲清楚，这只箱子明明原来就是坏的，我在运送时根本没有碰撞过呀。"

客人一听就恼火起来："明明是你弄坏的，自己不承认反而咬我一口，我要向你的上级投诉。"

这时前厅值班经理听到有客人在发脾气，于是马上走过来向客人打招呼，接着耐心听取客人的指责，同时仔细观察了箱子受损的痕迹，然后对客人说："我代表饭店向您表示歉意，这件事自然应该由本店负责，请您提出赔偿的具体要求。"

客人听了这话，正在思索讲些什么的时候，前厅值班经理接着说："由于您及时让我们发觉了服务工作中的差错，非常感谢您！"

客人此时感到为了一只小辘轳，没有必要小题大做，于是保持沉默，这时前厅经理便顺水推舟，和行李员一起送客人上车，彼此握手告别，解决了一桩行李受损的事端。

【评析】

前厅值班经理的做法是比较明智的。他果断地在没有搞清楚箱子究竟为何受损的真相之前，就主动向客人表示承担责任，这是由于：

第一，行李员到客房内取行李时未查看行李是否完好无损，而且没有当场绑上行李牌请客人核对行李件数；

第二，行李员已经直接和客人争辩，为了避免矛盾激化，这样有助于缓和气氛；

第三，前厅值班经理懂得，如果你把"对"让给客人，把"错"留给自己，在一般情况下，客人并不至于因此得寸进尺。相反如果这位值班经理也头脑发热，要和客人争个是非曲直的话，那后果是不言而喻的。要明白像上述这种事件既然已经发生，那么谁是谁非的结论恐怕难以争得明白，或者可以说根本不存在谁是谁非的问题。相反，客人越是"对"，饭店的服务也就越能使客人满意，从这个意义上理解，客人和饭店大家都"对"了。

【案例 31】旗袍风波

一位来自西欧颇有身份的女士来华访问，下榻北京一家豪华大酒店。酒店以贵宾（VIP）的规格隆重接待：总经理在酒店门口亲自迎候，从大堂入口处到电梯口到楼层走廊，都有漂亮的服务小姐夹道迎候、问好，贵宾入住的豪华套房里摆放着鲜花、水果……这位女士十分满意。陪同入房的总经理见这位女士兴致很高，为了表达酒店对她的心意，主动提出送她一件中国旗袍，她欣然同意，并随即酒店裁缝给她量了尺寸。总经理很高兴能送给尊敬的女士这样一份有意义的礼品。

几天后，总经理将赶制好的鲜艳、漂亮的丝绸旗袍送来时，不料这位洋女士却面露愠色，勉强收下，离店时却把这件珍贵的旗袍当垃圾扔在酒店客房的角落里。总经理大惑不解，经多方打听好不容易才了解到，原来那位洋女子在酒店餐厅里看到服务员都穿旗袍，而在市井街巷的女士却无一人穿旗袍，误认为那是只有侍女才穿着的服装款式，主人赠送旗袍，是对自己的不尊，故生怒气，将旗袍丢弃一边。总经理听说后啼笑皆非，为自己当初想出这么一个"高明"的点子懊悔不已。

【评析】

酒店总经理出于对贵宾一片真诚和尊敬，主动向外宾赠送酒店的中国旗袍，却引起客人的强烈不满。到底是那位洋女子不讲情理呢，还是酒店不对？我们认为责任在酒店方面。酒店总经理失误的根源就在于没有完全站在客人的立场上，设身处地地为客人着想。饭店管理者既然对"客人是上帝"已形成共识，也应该承认为"上帝"服务就应该尊敬客人，将客人视为至高无上的存在。既然本酒店的餐厅服务员都穿旗袍，那么对贵宾赠送旗袍，岂不有对贵宾不敬之嫌吗？虽然酒店送旗袍的本意并非如此，但让客人产生这样的联想则是难以避免的。因此，如果完全站在客人的立场上，对这位女士还是不送旗袍为好。

其实，要表达对贵宾的尊敬和情谊，恰当的方式方法是多种多样的。我国一些豪华酒店为客人提供超常规的个性化服务的经验，多有可以借鉴之处，比如，可以为西欧女士随时快速地清洗、熨烫衣服，赠送给她特制的印有她烫金名字的丝绸睡衣留作纪念，实行 24 小时贴身管理服务，在任何时候、任何情况下尽可能满足她任何要求，派熟悉市场的服务员陪同女士到外面去购买其所需要的一切物品，等等。这样，肯定会收到与送旗袍完全相反的积极的效果。

【案例 32】用文字传递信息

（一）

某大学孙教授打长途电话给某市饭店，告知他同意邀请，明天飞抵该市，前来为饭店讲课，并请届时该饭店到机场接一下他。该饭店秘书齐小姐接了电话，满口答应。但当孙教授走出机场时，左右环顾，无人接站，静等了十几分钟，仍无人前来。孙教授只能叫出出租车去饭店。孙教授前往总台登记，问起总台是否知道他来店，前厅经理说知道，已安排好了。孙教授奇怪地问，怎么没来接站。前厅经理"哦"了一声，连忙道歉说"忘了"。事情是这样的，齐秘书打电话给前厅经理叫他安排孙教授食宿，又叫前厅经理转告车队派车去接。当时总台客人很多，前厅经理匆匆安排了孙教授的住房后，把订车的事忘记转告了。

（二）

餐厅预订部接到客人打来电话，要预订 17 日 3 桌酒席，标准是每桌 1 000 元。四天以后客人陆续步入餐厅，宾客满座。迎宾小姐上前询问，客人说酒席已预订了。一看餐厅的记录却没有。她把餐厅经理叫来，一核对，搞错了，听电话的接待员把"四天后"听成了"十天后"，客人愤愤离去，说再也不上这家饭店吃饭了。

（三）

一旅游团队夜间涌入饭店，饭店公关销售部人员趋前迎接。在与领队和陪同的交谈中得知，因气候原因，原定明天的飞机改为火车，提早出发；原计划的早餐改为带盒饭上路。第二天清晨，领队去取盒饭，餐厅说不知道，根本没准备，把值夜班的餐厅经理找来，他说："有这么回事。公关部通知我是明天午餐带盒饭。"客人不满地赶火车去了。事后，公关部经理与餐饮部经理为电话中到底说是"早餐"还是"午餐"争得面红耳赤。

【评析】

以上三种差错的原因都在于没有记录或记录不准确。用口头传递经营管理信息的可靠性很差，也很不规范。在酒店的标准化管理中，用文字传递信息就是很重要的一条，要避免以上差错的发生，应采取以下几个正确的步骤。

（1）通电话，必须有电话记录。待对方说完后，重复一遍核实对方所说的内容，并等对方挂了电话后，自己再挂。

（2）客人的要求应通过正式的文字形式传递到有关部门。以上"早餐"与"午餐"之事，没能以文字为凭，既误了客人的安排，事后调查又弄不清责任。

（3）宾客的要求如同时涉及饭店内几个部门，应一式几联，以同样的文字传送到有关部门。这样做，利于相互沟通，相互提醒。

（4）广而告之，酒店内上下级之间，部门与部门之间均应用规范格式的文稿纸来传递指令和信息。国际上酒店业普遍采用的备忘录（MEMO）就是一种有效的文字形式。

【案例 33】传真发出了吗？

一天早上，南京一家饭店的商务中心刚刚开始工作，一位加拿大籍住店客人满面怒容地走进商务中心，"啪"地一声将一卷纸甩在桌子上，嚷道："我昨天请你们发往美国的传真，对方为什么没有收到？小姐，你想想，要是我的客户因收不到传真，影响同我们签定合同，几十万美元的损失谁来承担？"

接待客人的是上早班的宋小姐。面对怒气冲冲的客人，她从容不迫，态度平静，然而当她迅速仔细地审核了给客人发传真的回执单后，所有项目均显示传真已顺利发到美国了。凭着多年的工作经验，她知道，如果客人的传真对方没有收到，责任不在我店。怎么办呢？当面指责客人？不能！因为客人发现对方没有收到传真来提批评意见，也在情理之中。宋小姐脑子飞快地转动，很快"灵机一动，计上心来"。

只见她诚恳而耐心地对客人说："先生，您且息怒。让我们一起来查查原因。就从这台传真机查起吧。"客人欣然同意。宋小姐仔细地向客人解说了这台传真机自动作业的程序，并当场在两部号码不同的传真机上作示范，准确无误地将客人的传真从一台传到另一台上，证明饭店的传真机没有问题。客人比较了两张传真，面色有所缓和，但仍然心存疑虑道："不过，我的那份传真对方确实没有收到呀！"为了彻底消除客人的疑虑，宋小姐主动建议："先生，给美国的传真再发一次，发完后立刻挂长途证实结果，如果确实没有发到，传真、长途均免费，您说好吗？"客人点头同意了。传真发完后，宋小姐立刻为客人接通了美国长途，从客人脸上露出的笑意可以知道：传真收到了！

客人挂完电话，面带愧色地对宋小姐说"小姐，我很抱歉，刚才错怪了你，请你原谅。谢谢你！谢谢你！"宋小姐面带微笑地答道："没关系，先生，这是我们应该做的。"最后，客人愉快地付了重发的费用，满意而去。

【评析】

本案例中饭店商务中心的宋小姐对客人反映传真没有发出去的意外事件，采取了正确的态度和恰当的处理方法，从而取得了使客人满意的结果。

首先，宋小姐面对客人上门指责的突发事件，沉着冷静，迅速仔细地审核了传真回执单所有项目无误，确定了责任不在饭店的结论，心里有了底。

其次，宋小姐没有简单地指责客人过失，而是设身处地地站在客人的立场上，充分理解传真拖延客人将损失几十万美元的苦衷，采取了从"我"（饭店传真机）查起的理智做法，使客人乐意接受和配合，有利于搞清问题。

最后，宋小姐先后采取了两台传真机当场示范和再发传真并长途证实的合理步骤，打消了客人的疑虑，让客人心服口服，使问题得到圆满的解决。

饭店经常出现各种各样突发事件，饭店同行可以从中举一反三，获得启示。

【案例 34】女性员工要学会化妆

酒店女员工的妆容是否得体，直接反映了酒店整体的精神面貌。如不化妆会给客人产生精神不振作的感觉，但若浓妆艳抹，则又给客人留下不庄重、喧宾夺主的印象。总的原则是，女性服务员工要化妆，但应化淡妆。下面是酒店女员工化妆的 9 个要领。

（1）不退色的朱唇。最好是用唇笔勾画好轮廓，用同一支唇笔在轮廓内填上颜色，然后用唇扫蘸唇膏再涂一层，这样会令唇形看来更加丰满，而且持久。但嘴唇千万不能涂得鲜红，只要显得精神即可。否则就与服务角色不相称了。

（2）柔和的眼影。鲜艳的眼影再加上粗粗的眼线，是最失败的化妆法。专家指出，美丽的妆容主要是靠颜料混合交融，而最自然的眼影是冷艳的棕色及含蓄的灰褐色。凡以红色为基调的眼影，如紫红色或紫蓝色，都会令眼睛看来颇为浮肿。

（3）遮住黑眼圈。遮瑕膏色太浅，会令黑眼圈更加显眼。用带黄色或橙色遮瑕膏最自然，颜色宜比肤色浅一些。

（4）腮红要擦得淡薄、均匀。很多人脸上的腮红都搽得一块白一块红的，看起来怪不自然，甚至奇形怪状。问题通常出在所用的腮红刷子太小，以致腮红在颊上显得不均匀。最好是用一个大大的腮红刷。最好是干后再抹第二层。如果睫毛仍粘在一起，可用睫毛梳整理一下。

（5）眼线不宜太明显。画好眼线后，不妨用尾指或棉花棒稍微抹开，使眼部看上去更自然。

（6）扑粉时不宜太用力。所用的粉扑越大越好，而且在最后应将多余的粉扫去。

（7）眉毛要整齐。现在流行形状自然的眉。无论你是否用眉笔，将双眉的颜色加深，临出门前都应用眉扫擦眼眉，使眉毛顺着生长的方向，这样看来自然眉清目秀。

（8）下颌不宜有明显的分界线。搽粉底或扑粉，一定要兼顾颈部，不应搽到下颌线便停止，否则鸿沟分明，有欠自然。

（9）记住补妆。在进食或经过站半天辛劳后，记住补补唇或粉，可以令你看来再度容光焕发。

最后再强调一遍：服务女员工必须化妆，但必须是淡妆！

【案例 35】"锁怪"的故事

某天在上海一家中外合作经营的高档饭店内出现了怪事：经检查发现，高级套房的 8 把门锁的锁具全部失灵，工程部的人员无计可施，房门怎么也打不开！这一下惊动了外文老板 W 先生，他焦急地查看了现场。他心里明白，这些高级豪华型门锁是直接从国外进口的，价格昂贵，眼下饭店试营业在即，客房锁具出了乱子非同小可。

工程部经理急中生智，向 W 先生建议说："听说某宾馆有一位职工叫朱正明的，很多人称他为'锁怪'，是否有必要设法把他请来检查一下再说。" W 先生无奈地点了下头，一边讲："那也只好碰碰运气了。"

小朱终于被请来了，W 先生从下到上打量着他说："我很难相信你有本事修好这样的高级的进口锁！小伙子，你要小心些，如果修砸了那就难办了！"也许是 W 先生的轻蔑刺伤了他的自尊心，或是 W 先生刺耳的话引起了他的愤慨，小朱回敬了一句："W 先生，让我修理好锁具以后你再下结论好不好？如果我不想帮同仁解决困难就不会来了！"

小朱下决心使出浑身解数，非争这口气不可。于是从包里掏出专用的"魔具"，开始考虑实施方案。开始先看（看锁的外型结构以分析开启方法），接着用手摸以增加手感，然后听（分辨锁具内部的机械摩擦），下一步是判断手里的工具是否已到达其故障部位以及部位的确切位置，这就叫做"一把钥匙开一把锁"，总有规律可循。不出 10 分钟，病因找到了，原来是锁具安装过程中埋下的隐患，由于锁内精密弹子移位所引起。小朱接着用半个小时采用好几种办法，把 8 把锁全部开启了，外表完好无损。W 先生见状释重负，满面笑容，现时才流露出抱歉的样子说道："请到我的办公室休息一下，我应当好好感谢你，今后还少不了请你帮忙呢。"接着又讲："欢迎你有空时常来走走，如果你有意的话，我们饭店愿意以高薪聘请你来我们的工程部工作。"

"锁怪"并非等闲之辈，小朱只肯收下他应该得的那份酬金，却不领 W 先生的聘请之"情"，离开该饭店昂首而去。

【案例 36】商场售货的推销术

一天住在某大饭店的日本母女两人到饭店商场部来选购货品。她们来到针织品柜台，目光集中在毛衣上面。服务员小刘用日语向她们打招呼，接着热情地把不同款式的毛衣从货架上取下来让客人挑选。当小刘发现客人对选购什么颜色犹豫不决时，便先把一件灰色的毛衣袖子搭在那位中年母亲的肩上，并且说："这件淡雅色的毛衣穿起来更显得文静苗条。"接着拉过镜子请她欣赏。同时她又拣出一件红色的毛衣对中年母亲身旁的女儿说："这件毛衣鲜艳而不俗气，很适合你的年龄。"于是，母女两人高兴地买下来，另外还挑选了六件男女式羊毛衫准备带回日本给家人和亲友。

随后那位中年母亲把小刘拉出柜台，让她陪着一起到其他柜台看看，小刘对旁边站柜台的同事打了声招呼，便欣然同意为她们母女当参谋。这时那位日本母亲说："我想买两方砚台送给我热爱书法的丈夫。"于是她们就来到工艺品柜台，母亲指着两方刻有荷花的砚台对小刘说："这两方砚台石质很好，大小也正合适，可惜的是造型……"客人的话立刻使小刘想到，在日本荷花是用来祭奠死者的不吉之兆。小刘于是和站柜台的服务员小张一起商量以后，回答说："书画用砚与鉴赏用砚不一样，对石质和砚堂都十分讲究，一般以实用为主。您看，这方鱼子纹歙砚，造型朴实自然，保质着砚石自身所因有的特征，石质又极为细腻，比那方荷花砚要好，而且砚堂平阔没有雕饰，用这样的砚台书写研墨一定能得心应手，使用自如。"服务员小张将清水滴在三方砚台上，让客人自己亲自体验这三方砚石在手感上差异，最后客人地买下了这方鱼子纹歙砚，并连声向小刘和小张道谢，还拉着小刘的手说："你将永久留在我难忘的记忆之中。"

【评析】

涉外商场的商品推销是一门艺术。营业员的推销能力是由其所具有的商品知识（包括产地、用途、保养、维修、特点、性能、规格、价格……"、推销艺术、外语表达能力和掌握客人购物心理、规律和特点能力等很多因素所决定的。只有做到想客人之所想、急客人之所急，热情、礼貌、迅速、周到地为客人提供服务，才能赢得客人的信赖与理解，才能使饭店商场部销售的商品为客人所接受。

【案例 37】勿使客人等待

某饭店商场部有两个柜台在营业时出现完全不同的鲜明对照。

一个是站柜台的小张，当顾客稍多之际，她只顾忙于一头，手脚不够利索，而让客人等待得很不耐烦，于是他们扭头就走开去了。小张皱着眉头还以为自己忙得不可开交呢！

另一个柜台的营业员小李就练出一副真本领。她上班时总是微笑着主动迎接每位顾客，销售服务时动作麻利干净，做到取物交货快、秤重快、计价快、包装快。她总是忙这忙那，却保证有条不紊，耐心细致，她一个人负责一个柜台，五六个客人一起来的话，她也能安排得井井有条。每当她正在登记经过盘点的存货数或者正在点数货款时，有顾客来到她的柜台前，她就会抬起头来说："请稍等片刻，我马上就点完。"当她在登记存货的本子上写完一行记录或数到 50 或 100 等比较容易记住的钞票数额时，便在脑中记住这个数或记在一张纸上，然后停下手中的工作，而她这样的工作方式使顾客等候的时间从未超过过 20 秒钟。

【评析】

在服务行业中，顾客就是上帝。如果用餐者许久不见服务员前来开点菜单，开电梯的服务员在某一楼层与人闲扯磨蹭，就会使客人和乘客感到恼火。

作为商场的售货员首先想到的是要为顾客提供方便，满足客人的购物要求。讲求时效也就是注意效率问题。服务必须及时到位，不可拖沓，一般说来自异地他乡的旅客，办事、购物、赶路，对时间观念很注重，尤其是当发生延时误点，更加会使旅客烦恼不已。

总之，顾客就是上帝，当客人来到你面前，不管你是营业员也好，服务员也好，应该尽快停下手中其他的活儿，马上为面前的顾客提供服务，那才会受到客人的称赞。如果让客人久等，那是不应该也是不允许的。这样做，会让客人强烈地感到你是看不起他。要知道在任何服务性行业中，服务的对象——顾客应该首先受到关注，如果顾客认为自己受到冷遇，而愤然离去的话，那当然有损于商店的生意。在国外如果顾客一怒而去，并且发誓永远不会再来的话，那么谁会着急呢？你的老板会，你也会。因为当你失去众多的顾客时，用不了多久你就会被炒"鱿鱼"。

二、景区管理篇

第五章　入门接待服务案例

【案例 1】收进假钞我们要自己赔吗

案情陈述：以下是一位大学生游客 Q 的投诉：那是阳光明媚的一个周末，我和朋友一起去 Z 景点玩。可刚到售票处，就发生了一件很让我们不愉快的事情，差点吵了起来。售票窗口里面坐着一位售票员，她身边还坐着一位中年妇女，因为没穿制服，很难判断是不是景区人员。窗上贴着"门票 10 元一张，1.4 米以下半票的"告示。我和我的同学共两个人，没有零钱，于是就给了售票员一张 50 元。由于我只有一张 50 元钞票，因此拿出去时外观有些破旧，但我没想到会引起后面的不愉快。售票人员接过钱，摸了一摸，看了我一眼，然后转头对坐在旁边的中年妇女说："你看看这张？……"站在窗口的我们，没有听清楚她们具体的谈话。但她和中年妇女说话时的神态极不自然，好像在怀疑什么，又不时带着异样的眼神，往我们身上扫视。好久之后，售票员把那张 50 元钱又递了出来，"这钱是假的，你换一张！"她说。我立刻证实了之前被怀疑的感觉，气愤起来："为什么要换啊？虽然这钱是旧了点，但绝对不可能是假的！"售票员见我生气了，她依然很冷漠，又说："你换一张吧，收进假钞我们要自己赔的。"我很生气，几乎想甩袖而去，但考虑到邀请同学来游玩，发生这样尴尬的事情谁都不想看到，于是很不情愿换了一张崭新的 100 元给售票员。她接过钱时，脸上那种得意胜利的笑容，像是对我绝大的讽刺。这次游玩让我很失望、很气愤，景区售票人员凭什么怀疑我的钱是假的？不过，我更在乎的是售票人员的处理方法。这让觉得自己的人格受到了侮辱，我要投诉她！

分析：此案例中服务员犯了哪些错误？

当收到假钞该怎么处理？

【案例 2】案例：小孩买票吗？

H 景点入口售票处，一个三口之家高高兴兴地准备买票。父亲对售票服务窗口内的服务人员说："买两张成人票。"

售票服务员目测了一下孩子的身高，对孩子的父母说："您好，我们景区实行优惠票制度，如果您的孩子身高在 1.1 米以下，您可以享受免票政策，请这位小朋友到这里来测量一下身高吧。"

母亲急忙说："我儿子不到 1.1 米，还差一些。"

服务员微笑着指引方向，请小孩去测量身高。小男孩蹦蹦跳跳到了测量仪器上，测量结果显示，他的身高，刚好过了 1.1 米线

服务员礼貌地对他的父母说："您的孩子已经超出 1.1 米了，需要购半价票，两张成人票一张儿童半价票，共 350 元。"

母亲似乎看起来很不情愿，说："你们这尺寸会不会不准，我们前几天刚在家里量过，没

到 1.1 米啊。我的孩子这么小？也要买票吗？"

说话期间，孩子母亲屡次望向孩子的父亲，很希望得到他的支持和帮助。

服务员仍旧保持微笑解释说："我们的测量仪器定期检查，一定客观、标准，这点您请放心。"

接着转头对着迫不及待想要冲进园区里去的小男孩说："这位小朋友看起来比同龄人都要高呢！"

小男孩也笑着回答说："是啊，我在班里是长得最高的呢！"说完还看看妈妈，脸上尽是骄傲的神色。

母亲尴尬地笑笑，小孩子的父亲在边上说："算了，快买吧，看儿子已经迫不及待了！"

于是三口之家顺利购买了门票，入园游玩了。

【评析】

此案例发生的原因是什么？

遇到此类情况，售票员应怎么处理？

案例关于协调处理优惠票之争的问题，主要是由游客身高引发的？

应不与游客争执，礼貌说明优惠制度，争取理解，注意说话的方式，选择合适的表达方式，遇到个别特别固执的游客，也可以灵活处理，比如干脆请他做一次质量监督员，对景区服务的各个方面提出意见，作为回报，让他可以免票入园等。

【案例 3】门票影响消费者的消费

北京市故宫博物院、八达岭长城、颐和园公园、天坛公园、十三陵长陵和十三陵定陵六大景区的门票涨价事件曾经引起全国社会的热烈讨论，随着听证会最终通过了涨价方案，张家界，九寨沟等景区也纷纷举行听证会推出了门票涨价方案，涨幅一般在 50%左右。涨价之风越演越烈，福建武夷山景区最近召开门票价格听证会酝酿涨价，一日游价格 110 元/人，二日游为 120 元/人，三日游为 130 元/人，统一为三日游 200 元/人。但是根据国家发改委今年 2 月出台的《关于进一步做好当前游览参观点门票价格管理工作的通知》规定，景区门票 100 元（含 100 元）至 200 元的（不含 200 元），一次提价幅度不得超过原票价的 25%。

【评析】

1. 影响门票的定价因素

门票价格是风景区综合价值的衡量。但是国家级风景区，包括世界遗产，具有不可再生性和唯一性，是大自然和先人留下的遗产，是无价之宝。同时景区是典型的公共产品和公共资源，具有社会公益性和福利性质，不具有赢利性。正因为景区资源的垄断性和公共性，所以门票不能采用市场供求关系的定价机制。

同时定价要考虑游客的经济承受能力和心理承受能力。在国外，世界遗产及国家重点景区的门票价格不超过人均月收入的 1%，与之相比，我国景区门票价格偏高，约占城市居民人均月收入的 8%。游客的心里也会产生质疑，为什么公益性质的风景区却是非公益性质的门票价格，为什么公共性质的风景区却使一部分人无法享受这种产品和服务。

所以国家级风景区应以弘扬民族文化、实施科学教育功能为主，采用象征性的收费，来补偿景区部分管理和保护的费用。

2. 门票涨价原因的背景分析

（1）观光游为主体的旅游市场与门票价格的关系。

旅游市场的成熟有一个由低向高，由最初的观光游为主逐步过渡到观光游、度假游、特种游等多种旅游内容并存的局面，同时，旅游市场的成熟与社会经济水平密切相关。2006年我国的人均 GDP 接近 2 000 美元，按照国际经验，人均 GDP 达到 1 000 美元，旅游消费就开始上升。我国正处在旅游消费开始高涨的起步阶段，观光游仍是很多人旅游的主要形式。观光游顾名思义，最大的特点就是以游览为主，相关联的其他部分旅游消费很少。比如在旅游业相对发达的国家中，景区门票、住宿、路费仅占总支出的 30%，其余 70%都用在娱乐、餐饮、购物等方面，而我国的旅游消费情况恰恰相反。所以，很多景区和地方政府就采用提高门票价格的方式提高游客的整体旅游消费支出。

（2）黄金周与门票价格的关系。

我国现阶段的出游高峰集中在三个"黄金周"。黄金周休假制度是国家为了刺激消费，拉动内需的强制性政策休假，这的确推动了旅游业的发展，但是"黄金周"期间，旅游目的地和景区的设施和服务无法满足游客集中和集聚出现的旅游需求，造成旅游目的地食宿场所供给不足，景区生态环境遭到破坏，旅游服务质量下降等问题。旅游供给的不足和不合格最终导致游客没有一次愉快完美的旅游体验，常常在人群涌动中匆匆游览一遍景区就直奔下一个景区继续游览。可以看出黄金周休假制度是极大地促进了观光旅游的发展，促进了游客在一年当中的一次性旅游消费，而且游客在此期间对门票的价格敏感度比较低，所以很多景区和地方政府采用提高门票价格的方式提高景区的收入。

3. 景区门票价格的调整对利益相关者的影响

按照我们国家现行管理体制。绝大多数重点景区实行事业单位企业化经营，要求景区自收自支，并担负扶助地方经济的职责。据调查，国家对我国 177 个重点风景名胜区每年仅拨款 1 000 万元，因此各景区需要加大力度创收，保障景区正常运营，门票收入便成为各景区直接依赖的经济收入。而且部分景区（包括世界遗产景区）的收入被用于补充地方财政收入，像北京八达岭景区门票收入的 40%上缴延庆县财政、十三陵景区门票收入的 30%需上缴昌平区财政。

与此相反，在旅游业相对发达的国家中，景区门票、住宿、路费仅占总支出的 30%，其余 70%都用在娱乐、餐饮、购物等方面。国外在世界遗产及国家重点景区方面秉承的原则是，以弘扬民族文化实施教育功能为主，门票价格不超过人均月收入的 1%，并且对学生、老人等实行免费。

比如，日本的绝大多数景点景区都不收门票，金阁寺算是最贵的，折合人民币也才 70 元；在意大利，最贵的景点门票价格也不足人均月收入的 1%。而这些国家的国民收入无一例外都超过了中国。与之相比，我国景区门票价格偏高，占城市居民人均月收入的 7.6%，占农民月收入的 32%。

景区门票价在我国价格法中仍被规定为政府指导价，因此景区门票涨价往往由政府拿出涨价方案再举行价格听证。但是目前的价格听证制度也大部分只是中国式的民主游戏而已。

在我国现阶段，国家级风景区涨价是利是弊，各方互相争执，观点相左。我们从与景区门票价格有密切利益的相关者—旅游者，景区经营管理者和地方政府两者分析门票价格对他们的影响。

（1）景区门票价格的调整与旅游者心理感知。

旅游者是门票价格上升的被迫接受者或者说是受害者，参团旅游者团费的上涨实质上是旅行社把门票价格上升的部分转嫁给游客。旅游只有选择去不去这个旅游目的地，选择进不进这个风景区的权利，在门票价格问题上没有任何讨价还价的能力。如果游客到达选定的旅游目的地就肯定会游览著名旅游风景区，此时游客对景区的旅游需求是极度缺乏弹性的，游客不会因为门票上浮需要多花几十元钱而缺失这次旅游过程的主要环节。其次很多游客的出游目的就是游览国家级风景区，国家级风景区包括世界遗产，令每一个游客向往。在风景区门票不断涨价的趋势中，出游时间越推后，门票可能越贵，就好比我国的房价越来越贵。

根据消费者行为学，消费者的购买决策过程分为以下 5 个步骤：① 问题确认；② 信息搜寻；③ 方案评价；④ 购买决策；⑤ 购后评价。相应的游客出游的目的地决策过程可分为：① 旅游计划安排的确认；② 收集理想的旅游目的地和景区的相关信息；③ 根据个人偏好以及备选几个旅游目的地和景区的特点进行综合评价；④ 做出最后选择并实施旅游；⑤ 出游过程中和出游结束后对旅游目的地和景区的总体印象和评价。

在收集信息过程中，以前游客出游前的信息很多都是来自旅行社、媒体广告和景区知名度，现在更多的游客会主动搜集旅游信息，主要是浏览网络上大家的旅行见闻和旅行感受。

在评价和最终决定旅游目的地的过程中，有两个重要的影响因素。一个因素是人，旅游者的亲朋好友是出游决策的重要影响者。他们的信息，或者是根据亲身经历或者只是听说，会在一定程度上影响出游者的目的地选择。另一个因素是价格，著名风景区的门票价格。相对于旅游消费中的购物、娱乐等消费的不确定性，景区的门票价格是基本消费，是游客旅游消费预算中的必要部分和明确部分。

【案例 4】如何促使游客耐心等待

在大型游乐型景区内都有电瓶车、老爷车、环园小火车或小型电动车，供游客方便快捷地游玩观光，乘坐这些交通工具，均需另外购票。然而在黄金周，景区人潮涌动，为了游客的安全，游览车只好匍匐前进。游客 Z 先生，是带着父母、儿子祖孙三代一家 5 口趁着"五一"黄金周来 A 景点玩的。景点里到处都是人每个项目都要排很长队，半天玩下来已经精疲力竭了。所以他们商量后决定乘坐电瓶车到下个项目。Z 先生在电瓶车售票处排了很长时间的队，才终于买到了 5 张票。大家长吐一口气，终于可以轻松一下了。

大约等了十几分钟，小孙子开始叫唤了："怎么还没车呀？"爷爷和爸爸都劝他："再等等，再等等。"

半个小时过去了，还是没有车来。爷爷和奶奶已经站不住了，坐的地方也没有，到处都挤满了人，他们只能靠在墙上。超出平常两倍的时间过去了，在站台等待的游客越来越多，大家都焦急地等待和盼望着电瓶车快点来。

终于，有一辆车驶了过来，可满满一车人，没有一个座位，游客 z 先生一家和其他所有等待的游客一样失望。可票已经买了，只好继续等待下一辆车。Z 太太懊悔地说："如果刚才没买票，现在走都走到下一站了。"

又过了同样长的等待时间，当下一辆来时，Z先生远远看到有空座位，很高兴，当全家人欢呼雀跃准备上车时，却发现只有4个位置，一家人要分开坐，不能让人满意。服务员又很着急地催促说："快点上车，快点上车，马上就开了，别耽误了大家。"

于是，游客Z先生一家积蓄已久的情绪终于爆发了。"究竟是我们耽误了你，还是你耽误了我们？我们都等了一个多小时了！你们还要让我们等多久？我要退票！"通过案例，思考使消费者对排队等待的时间更有耐心的措施？

【案例5】这样的等待恍若幻境，真是太美妙了

深圳欢乐谷主题公园在许多重点游乐项目中都采取了主题队列的接待方式，最典型的是"雪山飞龙"。

Z小朋友再度来到欢乐谷主题公园很兴奋。园区各种各样的游乐项目中，最吸引他的就是"雪山飞龙"。所以，他迫不及待地央求爸爸妈妈赶快带他奔赴"雪山飞龙"景点。还没到"雪山飞龙"景点，就发现那里人山人海。好多小游客都是冲着这个主题项目来的，队伍排得很长。爸爸妈妈原本很担心Z小朋友的耐心，要知道，小孩子可是最不喜欢排队等待的，而且，看起来在所有游乐项目的等待队伍中这个队伍是最长的，可令他们意外的是，Z小朋友却出奇地安静，原来，还没有上"雪山飞龙"前，他已经被吸引住了！

"雪山飞龙"的排队区很特别，是一个主题场景，外围是阴森神秘的老宅和古庙，在老宅和古庙之间通过曲折幽暗的通道连接，通道两侧是各种怪异装饰。爸爸和妈妈还没看懂这些装饰是什么，Z小朋友便自告奋勇地做起了介绍："看，这是小红龙！"

"小红龙？小红龙是什么？"爸爸问。

儿子骄傲地说："小红龙是勇敢的小英雄，'雪山飞龙'就是小红龙呀！"

"哦，原来如此。"爸爸果真是第一次听说，"那么和它战斗的这个是什么？"

"那是长麻鬼，是坏蛋！看他们正在做准备呢！"

爸爸妈妈仔细观察起来墙壁上的绘画，果然是一幅精彩绝伦的连环画，介绍的是中国西北大山深处"小红龙"与"长麻鬼"殊死搏斗的故事背景。正看着，又听到儿子大声叫唤："爸爸妈妈，快看、快看！开始讲故事了！"抬头一看，果然，VCD中正在放映小红龙和红毛鬼大战的故事。故事情节离奇曲折，别说Z小朋友了，就连爸爸妈妈都被它吸引住了！

时间在不知不觉中溜走，老宅、古庙、曲折幽暗的通道、怪异的装饰等景致，以及区内循环播放的故事片，共同营造了神秘和等待大战一刻来临的气氛，使小游客Z一家在排队过程中不知不觉地进入故事角色，在不断的环境渲染和情感积累后，最终轮到了他们，当乘上"雪山飞龙"后，排队等候过程中积累起来的情绪和期待终于化作红龙大战的痛快体验。Z小朋友的爸爸在结束了游戏后，对这种排队等待大加赞赏："这样的等待恍若幻境，真是太美妙了！"

【思考】

通过案例4和5，思考使消费者对排队等候的时间更有耐心的措施。

（1）景区应积极与顾客进行沟通，并尽可能准确告知他们需要等待的时间。

（2）为顾客建立一个舒适的等待环境。

（3）在顾客等待的时候，为顾客提供相关内容的服务。

（4）尽量使顾客等待的时间有事可做，并使得等待更为轻松有趣。

（5）不直接参与顾客服务的员工和资源应避免让顾客看到。

（6）充分利用科学技术，降低队伍的出现率。

【案例 6】原来等待可以变得如此短暂

2007 年 2 月 2 日至 3 月 4 日的香港"迪斯尼迎新春"活动期间，园内游客爆满，已经在园门外等待的游客人山人海，可每位游客似乎并不着急，仿佛安排好了自己的时间与行程一样，泰然自若。游客 Q 原先也不理解，在园中转了一圈后，他就明白了为什么游客都并不着急。当他在园门外等待时，有位服务人员按队伍排列逐个对每位游客登记。他请游客 Q 出示门票，然后给了他一张"宾客入场证"，说："对不起，因为现在是园内的高峰期，为了减少您的等候时间，我们为您准备了这张入场证，请您按上面所建议的时间返回。"游客 Q 拿去手上的入场证，见上面印有建议宾客返回的时间，大约是在一个小时后。他放心地离开，准备先到别的地方去转一转。

游客 Q 在周围的商街转了一会儿，发现一个小时就快到了。他回到园门口，见队伍仍旧排得很长。正犹豫中，听见园区的广播站播放着即时信息："各位 ，请持有宾客入场证的游客按照入场证上的提示时间，优先进入园区。"游客 Q 忙走上前向服务人员出示了入场证，服务人员认真核对后，礼貌地请他进入。

原来，这是香港迪斯尼乐园第一次把预订排队进门的"fast pass"系统，应用在进园门票上。同时，已经有几项备受欢迎的游乐设施采用这一方式。游客可以在需要等待时领取宾客入场证，以减少等待时间；当园内人流情况许可时，持有宾客入场证的游客可以享受优先入场。游客 Q 第一次感受到这样便捷高效的等待服务，对此赞不绝口："原来等待可以变得如此短暂！"

第六章　导游服务案例

【案例1】导游员不能太油嘴滑舌

作家蒋子龙等到香港参加一个笔会，会前先参加了由旅行社组织的一次香港观光活动。观光结束后，蒋作家感慨极多，写一大作发表于《中国旅游报》上，以下是文章中的一部分：

"到香港新机场迎接我们的汉子，相貌粗莽，肌肉结实，说话却撮鼓着双唇，细声细气，尽力做文雅状——他是设想周到的主人提前为我们请好的导游。待大家都上了大轿车，他开始自报家门：鄙姓刘，大家可以叫我刘导、老刘、大刘、小刘，请不要叫我下刘（流）。他说话有个习惯每到一个句号就把最后一个句子重复一遍或两遍：请不要叫我下流。

他自称是20世纪60年代初从福建来到香港，曾投身演艺界，报酬比后来大红大紫的郑少秋还要高。当时两个人都在追求以后被称为'肥肥'的沈殿霞，沈是'旺夫相'，嫁给谁谁走运。沈殿霞最后是挑选了郑少秋，否则我今天就用不着当导游了……"

【评析】

看了这段文章，作为导游员，你的感受是什么？

导游工作的成功之处似乎在能否让游客在精神上获得享受，或我们常说的所谓"取悦"于游客。但同时我们必须明白："取悦"游客靠的是诚恳的态度、周到的服务、高明的技巧、恰当的言语。如果仅仅靠俗气的噱头、低级的语言或是其他类似方式来博得客人一笑，且不说会影响自己的形象，对我们提倡的"文明导游"也有害无益。

【案例2】导游员讲解，游客却在聊天

小徐是位刚跨出旅游学校校门的导游员，这次他带的是来自T地区的旅游团。上车后，与前几次带团一样，小徐就认真地讲解了起来。他讲这个城市的历史、地理、政治、经济，他讲这个城市的一些独特的风俗习惯。然而，游客对他认真的讲解似乎并无多大兴趣，不但没有报以掌声，坐在车子最后两排的几个游客反而津津乐道于自己的话题，相互间谈得非常起劲。虽然也有个别的游客回过头去朝那几位讲话的看一眼以表暗示，但那几个游客好像压根儿没有意识到似的，依然我行我素。看着后面聊天的几个游客，再看看一些在认真听自己讲解的游客，小徐竭力保持自己的情绪不受后面几位聊天者的影响。但是他不知道怎样做才能阻止那几位游客的聊天。

【评析】

在一个旅游团中，导游员不能期望所有的游客都依照你的愿望去行事，都像小学生似地专心致志地听你讲解。作为导游员，当发觉旅游团中有游客不爱听自己的讲解时，首先应该反省自己：是自己讲解的内容游客不能听懂吗？是自己的讲解缺乏吸引力吗……如果说，自己

在讲解的语言、内容、趣味性、技巧上都无懈可击，而仍有个别游客在其中干扰的话，则应该拿出良好的对策，而不该视而不见。因为放任这种干扰，且任其蔓延，将会影响到整个旅游团的旅游气氛。用什么办法呢?你不能当着全团游客的面用指责性的语气说:"请后面的几位先生别再讲话，以免影响其他游客的听讲。"类似的命令性的口吻或其他强制性措施不但无助于问题的解决，反而会令那些游客觉得你让他们在其他游客面前失了自尊心而对你表示不满甚至愤怒;你只能用友好的、委婉的、商量的语气，加大嗓门跟那几位讲:"对不起，刚才可能我讲话的声音太小，所以使得后面的游客不能听清楚。接下来，我把声音讲大一些，请问后面的游客能听到吗?"你也可以边微笑边说:"对不起，可能刚才我的讲解有些游客不感兴趣，这样吧，接下来，我讲一些大家都感兴趣的内容。"顿一顿再加大嗓门说:"哎，后面的几位游客希望我讲些什么内容呢?"这样的发话，一箭双雕，既没有损害游客的面子，又可以阻止他们在车厢里谈天说地。

【案例 3】地陪没有准时到达旅游团集合地

小徐是从××外语学院德语专业毕业分配到旅行社从事导游工作的。这天，他做地陪接了一个德国团。早上 7:30，他就跨上自行车去游客下榻的饭店，因为旅游团 8:00 在饭店大厅集合。小徐想:从家里到饭店骑车 20 分钟就到了，应该不会迟到。然而，当经过铁路道口时，开来一列火车，把他挡住了。待列车开过去时，整个道口已挤得密密麻麻，因为大家都急着赶时间去上班，自行车、汽车全然没有了秩序。越是没有秩序，越是混乱，待交通警察赶来把道口疏通，已过 8:00。10 分钟后，小徐才到饭店。这时，离原定游客出发时间已晚了十多分钟，只见等候在大厅里的那些德国游客个个脸露不悦，领队更是怒气冲冲，走到小徐面前伸出左手，意思是说:"现在几点了?"

【评析】

作为导游员，熟悉各个国家或地区的风俗习惯是很有必要的。知道了各个国家、地区的风俗习惯后，导游员就能更好地防止避免这样那样的差错。德国游客，他们的时间观念也许是世界上最强的，讲好 8:00 出发，绝对会一个不漏、一秒不迟地准时在大厅集合。这时，如果导游员自己迟到了，你在他们心目中的形象就会大打折扣，即使你前面的工作非常出色，也将事倍功半。本案例中，小徐若知道德国人的这种惜时如金的性格特点，他就会把赶往饭店的时间更提早些，这样，也就不会出现本案例中所述的最后一幕。当然，作为导游员，不仅是带德国游客，带任何一个旅游团，都要守时，绝不能迟到，这是导游从业人员起码的素养。如果因为不可预见的因素而迟到了，则可以:

(1)诚恳地向游客表示道歉，如实地说明前因后果，以求得游客的谅解。

(2)工作上要一如既往，不能因为迟到，游客有意见就降低自己的服务标准，而是要更加努力，将功补过。

【案例 4】对旅游过程中突发疾病的处理

在陕西某旅游有限责任公司工作的朋友，告诉我一件在她带团游览过程中发生的意外事件。她带团去华东"五市"(即南京、上海、杭州、苏州和无锡)旅游，团队共有 72 人，其中有 22 个孩子，规模是比较大的。当到达第三站杭州准备外出游览时，发生了意想不到的事情，游客中有一位六十多岁的老人突然发病，送医院检查诊断是癌症晚期，随时都有死亡的可能，医院要求通知其家属。面对这突如其来的变故，她当机立断，要求医生照顾好病人，等待其家属的到来。每天她与另外一人共同取药、换药，从未单独一个人照顾病人，直至家属赶来。病人经过精心治疗，病情稳定后由其家属接回。对在治病过程中病人的怒骂，她丝毫不介意，因为为游客服务是第一位的，更何况游客得了绝症。同时也没有耽误其他游客的旅游，使这次旅游圆满结束。后来当病人去世后，公司还特意去慰问，病人家属十分感激，使得公司与客户之间建立了良好的关系。

【评析】

（1）从此事件处理过程中不难看出，当病人生病或发病后要及时送医院治疗，并要求游客中留1～2人与导游共同照顾病人，千万不能单独一人去取药或照顾病人，若有问题出现就说不清了。另外要与旅行社联系通知其家属，病情严重的可让其家属亲自照顾。同时与地接社商量不能中止旅游活动，可让其他游客继续旅游。旅游活动结束后，对旅游活动中不幸死亡的游客，应及时去死者家中表示慰问，这也是旅行社优质售后服务的体现，有利于密切旅行社与客户之间的合作关系，从而稳定客源市场。本例中上述处理办法及时妥当，不仅使旅游活动圆满结束，而且还加强了旅行社与客户之间的关系，提高了旅行社的声誉。

（2）旅游者患一般疾病时，导游人员须及时探视，并表示慰问。导游人员在征得患者、患者亲属或领队同意后，要帮助旅游者叫出租车，并向司机做必要的交待（去何医院，是否需要出租车在医院等候）。如有全程陪同，可请全陪协助陪同患者前往医院。但是，无论导游人员是否陪同病人去医院，都必须及时了解患者的病情和医生的诊断结果，并告知旅游团领队。

（3）旅游者如患急病或重病时，导游人员应该做到：

第一，及时与医院联系，并向旅行社报告，在主管部门指导下，及时组织医务人员进行抢救。在抢救的全过程中，旅游团领队与同行的患者亲属必须在现场，旅行社方面亦应派人到现场照看。

第二，向与患者同行的其他旅游者详细了解患者发病前后的身体、病史、症状及治疗等情况，最好有详细的文字记载，以备医院方面参考。患者病危而其家属又不在场者，应尊重医师和旅游团领队的意见，由领队出面与患者家属联系，敦促其家属火速赶来。

第三，患者需要住院手术时，应征得患者亲属或领队同意，患者经抢救脱离危险但仍须住院治疗时，导游本人或旅行社方面均应前往探视，帮助患者解决生活上的问题，并帮助患者办理有关手续及其他有关事宜。通常情况下，患者住院及医疗费用，由病人自理。

【案例5】少了一位游客

一个60人的旅游团队，在当日游完北京最后一个景点天安门广场之后，次日准备飞往桂林。也许是天安门的雄姿吸引了游客，晚上清点人数时发现有一位日本游客丢失，这可急坏了团队全陪。全陪让团队在长城饭店住好之后，迅速通知了饭店值班经理及旅行社经理，并与国际饭店团队电话联络，以期获得游客求助的消息，及时与其联系。此时游客发现自己脱离队伍也急坏了，幸好找到一家贵宾楼饭店，饭店主管经理依据经验与几家经常接待日本团队的酒店联系，几经周折，终于有了音讯。该团队在得知游客消息后，迅速前去迎接，终于接回了走失的日本游客，并向游客深深道歉，同时向各家积极提供帮助的人们致以谢意。游客归队了，一场有惊无险的事件结束了，虽然并没有出现什么意外事件，但其中的教训却值得深思。

【评析】

（1）游客在跟团旅游过程中偶然走失的情况并不罕见，但如何处理好这类事件是非常重要的，它事关旅行社的声誉和形象，在旅行社的经营管理过程中影响较大。本例中该旅行社圆满地处理了这类事件，不但没有损害声誉，同时也给游客留下了美好的印象。

（2）旅游团队在每游完一个景点离开前，务必按时清点人数并及时寻找，不要事后漫天撒网于茫茫人海，没有造成意外还好，倘若有事，后果将不堪设想。

（3）像本例中的情况，导游应该做到：

第一，及时弄清情况，迅速寻找走丢的客人。在游览中如发现某旅游者走失，导游员须暂停导游，并立即向其他旅游者了解走失的相关情况，分析可能在何时、何处走失，马上安排人力寻找，不可以大意和拖延。如有其他导游在场，可抽出一名导游和领队一起寻找。寻找走失的旅游者和全团活动应并行不悖地进行，寻找活动不应影响团内其他旅游者的情绪。

第二，导游应迅速向旅行社和有关部门报告。这一点十分必要，特别是那些范围大、进出口多的游览点，会给寻找工作带来较大的麻烦和困难，导游须迅速向该地派出所或管理部门报告，请求他们协助寻找。同时，迅速与旅行社驻饭店值班室、饭店前台取得联系。有时走失者找不到自己的旅游团，很可能遇到其他旅游团并随之活动，或搭乘其他团的车辆离开旅游地点，或自己乘出租车返回饭店。所以，导游应尽快向旅行社驻饭店值班室或饭店前台通报，请他们协助，注意旅游者是否已返回饭店。

第三，走失者找到后，要查清责任，并做好善后工作。如属我方责任，须向对方赔礼道歉，并征求其弥补意见。如责任在对方，应对此表示遗憾，并友好提醒对方以后防止类似事情的发生。事后，要向领导书面汇报走失者及寻找情况，以及各方面的反映。

（4）有经验的导游常常采取一些简便易行的预防措施，防止旅游者走失。如在参观北京故宫时，指定一人殿后；抵达某游览点时，说明集合时间、地点及发生走失时如何寻找旅游团；提醒旅游者随身携带所住饭店的店徽、信笺（上面写有中外文名称、地址、电话），以备必要时使用等。

【案例6】金戒指风波

某旅行社组织一旅游团在 H 城市购物大厦购物时，其中一游客王某被商场售货人员叫住，称其偷拿了该柜台内的金戒指，王某矢口否认，售货人员便要强行搜身，而该旅游团的导游为防止引起事端，也要求王某接受检查。搜查完毕，一无所获，商场保安人员强行扣留游客达两小时以上，导游也未就此事据理力争，而一味埋怨王某惹是生非。后经查实，戒指实际上掉落在柜台下的角落。事后，该游客就此事件要求依法处理，经过多方协商，导游被旅行社处以公开向游客道歉、公开检查，并扣罚当月奖金。当地法院裁决，商场向游客公开道歉，赔偿王某精神损失费 2 000 元，并根据《消费者权益保护法》第五十条对商场罚款 1 万元。

【评析】

法律以其最高的威严还了游客以尊严，捍卫了游客的人权。关于本例中的导游，有三条可评点。

（1）导游应该明白：公民人身不可侵犯。在基本的大是大非上，导游的基本判断不能错。我国《消费者权益保护法》第二十五条规定："经营者不得对消费者进行侮辱、诽谤，不得搜查消费者的身体及携带的物品，不得侵犯消费者的人身自由。"导游如果对这一点一无所知，不知商场强行搜身和扣人是否合法，甚至还认为是合法的，那就大错特错了。

（2）导游应当主动维护游客的正当权益。本例中，导游一开始就要求游客接受检查，而后也未能据理力争，维护游客权益，应该说是犯了一个立足点的错误，或者说一直摆错了自己的位置。由于摆错了位置，所以对游客没有同情之心，没有保护之举，反而怨其"惹事生非"。导游忘记了自己应当主动维护游客正当权益这一职责，游客在异地他乡、人地两生的境遇中蒙受不白之冤，反遭导游责难，这确实令人气愤。

（3）导游应采取果断措施控制事态发展，保证旅游活动的正常进行。本例中，不仅当事游客的旅游活动被干扰，旅游团其他人肯定也受到影响。遇到此情况，或面临导游个人无法调解的纠纷，应采取果断措施，直接求助于权威部门或执勤警察，控制事态发展；不能做一个旁观者，任其发展。因为事态的失控或无序发展必然会影响导游履行自己的职责。

第七章　商业服务案例

【案例1】游客不愿进旅游纪念品商店

某日，H市的地陪小姚接待了一旅游团，在游览完了景点后便按照计划去一家购物商场。由于在前面几个城市的游览过程中，当地地陪已多次带去购物，因此游客中大部分对购物兴趣全无。小姚带游客到了商场门口后，一部分游客不愿意下车。见到这种情况，小姚便说："你们在H市，我们仅安排了唯一的一次购物，希望大家给我面子，请大家一定去这家商场看看，不购物也没关系。"听了小姚这几句话，游客们才懒洋洋地进了商场。

【评析】

购物是旅游活动的六大要素之一，也是一个国家、地区旅游收入的重要组成部分。但是，作为旅行社、导游员在安排游客购物时必须注意到游客的购物心理、购物行为，强迫游客去购物或勉强为之都是违背购物原则的。

购物作为旅游消费中的"无极限消费"，其伸缩性是非常大的，它除了与旅游商品本身吸引力的大小、商家的经营手段相关外，在旅游业中，与导游员的促销也有着密切的关系。对于导游员来说，要使促销得力、富有成效，必须了解商品的特色、性能、用途，必须了解游客的购物需求、动机，必须把握游客在购物过程中的心理活动，这三者缺一不可。但是时下我们旅游团的行程安排中，由于各方的原因，留给游客的印象是我们的购物活动"多"了，让他们"烦"了，甚至使他们"怕"了。怎么办呢?针对目前旅游团购物安排中出现的较多的两种现象，我们认为:

（1）当全体团员都不愿意去购物时，导游员切记不可违背"愿意购物，需要购物"的原则，强带游客进行购物。

（2）旅游团中的部分游客愿意去购物，另一部分不愿去时，则可采取三种方法：① 征得领队、全陪合作，动员全团游客一块去；② 需要购物的游客下车购物，不需要的在车上休息；③ 分头行动，不愿去的安排回饭店或去某一景点游览（门票自理），其余安排购物。

本案例中，导游员小姚用"希望大家给我面子"这样无奈的语言，使游客"无奈"地进商场，从推销手法上来说，无疑是苍白乏力的。

【案例2】导游员巧立名目，多收游客费用

泰国的芭塔雅有"东方夏威夷"之称。一天，××公民出国旅游公司的领队汪先生带着一个国内旅游团抵达该地。依照行程安排，旅游团第一个游览项目是乘大船去海上的珊瑚岛。乘旅游车由市区去码头的路上，泰国导游员对游客们说："依照规定，乘大船至珊瑚岛，中间须换乘快艇，因为大船无法靠上珊瑚岛乘快艇费用要自理。"并当即向每位游客收取现金400元。上了珊瑚岛之后，有游客了解到，乘快艇从码头至珊瑚岛来回仅需400元。游客们都有

一种受骗的感觉，遂将情况告诉了小汪，并要求小汪与泰国导游员交涉。

小汪立即与泰国导游进行交涉，但他坚决不肯承认这做法有错，他说乘快艇不管路途远近，只要上了就是 400 元。

【评析】

领队是旅游团利益的忠实捍卫者，当游客利益遭受侵犯时，领队应勇敢地站出来保护游客正当的权益。唯有如此，才能维护和树立旅行社的形象。本案例中，领队应先证实 A 国导游是否存在欺骗行为；一旦证实，领队和全体团员不妨径直找当地地方接待社交涉，讨个公道。另外不管成功与否，都应在当地或回国后向组团社反映。

【案例 3】菜可少一道，水果不能少

小王从外语学院毕业后在旅行社工作，刚刚拿到英语导游证，旅行社派他带一个欧洲团。小王非常高兴，这时他带的第一个外国团队，下决心一定要把这个团带好。在带团过程中，他满腔热情地为游客服务。因为这个团队成员喜欢吃中餐，所以在安排餐饮的时候，小王也是费尽心思，尽量使游客满意。可是，到最后竟然接到游客的投诉，原因却是他们的团餐没有水果。小王觉得很冤枉，中国团餐都是没有水果的，怎么在外国游客身上就会出差错呢？

【评析】

外语导游在为游客安排餐饮时，往往对水果重视不够，受到一些批评，这是由于不了解西方人餐饮观念和习俗所致。东方人，无论待客或举行宴会，总是山珍海味，鸡鸭鱼肉，对水果却不重视，更不视其为一道菜。可是来自西方的游客，他们的饮食习惯和我们不同。在他们看来，菜可少一道，鸡鸭可不要，水果一定不能少。而且只有上了水果，才是餐饮的高潮。

西方人的早餐，基本都是抹果酱、吃水果、饮各种各样的果汁，正餐也必须以上水果沙拉开始。就是一些西方有名气的大菜，也都有水果做辅料，如英国的菠萝大虾、美国的苹果烤鹅、德国的苹果排骨等。除此之外，不少菜中还配苹果泥，这是他们的餐饮习惯。

西方人对水果喜的爱，几乎达到迷信的程度，他们家喻户晓的谚语是：一天一个苹果，大夫不来啰嗦。应当说明的是，这里所指的水果是时令水果、新鲜水果，而不是罐头水果，罐头水果不受西方人欢迎，因为罐头水果不是健康食品。所以，带外国团队就餐的时候，导游一定不要忘了上水果，这也是导游不可忽视的细节。

【案例 4】菜肴里的虫子

××国际旅行社的导游员小李带一个境外团赴 B 城海滨旅游度假，下榻某饭店。这天中午，当游客们兴致勃勃地从海滨浴场回来用餐时，一位游客发现所上菜肴中有一条虫子。顿时一桌游客食欲全无，有的还感到恶心。游客当即找到导游员小李，气愤地向他投诉，要求换家餐厅用餐。面对愤怒的游客，小李首先代表旅行社和饭店向全体游客表示歉意，然后很快找来饭店餐饮部经理，向他反映了情况，并提出解决问题的建议。餐饮部经理代表饭店向游客做出了诚恳道歉。同时，让服务员迅速撤走了这盘菜，为了表示歉意，还给游客加了一道当地风味特色菜。面对导游员小李和餐饮部经理真诚、积极的态度，游客们谅解了饭店餐厅的失误，也不再提出换餐厅的要求。

【评析】

在案例中，导游小李面对突然出现的问题，沉着冷静，及时和饭店餐饮部经理协商，妥善处理了问题，赢得了游客的谅解。

旅行社同酒店、餐厅的合作关系通常都是经过了解、协商，然后通过合同的形式确定下来的，一般情况下不会出现什么问题，但也不排除偶尔发生一些意外情况。因此，导游员有责任对餐厅的服务员进行监督，比如，用餐环境、饭菜质量、所提供餐标准等，确保团队客人用餐时不会食用变质或不干净的食物，如发现食物、饮料不卫生或有异味变质的情况，应当要求负责人道歉，必要时向旅行社领导汇报。

【案例 5】吃到家乡菜

全陪小熊和一个来自德国的旅游团坐长江豪华游船游览长江三峡，一路上相处十分愉快。游船上的每餐中国菜肴都十分丰盛，且每道菜都没有重复。但一日晚餐过后，一位游客对小熊说："你们的中国菜很好吃，我每次都吃得很多，不过今天我的肚子有点想家了，你要是吃多了我们的面包和黄油，是不是也想中国的大米饭？"旁边的游客也笑了起来。虽说是一句半开玩笑的话，却让小熊深思。晚上，小熊与游船上取得联系，说明了游客的情况，提出第二天安排一顿西餐的要求。第二天，当游客发现吃西餐时，个个兴奋地鼓掌。

【评析】

这是一次对客服务非常成功的案例，导游在对客服务时，应考虑游客的饮食习惯，在游客含蓄提出换餐后，导游人员要尽量与餐厅联系，看是否可行，如需增加费用，应征求游客意见。

【案例 6】订了餐，又退餐

小江在带团中常碰到有的客人不愿随团就餐，原因是团队餐不好吃。遇到这样的情况，小江一般是说服，并根据其要求与餐厅联系，在口味上尽量符合其要求，或者在客人愿意支付额外点菜费用情况下，让其自行点菜。但一次在一个浙江团中，在距吃晚餐只有半个小时不到的时间，几乎所有游客的都不愿意去已订好的餐厅，一致要求导游另找一家上档次的江浙菜馆，并表示多余的费用自己承担。小江感到很为难，他说："现在退餐又订餐，肯定来不及了，原订的餐要承担100%的退餐费，且改订另一家餐厅不知还能否订得上？"客人领队道："你先联系了再说。"小江先与原订餐餐厅联系，对方表示承担损失可以退餐，至于新的就餐地点小江一时也确定不了去哪家，更没有联系方式，于是还是努力说服客人，并保证明天的午餐一定提前安排，总算让客人很不乐意地接受了。次日因行程紧，而景点沿线又没有合适的江浙菜馆，客人要求仍未得到满足，终于导致客人拒绝用餐并投诉导游。

【评析】

按旅行社的一般安排，除了早餐在原宾馆用餐（当然也有个别旅游团在外面用餐的），其余的中、晚餐都在宾馆外面不同的餐馆用餐。因此，导游员在订餐时，除了考虑不同的餐馆用餐质量外，还应根据客人要求来安排。

按旅行社的一般安排，除了早餐在原宾馆用餐（当然也有个别旅游团在外面用餐的），其余的中、晚餐都在宾馆外面不同的餐馆用餐。因此，导游员在订餐时，除了考虑不同的餐馆用餐质量外，还应根据客人要求和口味情况考虑该餐馆的特色和风味是否适合客人，当客人有意见和要求时，应本着合理而可能的原则去满足和实现。小江怕麻烦，没有满足客人的要求，之后仍未努力去改进，本来不大的事变成了大事，这是不应该发生的失误案例。

【案例7】竭尽全力，满足游客需求

有一次，北京和平旅行社的一位导游带一个日本团去上海，一路上，导游的全陪工作做得很好，和客人相处得很融洽。团里有一位70多岁的老人，说自己以前在上海住过，特别喜欢上海的小吃，尤其爱吃豫园的小笼包子，并且提出要吃小笼包子的要求。可是，由于在上海的日常交通非常紧张，豫园附近是繁华的商业区，道路拥挤，容易迷路，让客人自己去买可能会发生意外。于是，导游利用晚餐地点离豫园比较近的机会，把客人在餐厅安顿好，并和地陪交代清楚后，打车到豫园买了小笼包子，来回不到20分钟。当导游回来的时候，这位日本老人竟一直站在餐厅外面等他。他们回到座位上的时候，全体游客报以热烈的掌声。

【评析】

在案例中，全陪导游在满足游客需求方面做得非常到位，而且，规避了由于客人自行购买可能出现的风险：迷路影响客人的情绪及全团的行程，出现交通意外等重大事故。所以，满足客人的需要也是要讲技巧、讲细节的。

"宾客至上"是旅游服务的座右铭。导游服务的根本就是满足顾客的需求，一切以旅游者的利益为出发点，旅游者的利益高于一切。"宾客至上"原则既是导游人员的一条服务准则，也是导游人员在工作中处理问题的出发点，更是圆满解决问题的前提。

【案例8】品尝精美菜肴，要因人而异

一次，导游带来来自欧洲的游客到餐厅用餐，兴致勃勃地向游客推荐了该餐厅一道名菜——活鱼活吃："那烧好的鱼端上来时，嘴巴和腮还一张一张的，直到你把它的肉吃完。这可是本餐厅厨师的一手绝活！"游客一听非但不领情，还正儿八经地提出了抗议，结果不欢而散。原来西方人向来不能容忍残害动物的行为，有法律明文规定不能虐待动物。

【评析】

在旅游团用餐时，地陪导游应该简单介绍餐馆及其菜肴的特殊，并推荐餐馆的特殊名菜。但是，在推荐的时候，一定要注意旅游者的国籍、宗教信仰及文化背景。

在案例中，导游员忽视文化的差异，想当然地以本地文化好恶强加于人，则难免产生文化摩擦，引起游客的抗议。

【案例9】因"抢菜"得来的掌声

北方某城市最盛大的节日——滑雪节开幕了，吸引了各地的冰雪爱好者。导游员小李接到旅行社通知，负责接待由我国宝岛台湾到此参加冰雪节的15位游客。

按照行程安排，作为嘉宾的台湾客人，除要参加开幕式之外，还要感受一下"千里冰封，

万里雪飘"的银白色的冰雪世界。游客们坐高山缆车、打雪仗、玩雪圈、滑雪……几乎所有的项目都感受了一遍，玩得非常痛快。接近中午，小李带着这15位台湾游客来到定点餐厅用餐。一进餐厅大门，只见这里全都是游客，大家都在等待着热腾腾的饭菜上桌！小李在引导员的指引下，找到了团队用餐的桌位。当大家落座之后，小李十分热情地斟茶倒水，和游客们一起聊天。时间一点一点地过去了，可是一道菜也没上来，客人们又冷又饿，眼看着别桌的客人用餐，自己却吃不上饭菜。大家把小李叫到身边，向她询问是什么原因上菜速度这么慢。小李解释了又解释，希望大家多多谅解。这时正值用餐高峰，后面的厨房可能忙不过来。但不管怎么说，游客们已经开始抱怨小李沟通不利了。

此时，小李直走到了出菜口，只见门上写着几个大字："厨房重地，闲人免进"。而门口除了她之外，还有其他团队的3个导游，也在这里等着饭菜上桌。突然，门被推开了，从门里走出一位传菜员，手里的托盘上放着两盘热菜，小李什么也没多想，从托盘里端出两盘菜，跑到自己团队用餐的地方，放到游客餐桌上，一声令下："大家快吃。"游客们也心领神会，开始动起筷子。此时，传菜员跑了过来，一脸埋怨地说："导游，你怎么能这样！这不是你们团的菜，是隔壁桌的。"小李明知自己没理，便马上笑脸相迎，连连道歉。隔壁的游客，见此场景，对自己团队的导游说："你看人家那个团的导游，真厉害！他们客人都吃上菜了，我们还在这里等呢！"话音一落，小李团队中的一位客人说："我建议，给我们李导来点掌声。虽然这个方法不太好，可她的举动却让我们心里暖洋洋的。"接下来，掌声响起，连隔壁的游客也鼓起掌来。这样一来，小李真的搞不懂了，这么做是对还是错呢？

【评析】

一次成功的旅游活动，需要餐饮、宾馆、景区、交通等各个相关部门的共同努力和通力合作才可能顺利进行，无论任何一个部门出现问题，都势必会影响到旅游活动的效果，令游客感到不满或是失望。导游人员代表旅行社与餐饮、景区 等部门的交往中，这些部门的服务质量和水平如何，导游员是不能左右的。 因此，这就需要导游人员头脑灵活，有较强的协调能力和公关能力，以保证旅游活动按计划顺利进行。

在本案中，导游员小李能够想客人之所想，急客人之所急，为游客"抢菜"。但是，从职业道德层面上来讲，为了让自己的客人满意，而损害了其他游客的利益这也是严重不妥的。旅游业是一个综合性的行业，导游工作是一项只有大家配合才能搞好的工作。团结友爱、相互协作，是导游员正确处理同仁之间、行业之间的行为准则。小李虽然赢得了游客赞许的掌声，但必须意识到这种方法并不是获得游客满意笑容的最佳途径。她可以通过领班或部门经理出面催菜、与其他团队导游协商等方式更好地解决所面临的问题。因此，加强导游人员全局观念的培养还有很长的一段路要走，亟待旅行社及相关行政管理部门下大力气来逐渐完善。

【案例 10】叫醒失误的代价

小明是刚从旅游院校毕业的大学生，到某酒店工作后，因为要从基层接受锻炼，他被安排在房务中心工作。今天是他到房务中心上班的第二天，轮到他值大夜班。接班没多久，电话铃响了，小明接起电话："您好，房务中心，请讲。""明天早晨5点30分叫醒。"一位中年男子沙哑的声音。"5点30分叫醒是吗？好的。没有问题。"小明知道，叫醒虽然是总机的事，但一站式服务理念和首问负责制要求自己先接受客人的要求，然后立即转告总机，于是他毫不犹豫地答应了。

当小明接通总机电话后，才突然想起来，刚才竟忘了问客人的房号！再看一下电话机键盘，把他吓出一身冷汗——这部电话机根本就没有号码显示屏！小明慌了，立即将此事向总机说明。总机说无法查到房号。于是小明的领班马上报告值班经理。值班经理考虑到这时已是三更半夜，不好逐个查询。再根据客人要求一大早叫醒情况看，估计十有八九是明早赶飞机或火车的客人。现在只好把希望寄托在客人也许自己会将手机设置叫醒；否则，只有等待投诉了。

早晨 7 点 30 分，一位睡眼惺忪的 VIP 客人来到总台，投诉说酒店未按他的要求叫醒，使他误了飞机，神态沮丧而气愤。早已在大堂等候的大堂副理见状立即上前将这位 VIP 客人请到大堂咖啡厅接受投诉。

原来，该 VIP 客人是从县郊先到省城过夜，准备一大早赶往机场，与一家旅行社组织的一个旅游团成员汇合后乘飞机出外旅游。他以为申请了叫醒服务后，服务员就可以从电话号码显示屏上知道自己的房号，所以就省略未报。

酒店方面立即与这家旅行社联系商量弥补的办法。该旅行社答应可以让这位 VIP 客人加入明天的另一个旅行团不过今天这位 VIP 客人在旅游目的地的客房预定金 270 元要由客人负责。接下来酒店的处理结果是：为 VIP 客人支付这笔定金，同时免费让 VIP 客人在本酒店再住一夜，而且免去 VIP 客人昨晚的房费。这样算下来，因为一次叫醒失误，导致酒店经济损失共计 790 元。

【评析】

因为一次叫醒的失误，酒店为此付出了 790 元的代价。这 790 元既是成本，也是"投资"——花钱买教训！由本案例得出的教训和应采取的改进措施有二：

一是所有的"新手"上岗，都应当由"老员工"或领班带班一段时间，关注他们的工作情况。包括哪怕一次电话的全部过程。比如，与客人的对话是否得体完整、是否重复、是否记录，等等。必要时要做好"补位"工作。

二是所有接受客人服务来电的电话机都必须有来电显示屏，并有记忆功能。这样既有利于提高效率、方便客人，也可防止类似本案例事件的发生。

要杜绝类似本案例事件的发生，是否应当让当事人"买单"？让当事人的上司负连带责任？对此暂且不论，但是不论怎样处理这两位员工，若不接受教训并采取有效改进措施的话，将来还有可能产生"小明第二"。因此，总结教训，采取相应的改进措施（比如，换有来电显示的电话机，新手由领班"跟踪"一段时间等），防患于未然才是根本，酒店各级管理人员应当充分利用自身的工作经验和教训，有预见地去寻找问题，并采取预防性的措施，这才是提高管理水平和服务质量的关键。

第八章　咨询与投诉

【案例 1】投诉种类

一位正在结账的客人为等了 20 分钟仍不见账单而大发雷霆，前台经理出面反复道歉，仍然无效。客人坚持要见总经理，否则，他说将状告到政府有关部门。5 分钟后，总经理亲自接待了客人，向客人表示歉意并答应了客人的一些要求，事态得以平息。

【评析】

这是一起典型的投诉案例。

人们一般将投诉说成是告状。其实在饭店业的具体实践中，投诉的含义更为广泛。

1. 非典型投诉

[例] 1237 房间的客人在咖啡厅用餐后对服务员讲"小姐，今天的菜挺好，就是餐厅温度高了些。"

这位客人的上述讲话不大像是告状，但我们仍然应该把它视为投诉。因为客人毕竟向我们传达了一种批评的信息。尽管他可能是随口而说，且并无怒气。次日，当他又一次来到餐厅时，经理走上前来对他说："先生，我们已把您对温度的意见转达给了工程部，他们及时处理过了，您觉得今天的温度怎么样？"尽管客人只是说了声："谢谢，很好"，但他对这家饭店的信心已大为提高。如果饭店在其他方面没有大的瑕疵的话，这位客人算是留住了。

然而，在当今饭店业，更大的一种可能性是：客人又一次来到餐厅，包括温度在内的一切都是老样子，也没人向他解释什么。餐厅的员工们不记得他昨天说了什么，即使记得也不会认为那是在投诉，因为他没有发脾气，也没要找经理，只不过随口说说，况且他还夸过餐厅的菜不错呢。

一般情况下，无论对哪种结果，客人都不会做出强烈的反应，但这些所闻所见却会形成一种积累，最终促使他们是否仍选择这家饭店。他还可能把这愉快的感觉或愉快的经历告诉他的朋友、亲属和同事。

2. 控告性投诉

控告性投诉的特点是：投诉人已被激怒，情绪激动，要求投诉对象做出某种承诺。

[例] 任何饭店都拥有一批老客户，他们都十分偏爱自己常住的饭店，并且客人与饭店上上下下的工作人员都很亲热友好。C 先生就是这样一位老客户。一天，他和往常一样，因商务出差，来到了×饭店。如果是平时，C 先生很快就能住进客房。但是，正在饭店召开的一天大型会议使得 C 先生不能马上进房，服务员告诉他，当晚 9 点可将房间安排好。C 先生只好到店外的一家餐厅去用餐。由于携带手提包不方便，他顺便来到前台，没有指定哪一位服

务员，和往常一样，随随便便地说，他把手提包寄存在他们那里，10 点以前来取，请他们予以关照。当然，没有拿收条或牌号之类的凭证。当 C 先生在 10 点前回到饭店吩咐服务员到大堂帮他取回手提包时，大堂经理却说，找不到，并问 C 先生的存牌号是多少？C 先生讲，同平时一样，他没拿什么存牌。第二天，尽管饭店竭尽全力，却仍未找到。于是，C 先生突然翻脸，声称包内有重要文件和很多现金，他要求饭店处理有关人员，并赔偿他的损失。

3. 批评性投诉

批评性投诉的特点是：投诉人心怀不满，但情绪相对平静，只是把这种不满告诉对象，不一定要对方做出什么承诺。

[例] Z 先生也是饭店的熟客，他每次入住后，饭店的公共关系部经理都要前去问候。

大家知道，Z 先生极好面子，总爱当着他朋友的面来批评饭店，以自显尊贵。果然，这次当公关经理登门拜访时，发现 Z 先生与他的几位朋友在一起，Z 先生的话匣子也就打开了："我早就说过，我不喜欢房间里放什么水果之类的东西，可这次又放上了。还有，我已经是第 12 次住你们饭店了，前台居然不让我在房间 check-in，我知道，你们现在生意好了，有没有我这个穷客人都无所谓了。"

4. 建设性投诉

建设性投诉的特点是：投诉人一般不是在心情不佳的情况下投诉的，恰恰相反，这种投诉很可能是随着对饭店的赞誉而发生的。

[例] 先生是这家饭店的长住客人，这天早上他离开房间时，同往常一样，还是习惯要和清扫房间的服务员聊上几句。他说他夫人和孩子今天就要从国外来看他了。他夫人以前曾住过这家饭店，印象非常好，而且凡是她有朋友到此地，大多都被推荐到这里来，先生说，她夫人唯一希望的是，饭店的员工能叫出她的名字，而不仅仅是夫人或太太，因为她的先生是饭店的长住客人。这样她会觉得更有面子。

当然，投诉的性质不是一成不变的，不被理睬的建设性投诉会进一步变成批评性投诉，进而发展成为控告性投诉，或是客人愤然离店，并至少在短期内不再回来。无论哪一种局面出现，对饭店来说，都是一种损失。

如果我们对某些饭店所接到的投诉进行统计分析，就会发现一条规律，凡控告性投诉所占比重较大的饭店，肯定从服务质量到内部管理都存在着很多问题，过多的控告性投诉，会使饭店疲于奔命，仿佛像一部消防车，四处救火，始终处于被动状态。其员工队伍也必定是缺乏凝聚力和集体荣誉感。而建设性投诉所占重大的饭店，则应该是管理正规，秩序井然。饭店不断从客人的建设性意见中汲取养分，以改善自己的工作，员工的士气也势必高涨，从而形成企业内部的户性循环。

【案例 2】寺庙游玩被诱导"烧高香"

国庆长假期间，王先生和朋友到一寺庙游玩。到达后，王先生一行被当地导游带进了一座小庙。导游说，当天有个很出名的大师要在此"渡化"有缘人，称游客们都很有"福气"，大师要送大家礼物。在寺庙工作人员的诱导下，王先生最终花 300 元点了一盏莲花灯"做功德"。返回太原后，王先生将旅行社投诉到省旅游质监所，质监所迅速展开调查，并协同当地质检机构，替游客挽回损失。

"烧高香"问题是今年浙江省旅游投诉的一个重点，对宗教旅游场所的规范整顿，也是浙江省今年旅游质监工作的一个主要任务。对诱导甚至胁迫游客"烧香"的行为，旅游、宗教、公安等部门将进行严厉打击，游客遇此情况应及时向相关机构投诉。

【案例 3】向旅游质量监督管理部门投诉

某单位 15 位员工利用假期参加某旅行社组织的到某地旅游的活动，旅行社安排旅游团住宿在 A 宾馆。旅游活动开始后的第二天，用过晚餐后，有一位旅游者呕吐并伴有腹泻，腹部绞痛难忍，旅行社及时将其送入医院。随后，除一位旅游者在外用餐外，另外 13 位旅游者均出现不同程度的呕吐和腹泻现象，经医院检查确诊为急性肠炎。卫生防疫部门对旅游团就餐的宾馆餐厅进行了检验，将造成旅游者集体呕吐和腹泻的原因确定为：餐厅提供的食物，不符合卫生标准，细菌严重超标。为此，旅游团的行程被迫延迟。事后，A 宾馆负责人承认旅游者集体呕吐和腹泻是由于其工作失误所致，同意并保证承担由此产生的旅游损失费用和治疗费用。但是，旅游者回来之后很长时间，A 宾馆一直没有兑现赔偿承诺。旅游者认为，宾馆是旅行社安排的，所以旅行社应当赔偿由于就餐食物不洁造成的损失。旅行社认为，造成旅游者集体食物中毒的事故是 A 宾馆工作失误所致，旅行社也是受害者，不应对旅游者进行赔付。双方不能达成一致意见。于是，旅游者向旅游质量监督管理部门投诉。

【评析】

旅游质量监督管理部门经过调查确认，造成旅游者集体急性肠炎的原因是 A 宾馆购进变质肉食所致。

旅游者与旅行社签订有合法有效的旅游合同，合同明确规定了旅游团队的用餐标准和用餐质量要求，双方应严格遵守合同约定。因是旅行社所安排的宾馆的饭菜造成旅游者急性肠炎，进而影响了旅游行程，故旅行杜应当承担直接责任，先行向旅游者进行赔付，再向宾馆追偿。A 宾馆作为旅游团队的接待单位，不注重饭菜质量是造成此次事故的主要原因，应当承担主要责任。在旅游质量监督管理部门的协调和要求下，旅行社先行向旅游者进行了如下赔偿：

（1）承担旅游团因集体急性肠炎而延迟行程所发生的食宿费用；

（2）承担旅游者医疗费用；

（3）承担延迟行程而造成的其他损失。

经旅游质量监督管理部门协调，旅行社向造成，本次旅游事故的责任方 A 宾馆进行了追偿，A 宾馆承担了全部赔偿费用。同时，旅游质量监督管理部门对 A 宾馆提出严重警告。

第九章　安全服务与管理案例

【案例 1】游乐园业存在的安全问题

目前，全国已取得游艺机和游乐设施产品生产许可证的企业有 60 家，但实际的制造企业已经超过 200 家，游乐设施质量存在很大的隐患。"六一"又到，希望开办游乐园单位能够对游乐设施的安全性能再进行一次大检查，不要伤害了孩子。

（一）

翻开近几年的意外伤害档案，使人不寒而栗：

1. 旋转升降飞机

现场回放：2001 年 2 月 17 日，南京红山动物园游乐场的旋转升降飞机上升到一半时忽然发出刺耳的"吱吱嘎嘎"的声音，离顶端还有数十厘米时忽然一阵颤抖，顶上一根几十厘米长的铁杆突然落砸在地上，忽然，飞机往下滑坠了数十厘米猛然止住，空中、地面上同时响起恐慌的惊叫。六位老少游客被困 20 米高空长达两个半小时，后在消防队员的援助下脱险。

事故原因：18 日上午，江苏省和南京市质量技术监督局的工作人员对事故原因进行调查分析，初步认定原因属于旋转飞机电机控制方面的问题，且这套设备也从未得到检测部门的认可就投入了运行。

2. 缆　车

现场回放：1999 年 10 月 3 日上午，广西三家旅行社组织的游客聚集在马岭河峡谷谷底唯一的缆车乘坐点，一阵难以想象的拥挤后，面积仅有五六平方米的缆车厢，竟载满了 35 名乘客，10 多分钟后到山顶平台停了下来，工作人员走过来打开了缆车的小门，准备让车厢里的人走出来，就在这一瞬间，缆车不可思议地慢慢往下滑去。工作人员见此情形大吃一惊，立即跑进操纵室猛按上行键，但已失灵……缆车无可救药地向下滑去，缓慢滑行了 30 米后，便箭一般向山下坠去，一声巨响后重重地撞在 110 米下的水泥地面上……

事故原因：由有关专家组成的调查组调查认定，此事故是因为该缆车设计上有严重缺陷，不符合国家标准，也没有拿到安全使用许可证，从设计、安装到使用，均未按规定办理手续。

3. 飞旋转椅

现场回放：与家人在上海闸北公园游园的周先生突然惊呆了——他本来是想用摄像机拍下一家人游园的欢乐情景，却拍下了其母亲的死亡过程——1998 年 8 月 30 日上午 10 时，上海闸北公园飞旋转椅转动没几圈后突然倒塌，周先生的母亲被砸在几十吨的铁架下当场死亡。当时空中飞旋转椅上约有 20 位游客，事故造成 1 死 9 伤，其中 8 个是孩子。

事故原因：据查，飞旋转椅存在严重的质量问题，主要部件焊接有裂缝，设计也不尽合理，而生产这套伪劣产品的厂家没有生产许可证。

4. 水上滑道

现场回放：1999 年 7 月 10 日下午，成都某体育运动中心水上世界的广播突然响起："蛇形滑道检修好了，今天试运行，请大家免费娱乐。"游客叶飞随着蜂拥的人群爬上蛇形滑道的最高处，轻松地坐进滑道，下滑的速度奇快，一瞬间就冲过第一个弯道，在第二个弯道时却被强大的惯性牵引，双脚伸出滑道，整个身子忽地腾起在空中翻了个筋斗，头朝下重重摔在地上，头部溅出一股鲜血，不幸死亡。

（二）

我国游艺机和游乐设施的种类层出不穷，且不断向高空型和快速型发展，近年来，娱乐场所的人身伤亡事故时有发生。天津蹦极跳出事后，京城的各家蹦极跳都连带地生意冷落起来。究其原因，游艺机和游乐设施质量低劣是造成这些事故的主要原因。据有关报道，我国游乐园约有 400 多家，建在公园等地的游乐场所更是不计其数，年收入在 30 亿元以上，这一可观的市场也同时吸引了不少企业投资于游乐业。现在，全国已取得游艺机和游乐设施产品生产许可证的企业有 60 家，但实际的制造企业已超过 200 家。有些厂家和单位为了追求利润，竞争市场，偷工减料，粗制滥造，使市场和游乐场所充斥了一批质量低劣的游艺机和游乐设施。

游艺机和游乐设施安全质量存在的隐患，为伤亡事故的发生埋下了危险的种子，成为悲剧的直接导演。上海某公园的"飞旋转椅"顶部大转轰然倒下，其原因就是经营者对设备设计原本就不符合要求，结构不合理的游艺机又擅自进行改造，盲目增加转速，以这种增大刺激的方式来吸引游客。

2001 年，国家质量技术监督局对全国 200 家游艺机生产厂家进行了检查，只有 60 家取得了生产许可证。而两度对全国 400 家游乐场所设施安全的抽查中，合格率不足一半。其中，分散于各大公园里的零星游乐设施问题突出。这些游艺设施被个人承包，部分承包商选用了不合格的游艺设施，许多严重老化、锈蚀和残损的设施仍在使用，公园和承包商都不愿掏出钱来进行设备的更新和检修。游乐园的游艺设施质量不合格、日常维修不过关、运营管理不健全的问题一直引人关注，并因此导致多起人身伤亡事故。

（三）

2002 年 4 月 1 日正式实施的《游乐园管理规定》（以下简称《规定》）有望减少悲剧的发生。该规定由建设部和国家质量技术监督局共同制定，对游乐场所的规划建设、备案登记、安全管理及法律责任作出了详细规定。

按照《规定》，游乐园必须依法规划、建设、运营和管理。专以游乐设施开展游乐活动的经营性场所与在公园内设有游艺机的场所都被划归为游乐园，这意味着，在偌大的公园里即使只安装一台游艺机，也必须按照《规定》向有关部门登记后方能运营。

全国具有一定规模的游乐园和各种主题乐园 200 多处，每年约有 3 亿人次游玩各类游艺设施，但是有关安全事故年度统计却没有精确数字，这和非重大事故发生后，一些游乐场所不如实向有关部门报告有关。

《规定》要求游乐园经营单位应当建立紧急救护制度，发生人身伤亡事故，应当立即停止设施运行，积极抢救，保护现场，并按照有关规定报告。在日常的运营方面，《规定》则要求，每项游艺机和游乐设施的入口处要有安全保护说明和警示，每次运行前应当对乘坐游人的安全防护加以检查确认，操作维修人员应持证上岗。严禁使用检修或者检验不合格及超过使用期限的游艺机和游乐设施，建立游艺机和游乐设施的技术档案和运转状况档案也是《规定》的条文。

《规定》还称，由于游乐园经营单位的责任造成安全事故的，游乐园经营单位应当承担赔偿责任，构成犯罪的，依法追究其刑事责任。而有关工作人员如有玩忽职守、滥用职权等情形，也将受到行政处罚，构成犯罪的依法追究其刑事责任。

日前，记者在杭城的一些游乐场所采访时，一游乐场所的老总张先生说："现在我们省对游乐设施安全问题十分重视，我们行业里也是非常关注。所以，应该说对游乐设施安全性能的检查是慎之又慎。4月1日实施的《游乐园管理规定》，更加使我们明确了自己的职责，就是在安全的前提下让游客玩得开心。而一些行业里普遍存在的问题，那要解决就不是一朝一夕的事情。"

国家检验检疫总局的权威人士，针对目前游乐园业存在的安全问题，则谈到："安全和服务质量水平必须规范。长期以来，由于对游乐园（场）安全和服务质量管理没有规范统一，又缺乏统一的服务质量标准，服务水平参差不齐，安全和服务质量难以保障，直接影响到游乐业的发展。《游乐园（场）安全和服务质量》国家标准的颁布实施，正是适应了这种需要。它为游乐园（场）对员工进行管理、培训，全面提高安全和服务质量水平提供了规范，为各级旅游行政管理部门检查游乐园（场）安全和服务质量提供了依据。各游乐园（场）必须认真贯彻执行。"

人命关天！开办游乐园的单位是"责任重于泰山"，所以，一定要对游乐设施的安全问题重视起来，多多检查，以便让孩子们玩得开心又安全。

【案例2】强行超车导致西藏发生30人伤亡的重大旅游安全事故

案例背景：2007年7月13日中午，在西藏318国道曲水段桃花村境内发生了一起重大旅游交通事故。一辆西藏博达旅游客运公司的金龙牌37座旅游大巴（内乘游客28人、司机1人、导游1人）在前往日喀则的途中，行驶至拉萨市曲水县境内，因司机强行超车，导致车辆坠入离路面80米的雅鲁藏布江，事故造成包括司机、导游在内的15人死亡，两人失踪，13人受伤。经拉萨市公安局交警支队鉴定，此次事故系驾驶员范某超速行驶、在超车过程中临危采取措施不当所造成的，驾驶员负全部责任。此次事故是自1980年西藏对外开放旅游以来，发生的第一起重大旅游道路交通事故。

发生事故的旅游团是一个"拉萨—日喀则2日游"散客拼团，游客分别来自四川、河北、陕西、广东、内蒙古、江苏、河南等地，由四家旅行社的门市部分别收客，交给西藏某旅行社接待，由其负责安排旅游团的2天行程。

事故发生后，西藏自治区旅游局迅速启动应急预案，成立了"7.13事故善后处理领导小组"，积极协调相关部门，妥善处理遇难者家属的接待、重伤员的就地治疗和后期转院、轻伤员治疗后返回原籍、遇难者保险金的赔偿和支付等善后事宜。经过多次协商，涉及事故的旅行社与遇难者家属达成赔付协议，每位遇难者家属获赔25万元。轻伤员在拉萨治疗期间的费用和重伤员转往内地治疗的交通费和医疗费及遇难者赔偿金由西藏人保财险支付。2007年8月20日，伤员全部陆续出院、转院回内地，遇难者家属领取赔偿后全部返回内地，事故善后处理圆满结束。

【评析】

旅游交通事故一直是我国旅游安全事故的主要类型，每年都造成较大的人身伤亡和财产损失，影响较为巨大。大部分旅游交通事故的直接原因通常是司机临场处置不当或危险的驾驶行为，但往往也与其背后隐藏的市场问题和管理问题有直接的关联，西藏7.13重大旅游交通事故即是一例。主要表现在：

一是低价团必然导致高风险。发生事故的旅行团是由4家旅行社的12个门市部收散客拼团而成，该团收费为每人180元（含两天用车、一晚房费、三顿餐费、导游费、日喀则扎什伦布寺门票），而实际此旅游线路的最低成本约为每人300元。低团费、零团费、负团费的存在必然导致接待旅行社通过降低服务质量、安排低档次接待设施、雇佣非专业司机、强制游客购物、不购买保险等方式来赚取利润，因而低价团必然导致旅游者个人安全风险的增加。

二是市场的爆发性增长带来大量安全隐患。青藏铁路通车引发了全国性的西藏旅游热潮，西藏地区的旅游基础设施和接待人员超负荷运行，内地进藏经营旅游业务的人员迅速增加。据了解，目前拉萨1 400余台旅游客车中，60%是内地人员挂靠公司私人经营，70%的旅行社门市部是内地人员挂靠承包，50%国内导游员来自内地，内地的一些非法经营方式和手段在西藏迅速蔓延。涉及此次事故的四家旅行社，都是由非法挂靠承包的门市部收的散客拼团而成，死亡的司机和导游都是去年上半年进藏的内地人，司机没有达到在西藏驾车5年以上才可经营旅游客运的规定，导游也没有办理正式的手续。这种市场爆发性增长、西藏地区旅游基础设施和人员服务条件不足、内地进藏经营旅游业市场监管失控、散客管理混乱无序状况必然带来大量的安全隐患。

三是相关部门监管不严，监管责任没有落实。众多旅游交通事故的发生与所在地交管部门的监管不力、措施不实、监管责任没有落实有直接关联。2007年以前，西藏的交管部门对司机超时超速驾驶甚至酒后驾车没有严格的监管，因司机超速行驶、疲劳驾车、弯道不减速等违规行为而导致的旅游交通事故屡屡发生。此次事故发生之前的半年内，西藏地区已发生了4起旅游交通事故，共造成1人死亡、28人受伤。

四是旅游者安全防范意识不强。相对而言，西藏旅游具有较大风险性，对此，业内外都有共识。但是，旅游者普遍存在安全防范意识不强、追求低价产品、忽视旅游保险等问题。此次事故只有旅行社购买责任保险，28个游客无一人购买旅游意外险，使伤亡游客无法得到充分的赔偿，给事故的善后处理带来很大困难。

五是部分旅游线路道路艰险、行车条件恶劣。我国西部许多热点旅游线路的旅游交通条件还有待改善，大量风景秀丽的地方往往道路崎岖、悬崖峭壁、行车条件较为艰难。经验不足或疲劳驾驶的司机一旦碰上危险的随机事件，容易引发旅游交通事故。如2004年10月10日在四川省平武县古城镇发生一辆旅游车坠入涪江事故、2006年4月30日在云南迪庆藏族自治州香格里拉县发生一辆旅游车与一辆轿车相撞后翻入路边100多米落差的谷底事故，都是由此造成的。

此次事故的损失是十分惨重的、教训也是非常深刻的，需要进行认真总结和反思。为避免此类事故再次发生，建议加强以下几方面的工作：

一是加强对旅游产品要素的安全评估。旅行社是组织旅游产品的龙头，要对所采购的食、住、行、游、购、娱六要素产品进行安全评估，并将评估资料备案上报，严禁采购不合格、没有资质、明显存在安全隐患的要素产品。

二是加强对旅游者的安全教育。以零团费、负团费的危害为主题对旅游者进行全国性的大规模案例教育，使旅游者认识到零团费、负团费将给自身造成的风险与伤害，扫除零团费、负团费存在的土壤。

三是加大旅游保险投保力度。以宣传贯彻《旅行社条例》为契机，进一步推动旅行社责任险的统保工作力度，积极引导游客购买旅游意外保险，增强旅游安全的保险保障能力。

四是在旅游旺季进行旅游交通事故的专项治理。在我国，旅游运营车辆管理不规范、司机疲劳驾驶、不规范操作、危险路段等是造成旅游交通事故的主要原因。要排除以上安全隐患，应该向欧洲学习，对旅游车、旅游司机的准入资质进行严格的规范和监管，同时对旅游司机的单次行车时长、特定旅游线路的行车资质等进行限定，并积极鼓励游客对旅游司机和车辆进行安全投诉。

五是严厉打击零团费、负团费等恶性经营行为。对零团费、负团费的操作者和所涉及的旅行社，取消其相关的旅游资质，强化旅行社之间的连带监管。

六是加强旅游合同管理。对旅游合同进行严格监管，要求组团单位将旅游要素，尤其是旅游购物点、购物次数、发生额外行程的违约责任等条款内容明确列入合同，以提醒旅游者谨慎购买旅游产品，慎防陷入低价陷阱。

七是建立旅游暗访制度。通过暗访调查旅游企业的经营情况，对违反旅游相关法规和国家安全法规的旅游企业进行严厉的制裁与处罚，发现一家查处一家，规范和调整旅游行业的经营模式。

【案例3】旅游安全事故案例分析

2008年10月4日，广东省肇庆市鼎湖区砚洲岛发生一起旅游安全事故。两名随单位组团参加拓展旅游的游客在自由活动时，违反旅游合同约定，擅自下西江戏水、游泳，在深水处溺水后死亡。

2008年国庆节前夕，广东省某旅行社（以下简称旅行社）接受郑州优德伟业科技发展有限公司广州办事处（以下简称公司）委托，组织该公司101名员工前往肇庆西江边的砚洲岛开展为期两天的拓展旅游活动。双方签订的旅游合同特别约定，游客不得擅自到西江游泳。

开展活动前，旅行社团体部经理与公司负责人勘察了拓展旅游地，该区域有禁止游泳的警示牌。双方在签订旅游合同的基础上，又增加了旅游行程、活动安排、注意事项、有关要求等合同附件。拓展旅游活动按照合同的约定进展顺利。10月4日上午，在游览鼎湖区砚洲岛，吃完午饭后，公司负责人与随团导游员协商，给游客1小时时间整理行李、稍事休息，下午4：00集中乘车返回广州。导游员随即宣布自由活动，在告知集合时间的同时，提醒大家不要下西江玩水、游泳。当日下午2：30，七八名游客擅自到沙滩戏水，约2：40，三名游客到水深处突然溺水。后来一名游客获救，两名游客死亡。

事故发生后，在当地政府以及旅游、公安、海事等有关部门和组团社、组团单位的共同努力下，经过与死者家属友好协商，组团单位代表旅行社、砚洲村委会与死者家属签订协议，每位死者获得经济补偿10万元和旅行社为旅游团购买的旅游意外保险8万元。

【评析】

侵害游客安全保障权较为常见的原因有：

一是安全意识淡薄。本案旅行社组织的拓展旅游属于依托涉水场所的特种旅游，案发前旅游地曾降暴雨，江水泛滥；游客对水道又不熟悉，虽然设立了严禁下水游泳的警示牌，却没有相应的障碍物阻止游客下水；旅行社选择的区域存在安全隐患，自由活动期间，没有安排专人巡视并及时阻止要下水的游客。旅游业者缺乏必要的安全意识，是事故发生的不容忽视的原因。

二是盲目削价竞争。

组团社以低于成本的价格组织旅游活动，服务质量、接待标准、住宿条件、交通工具大打折扣。低价格必然带来高风险：聘用不具备资质的人员、使用带"病"上路的交通工具、提供简陋的住宿设施、缺乏安全保证的游览地等，都为旅游安全事故的发生埋下伏笔。

三是提供的旅游产品尤其特种旅游产品或者旅游环境不符合旅游安全要求。在旅游景区表现在游乐设施老化、质量不达标、缺少安全防护设施或警示标志、自然环境存在隐患等，如雷雨天易使游客遭雷击、迷路等。旅行社在设计旅游产品时，如何避免或减少安全风险、如何针对可能出现的风险采取必要措施，是应首先考虑的问题。

四是旅游行程中第三人的侵权行为。主要是指在旅游活动中，不法分子针对游客实施的抢劫、强奸、杀人、伤害等侵害行为造成的人身侵权。实践中，这类案件容易发生在开放性的、以自然景观为内容的旅游景区，具有事件发生突然、防范较为困难的特点。

五是游客缺乏应有的安全意识和防范知识。实践中，游客的旅游安全防范意识不强、旅游安全知识缺乏是较为普遍的现象。价格趋低的心理、追求利益最大化的不良消费动机，导致一些游客在选择旅游产品时过多地考虑价格因素，忽略了对提供旅游产品者的资质和能力、旅游产品的安全性、旅游环境的可靠性的正确评估和判断；忽略了对自身行为所进行的必要约束和权利行使的必要限制；忽略了对自身利益采取必要的保护措施以规避旅游活动中出现的非人为风险。

此次旅游安全事故的出现，原本是可以避免的。本案发人深省：

一是确保旅游产品的安全性，降低直至消除不安全因素。

旅游业者提供的旅游产品和旅游服务应当符合国家标准或者行业标准；暂时没有标准，应保证符合人身健康和安全；对可能危及游客安全的旅游产品或者服务，要实现向游客做出真实的说明和明确的警示，并在合同中予以约定；发现提供的旅游商品和服务有严重缺陷的，即使游客采取正确使用的方法仍然可能导致损害发生的，要及时告知游客，并采取切实可行的防范措施。

二是开展新型的特种旅游活动，坚持安全第一。

本案旅行社开展的拓展旅游，通过体验利用崇山峻岭、瀚海大川等自然环境设计的富有趣味性、刺激性的项目，达到磨练意志、陶冶情操、完善人格的收获。开展类似的特种旅游活动在风险性及其防范方面的难度很大。这要求旅游经营者在产品的设计、地点的选择、项目的安排、场所的安全系数、安全保障措施的采取等方面有更加严格的要求。

三是组织单位的团队旅游，在旅游合同中要明确规定旅游过程中的组织指挥责任，并针对项目及活动地点的特殊性制定安全应急预案。

旅行社接受单位委托组织旅游活动，是旅游合同的一方当事人，对团队游客的人身安全负有合理的保障责任。签订旅游合同，应当明晰旅游过程中的组织权限和责任划分，避免发生事故后，责任分担困难给旅行社增加管理成本。要针对开展活动环境的特殊性制定安全事故应急预案，把旅游安全保障工作贯穿于旅游活动始终。

四是利用公益广告、公益讲堂等形式，对游客进行必要的旅游知识的教育，尤其是旅游安全知识的灌输。

培养成熟的、理智的、文明的游客，使其养成良好的旅游消费习惯，游客有责任，政府、旅游企业和全社会也有责任。政府有义务为游客创造学习旅游知识的条件，企业也应当承担必要的社会责任，为游客提供必要的旅游咨询服务、关于旅游项目的详细资料等真实信息，保证游客知情权的实现。

五是政府部门应承担培养游客、旅游企业的旅游保险意识，探索建立逐步完善的社会救援体系的新路径，确保游客旅游权益实现的责任。

购买旅游保险，是有效转嫁旅游风险的手段之一。各级旅游部门应当引导、鼓励游客、旅游企业购买旅游保险，各级保险监督机构应鼓励保险公司积极拓展市场，开发更多的旅游保险产品。

【案例4】庐山4驴友煤气中毒死亡　治理景区违规旅店堵不如疏

今年5月，6名"驴友"在江西庐山一私家投宿，其中4名女孩因煤气中毒，3死1伤。事后，无照开店者被刑拘，遇难者亲友痛不欲生，景区管理者以此向游人警示……一个旅游散客"低价投宿攻略"中暗藏多种不安全因素的消费现象，再次引发网民及相关人士热议。

事件：自助游客的低价投宿

5月10日，与几位邻居结伴到庐山旅游归来的庄老先生心情很不平静。这位曾经在北京什刹海景区工作过的老人告诉记者，他们由庐山准备返京时，听到景区发生几位游人因煤气中毒而身亡的事件，心里很不是滋味。喜欢旅游的庄老先生说，自己外出游览时，经常看到只顾低价食宿而忽略安全、健康的游人。他希望庐山此次发生的事情，能够给那些只看价格不顾安全的游客们提个醒。

为此，记者向庐山相关部门的人士进行了采访。据庐山公安局副局长彭勇介绍：5月4日，武汉市张某在网上向几名朋友发出"自助游庐山"的邀请。之后，在武汉群光广场工作的刘某，邀约老友新朋，最终组成6人的"自助团"。5月6日，6人从武汉坐火车抵达九江，再坐车上庐山。当天，他们先到庐山风景区几处景点游玩了一番，晚上返回牯岭镇寻找住宿地，当他们询问了几家宾馆的房价后，觉得太贵。于是，张某打电话找到家住庐山风景区牯岭镇的居民林某，请其介绍便宜房。据当地公安部门了解，此前，林某曾用QQ向张某等人自荐过他家自住房，并提出保证干净卫生，住宿按人头算，一人住一晚只需40元床位费。双方见面后，林某将张某等二人安顿在自己家，将刘某等4名女孩子介绍到亲戚李某家住宿。当天晚上，"自助团"中的4名女孩在洗澡过程中，因使用燃气热水器发生煤气泄漏而中毒窒息，送医院后，其中3人死亡，1人经抢救脱险。据知情者说，这是使用燃气热水器时，紧闭门窗洗浴，没有采取通风措施所致。

据九江市某旅行社导游孙晓兰告诉记者，在庐山，常有一些与湖北、江西、安徽"驴友团"保持网络联系的住户，以低价甚至超低价向这些人出租住房。一些散客总觉得"无非是睡一夜，能省钱何乐而不为"，不但自己住，还呼朋唤友，一同享受"低价店"。

景区：违规旅店清除非易事

记者在采访中了解到，悲剧发生后，庐山风景管理局对此高度重视。自5月7日起，庐山风景区在所辖景区范围内，以分片包干的形式开展安全大检查，重点对无证旅店进行清理整顿。

据庐山风景管理局有关负责人介绍，该景区现有酒店、宾馆、旅店等共计 140 多家，共有 2 万多张床位，在旅游高峰来临时，完全有能力为游客提供住宿接待服务。该负责人还称，旅游旺季时，景区范围内少数居民用自己的住房对外廉价揽客提供住宿，为此，他们多次给予查处、制止。然而，也有一些游客为了省钱，"自愿"与私自揽客的店主配合起来，以谎言应对执法，譬如，谎称是亲友等等，使他们的查处进程受阻。让景区管理者纠结的是，因入住私人旅店，不出事尚好，一旦出事，往往面临着索赔难的问题。为此，这位景区负责人希望媒体帮助他们向大众呼吁：游客外出时，最好选择那些具有正规营业手续的酒店、宾馆和旅社，以确保人身和财产的安全。

庐山工商部门一名工作人员在谈到庐山私宅违规经营的问题时，一叙三叹："针对庐山一带没有办理经营手续、没有经营资质的住户接客留宿，执法人员排查起来有一定难度。这些住户没有在工商部门登记，家中来了几位客人住宿，作为工商执法人员，究竟该凭借什么敲门入户，查问人家？特别是有的客人与住户达成默契，说是亲友来访，你能怎么样？"

前不久，记者在庐山景区采访时，也曾与几位游客谈到食宿方面的问题。一位来自湖北的董先生认为，选择住宿只要饮食卫生、床铺干净，价钱便宜即可。来自江西九江市的罗先生则认为，既然到景色优美的庐山旅游，就该享受这里美好的一切，包括理想的食宿环境。因为，只有吃好、住好，才能玩得尽兴，留下美好印象。

一位多年在牯岭镇开出租车的先生告诉记者，有的游客，认为景区门票的钱很难节省，但吃饭、乘车、住宿可以任意选择价位，随意商议折扣。所以，有的游人到处寻觅没有经营执照的住户家，砍价后食宿。不少"野店"长年接客，自家赚钱，客人省钱，双方都感觉很合适。许先生固执地认为，遇到事故了，总会有排查。一阵风过去，一切照旧。因为，私家住户接待客人，假若没有出台相应法规给予规范，很难杜绝此现象。

专家：监管到位理性消费

谈到游客入住景区私人住宅，由此产生的系列问题，法学博士、北京正远律师事务所负责人关景文的看法是："堵流不如疏导。景区公安、工商、卫生、旅游等职能部门，应把景区范围内有接待能力、乐于接待游客的住户情况进行摸底调查，与之进行全面了解、沟通，以多种方式扶助、指导，使之通过专业教育、行业培训，了解行业相关标准，成为合格的景区特色接待户。"

工商管理专家余克农认为，庐山私家住户接待游人出现事故，其重要成因不排除当地相关部门监管不力。余先生举例说，前不久，北京什刹海胡同不少四合院接待户因不具备经营资质、条件，没有在相关部门注册而被叫停，等待旅游部门标准出台，实施准入制度后，达标者方可开业。"叫停令"下达后，四合院接待户都能自觉停业，等待旅游行业部门制订标准，全面验收。这说明当地政府只要监管到位、排查到位、措施果断，一些无照经营者就不会存在侥幸心理"逆势经营"。

民俗专家孔庆瑞认为，全国很多面积大、人口分散的景区，确有一些违规经营、向旅游消费者推销假冒伪劣产品的商户，仅靠执法部门、旅游部门逐个了解、培育、提高，工作强度很大，要有一段"磨合期"，最终也未必能真正解决问题。作为旅游消费者，如果能理性消费，提升旅游安全意识，不给违法营销者施展的机会；作为景区管理者，利用多种宣教形式向游人解析如何理性消费，使之在进入景区后自然产生"免疫力"，也不失为一种防患于未然的方法。孔先生举例说，京郊有些民俗接待村，在村口上挂有"选择农家指南"、"防消费陷阱妙招"等提示牌，让游人心明眼亮，很多游人在食宿问题上都有了正确选择，对此，庐山景区可资借鉴。

第十章　景区营销案例

【案例1】丽江玉龙雪山景区营销成功案例分析

玉龙雪山，这座全球少有的城市雪山，既是丽江旅游的核心品牌，又是云南现有的两个5A级景区之一。根据丽江打造世界级精品旅游胜地的发展目标，玉龙雪山旅游开发区先后投资10亿元，在50平方公里范围内，开发了甘海子、冰川公园、蓝月谷、云杉坪、牦牛坪等景点以及雪山高尔夫球场和印象丽江大型实景演出。十年间，丽江玉龙雪山景区客流量从2000年的72.25万人次，发展到2009年的230万人次，年均增长超过25%。

玉龙雪山景区的成功并不是偶然的，其营销管理体系所形成的综合竞争力，活动策划已使其成为中国旅游景区行业的市场领跑者。

一、做大品牌：整合产品集群发展

玉龙雪山景区在2007年成为全国首批66家5A级景区之一，升级后的第一个动作是整合周边六个景区的经营权，做大丽江旅游核心品牌景区。从2008年1月1日起，游客只需手持一票，活动策划就可在两天内游览大玉龙旅游区。2009年4月，全国重点文物保护单位白沙壁画景区加入。自此，玉龙雪山从单一景区扩展为旅游产品集群。大玉龙旅游区包含八个景区，分别是玉龙雪山（5A级）、玉水寨（4A级）、东巴谷（3A级）、白沙壁画（3A级）、玉柱擎天（2A级）、东巴万神园（2A级）、东巴王国（2A级）和玉峰寺（2A级）。其中，活动策划大多数景区原来都是独立经营，大玉龙旅游区形成之后，全部由玉龙雪山景区投资管理有限公司统一经营和管理。

从景区营销角度看，玉龙雪山的这种做法，本质上是一种品牌扩展策略。所谓品牌扩展，是指景区在成功创立了一个高品质的知名品牌后活动策划，将这一品牌覆盖到其他景区产品，活动策划形成共同拥有一个家族品牌的旅游产品集群。品牌扩展策略有利有弊，好处是可以放大品牌效应，提高市场认知度，降低市场导入成本。但也存在市场风险。由于不同景区的品质不同，景区之间的市场关联性有强有弱，因此，活动策划这种策略如果运用不当，有可能损害景区的品牌价值形象，降低游客的旅游品质体验。为了避免出现这种情况，玉龙雪山景区采取了三项措施：

1."大玉龙"作为主品牌

在成为5A级景区之前，玉龙雪山跟周边其他景区相比，虽然存在品质差异，但品牌关系却是平行的。这就带来一个很大问题：当游客以玉龙雪山为旅游目的地时，面对众多的景区品牌，常常无法做出选择。而小景点的不规范经营行为，使玉龙雪山的核心品牌地位不断遭受冲击。2006—2007年，在小景点高额回扣的诱导下，冲着玉龙雪山而来的团队游客被劝说改线的竟达 150 万人，使玉龙雪山损失了 1.2 亿元门票收入。更有甚者，某旅行社以"远眺玉龙雪山"的方式运作市场，2007 年招徕游客到丽江 9.5 万人，但实际进山人数只有 56 人。

解决这一问题的根本途径，一是做大玉龙雪山品牌，二是整合周边旅游产品。然而，这其中有一个矛盾：如果八个景区仍旧独立经营，却统一使用玉龙雪山品牌，则会出现如前所述的景区品质下降，有损玉龙雪山的品牌形象；如果八个景区实行合并，又有销售捆绑之嫌，招致游客反对和对旅行社进行抵制。

如何破解这一市场难题呢？景区管理层巧妙设计了一个"大玉龙"的新概念，活动策划将大玉龙旅游区作为主品牌，将包括玉龙雪山景区在内的八个景区作为子品牌。这样，既放大了玉龙雪山的品牌效应，使人产生良好的品牌联想，又使八个景区所形成的产品序列清晰可辨，凸显了大玉龙旅游区内的景区高品质和产品多样性。同时，在经营权整合的基础上，对大玉龙旅游区内的所有景区实行统一经营管理，活动策划有利于提升景区品质和服务水平。更为重要的是，这种互利共赢的方式，将景区之间多年来为了争夺客源而展开的激烈竞争消弭于无形。

2. 联票和单票双轨制

对于八大景区的整合，游客和旅行社最担心的是变相涨价和捆绑销售。活动策划为了消除市场疑虑，管理层采取了两个具体措施：一是大玉龙旅游区的联票价格定为 190 元，跟八个景区单独购票共计 285 元相比，大幅下降 33%；二是联票和单票双轨制，游客想去单个景点，仍可以单独购票。这种灵活机动的价格策略，在推出之后很快被市场所接受。在全国景区涨声一片的情况下，玉龙雪山景区的门票价格调整却波澜不惊，几乎是悄无声息，足见其市场运作的沉稳老练。

玉龙雪山景区将联票价格定为 190 元，还有一层更深的市场意义。国内著名风景名胜区的门票价格上涨，一直是大众旅游市场的敏感话题。通常而言，游客对景区门票的价格敏感度，一是跟绝对价格有关，二是源于相对价格比较。作为国内旅游业的一线品牌景区，九寨沟门票价格 220 元，黄山门票价格 202 元，可谓是中国景区行业的两个标杆。玉龙雪山将联票价格定为 190 元，说明景区管理层清醒地认识到，200 元的门票价格是一道"大众心理红线"，一旦逾越将会引发市场争议。而跟国内同类型的单一景区相比，大玉龙旅游区将八个景区的联票控制在 200 元以内，活动策划可以提高性价比，钝化价格敏感度。

3. 构建景区绿色交通

大玉龙旅游区范围达 50 平方公里，为了让游客获得更好的旅游体验，活动策划景区着手解决三个问题：一是旅游线路的合理设计，二是构建生态环保的便捷交通，三是做好游客旅游的安全保护。

（1）设计旅游环线。

以玉龙雪山为轴心，活动策划设计大玉龙旅游环线。大玉龙旅游区内的多数景区，都在玉龙雪山的山脚下，八个景区点与点之间的距离最远不到 30 公里。在这条旅游环线上，游客可根据自己的时间和需求，自主选择旅游方式和路线。可将玉龙雪山与其他景区组合，也可去玉水寨、玉峰寺和东巴谷等景点感受纳西文化，还可选择白沙壁画景点感受多元宗教文化的融合。

（2）修建雪山栈道。

为了使游客既能充分领略雪山美景，活动策划又使该区域的冰川资源、草甸植被得到有效保护，玉龙雪山景区投资 1 000 多万元，修建了冰川公园总长 5 400 米的栈道、云杉坪栈道和牦牛坪栈道。

（3）开通环保专线。

自 2006 年起，景区实施"绿色交通"工程，购置 85 辆达到"欧Ⅲ"标准的环保大巴，建立辐射冰川公园、蓝月谷（白水河）、牦牛坪景点的环保专线车线路，极大改善了玉龙雪山景区的环保条件和管理水平。

（4）增加索道运力。

为了分流景区客源，提高游客满意度，景区分别对云杉坪、冰川公园和牦牛坪三条索道进行技术改造，使云杉坪索道运力达到 1 500 人/小时，冰川公园索道运力从 420 人/小时提升到 1 200 人/小时，牦牛坪索道运力达到 420 人/小时。这样，三个景区每小时能接待 2 340 人，每天接待量达 2 万人。此外，专为《印象丽江》大型实景演出而建的甘海子剧场，以及新开发的玉龙雪山水域景区蓝月谷，分别可容纳游客 4 000 人和 15 000 人。

（5）加强安全监控。

为了做好安全救援工作，景区开发建设了数字玉龙信息化管理系统，活动策划将网络信息技术应用于景区管理和安全救援，形成集事务管理、景区监控和安全救援于一体的综合应用平台。这样，活动策划既可以将游客从客流稠密区合理引导到其他景点，又能在大玉龙旅游区 50 平方公里范围内做到安全无死角。

大玉龙旅游区完成产品整合之后，2008 年 1 月 1 日正式面向市场。从丽江地接旅行社和昆明旅行社的对外报价看，费用虽有一定的增加，但由于丽江的酒店放开价格，活动策划把原来暗中的自费景点转变为直接报价，所以游客在丽江旅游的整体消费反而有所下降。

从一年多的市场实践来看，玉龙雪山景区的品牌扩展策略是成功的。2009 年 1—11 月，大玉龙旅游区接待游客 251 万人次，玉龙雪山景区接待游客 230 万人次，同比增长 23%。《印象丽江》大型实景演出接待游客 130 万人次，同比增长 137%。接下来，大玉龙旅游区将从经营权整合逐步过渡到产权整合，并按 5A 级景区来打造。

二、细分市场：精耕细作渠道创新

根据玉龙雪山景区所提供的翔实数据，对丽江市的客源市场结构及其变化趋势，以及玉龙雪山景区的营销策略创新活动策划，做一个简要介绍和分析，以供国内景区营销人员参考学习：

1. 客源结构：国内为主，国际为辅

丽江市和玉龙雪山景区的游客来源，一直是以国内市场为主。2007 年，丽江市接待国内旅游者 490 万人次，接待海外旅游者 40 万人次，国内游客占接待总量的 92.45%。国内市场分为传统客源市场和新兴旅游市场。前者又细分为六大客源市场，分别是珠三角、长三角、京津塘、云南省（以昆明和玉溪为主）、四川省和重庆市。根据 2007 年丽江市旅游局对本地旅行社的调查统计，团队接待人数超过 10 万人次的是广东、四川、北京、上海，活动策划超过

5 万人次的是天津、云南、浙江、江苏、深圳、重庆、河北。上述地区构成丽江旅游的一级目标客源市场，占国内游客总数的 60%以上。

2. 高端市场显现，客源结构多样化

近年来，随着丽江城市旅游环境的优化和提升，客源结构逐步呈现多样化，并且形成了一定范围内的高端客源市场。在丽江考察期间，我曾实地了解悦榕庄的经营状况。活动策划当我们中午一点之前抵达酒店时，除了一幢别墅还没有客人入住，其余客房全部订满，房价最低 1 720 元，可见其火爆程度。不过，玉龙雪山景区目前的旅游消费主体人群，还是以月收入 3 000～5 000 元的中等收入阶层为主。丽江城区的三星级以上客房也最为抢手。

3. 新兴市场和境外市场快速增长

在客源结构方面，广东和上海等传统客源市场近年来有所下降，天津、河北、湖南、湖北、内蒙、甘肃、新疆和东三省等新兴市场迅速增长。其中，天津和河北的团队游客近年来增长最快。2004—2007 年，来自天津的团队游客分别为 24 387 人次、39 636 人次、68 478 人次和 92 759 人次，四年时间增长 3.8 倍。在周边市场，自驾游人数增长明显。在入境市场，港澳台游客继续保持增长，日本和西欧的游客也明显增加。2004—2007 年，丽江市接待外国旅游者 56 500 人、108 231 人、153 782 人次和 273 690 人次，四年时间增长 4.8 倍。但境外游客占接待总量的比例，目前仍只有 8%左右。

从上述分析可以看出，丽江市和玉龙雪山景区在国内市场开拓方面成效卓著，境外市场虽然增长速度较快，但仍有较大潜力。针对丽江市的客流结构及其变化趋势，玉龙雪山景区的活动策划营销策略创新，主要体现在三个方面：一是分众传播，二是特色活动，三是渠道拓展。其中，活动策划景区重点加强了对境外市场的宣传促销力度。

1. 分众传播

在市场细分的基础上，活动策划针对每个具体市场的特性，选择最适合的媒体，采用该市场的潜在消费群体容易接受的方式，开展促销宣传活动。

（1）中国（我国）内地市场。

面向全国市场，重点与中央电视台和新浪、搜狐等知名门户网站建立常年合作关系；活动策划面向北京、上海、广州和深圳等大城市，主要在机场、火车站和高速公路出入口进行广告宣传；面向省内和周边市场，重点加强在城际列车、城际飞机和高速公路旁的宣传力度，竖立制作精美的大型广告牌。

（2）中国（我国）港澳台市场。

重在建立与旅游代理商、旅游网站和当地媒体的合作关系，主推"云南最神圣的雪山"品牌，突出神秘原真的东巴文化和原生态的雪山风光。其中，针对港澳台的中产阶级人士，活动策划着重宣传玉龙雪山与新马泰阳光沙滩截然不同的冰雪奇迹，主推"北半球最南的雪山"品牌，策划"东巴文化旅游节"、"雪山天籁"音乐会等活动，设计"东巴神山与世界奇峡"、"非常东巴·非常雪山（Very DongBa, Very Snow Mountain）"等主题产品。活动策划媒体选择以旅游杂志、重要社区、娱乐场所和俱乐部为主。

（3）欧美市场。

通过玉龙雪山国际摄影大赛、中瑞姊妹峰节等文化交流活动，活动策划吸引和邀请欧美国家的外事人员和国际组织人员、媒体人员和专业人员。同时，策划"徒步虎跳峡"、"南国雪山探秘"、"雪山高尔夫"等探险旅游活动，吸引具有冒险精神的国际游客。其中，针对欧洲游客享受自然、重视在旅游过程中增长知识的心理，活动策划主打"原生态的东巴文化，原生态的玉龙雪山"品牌。针对美国游客喜欢探险和多样性旅游项目的心理，以"壮丽的雪山、神奇的虎跳峡"为诉求，在美国《国家地理》定期开设专栏，活动策划介绍玉龙雪山的自然风光、活动策划民俗风情和资源保护。此外，借助丽江国际东巴文化旅游节、世界遗产论坛、纳西族"三朵节"等民族节庆与会展活动，吸引海外媒体、旅行商和国际游客，并在飞往主要客源地国家的国际航班上免费赠送多语种的玉龙雪山旅游资料。

（4）日本市场。

重点加强与日本旅行社和观光协会的联系，活动策划主推丽江古城世界文化遗产和东巴文化世界记忆遗产。其中，面向日本的"银发"市场，针对日本游客求新、爱动、追求高质量旅游的心理，主推"神秘东巴，古老神山"品牌活动策划。面向日本的高端客源，加强对玉龙雪山东巴文化特色商品、纳西特色餐饮的宣传力度。

（5）东南亚市场。

针对泰国中青年游客喜欢刺激和创新、热爱登山滑雪的心理，活动策划以"彩云之南，玉龙雪山"为品牌，突出东巴神山的资源独特性和神秘性，突出包价旅游的价格优势。活动策划针对新加坡游客重视旅游品味、服务质量、旅游知识含量的心理，以"神秘的东巴文化，壮丽的玉龙雪山"为品牌，突出玉龙旅游的知识含量、生态环境和和民俗风情。

2. 特色活动

与有实力的策划公司建立长期合作关系，活动策划保证新的活动创意层出不穷。综观玉龙雪山景区活动策划的特点，主要体现为"三个结合"：一是跟民族文化相结合，比如"中国国际东巴文化旅游节"；二是跟体育赛事相结合，比如利用北京奥运会的机遇，加强与各类体育代表团的联系，活动策划展开"雪域高原，牵手奥运"的宣传攻势，筹建高原体育训练基地，吸引运动健儿到丽江进行体育集训。再比如为了吸引企业中高层管理人员，与高尔夫协会、自驾车协会和俱乐部合作，策划国际雪山高尔夫大赛等；三是跟影视作品相结合，比如利用《印象丽江》、《一米阳光》、《千里走单骑》和《茶马古道》等影视作品及其名人效应，以城市白领阶层为主要促销对象，策划和设计各种话题。

此外，玉龙雪山景区在活动策划过程中，比较注重大型旅游文化活动的国际性、时尚性和学术性。比如在"东巴神山"促销活动中，同时举办国际摄影大赛、中瑞姊妹峰节等国际性活动。再比如通过策划"国际东巴文化论坛"、"重回女儿国"等国际性的学术论坛，吸引国外专家学者，扩大玉龙雪山的海外知名度，进而拓展国际会议市场。

3. 渠道拓展

在本地市场，主动联合相关机构，活动策划共建全市旅游营销联合体，实行丽江旅游目的地的共生式营销，强化对地接旅行社的影响力和主导力；在省内市场，跟其他景区建立契约式联合营销体系，比如跟昆明石林、大理三塔和楚雄恐龙谷景区结成"云南精品旅游线景区联盟"。

在外地市场,建立完善的旅游分销体系,在北京、上海、广州成立旅游办事处,与当地龙头旅行社合作,联合开展旅游促销。同时,与各种社会团体建立联系,活动策划适时推出针对细分市场的旅游产品。此外,深入中高档社区和大型企事业单位,开展社区营销和单位直销等。

在周边市场,与四川景区联合促销,活动策划与旅行社合作设计"丽江古城——玉龙雪山——三江并流"、"九寨沟——黄龙——都江堰——青城——玉龙雪山——丽江古城——三江并流"等线路产品。在媒体和渠道选择方面,重点聚焦区域市场内的专业媒体和渠道,锁定高端细分市场,选择时尚类杂志发布广告,并与专注于商务旅游的旅行社开展合作。此外,加强与大香格里拉旅游区内的热点景区的联谊与合作,共同推出新的旅游线路,利用区域合作力量拓展市场。

通过以上介绍,我们可以看出,玉龙雪山景区的市场营销工作做得很扎实。无论是媒体宣传、活动策划还是渠道拓展,都是建立在深入细致的市场调查分析基础上的。首先是细分目标客源市场及其旅游消费群体,其次是逐一分析每个客源市场的不同类型的游客群体的消费习惯和旅游偏好,然后再针对每个具体市场的不同情况,分别提炼宣传主题和品牌广告语,设计旅游产品和旅游线路,策划旅游文化和体育活动。这种建立在细分市场基础上的营销战术,具有精细化营销的显著特征。精细化营销对管理人员素质提出了更高要求,对营销执行力也是一个全面考验。尤其是针对境外市场开展精细化营销,还要具备国际化的开阔视野和广泛的人脉关系资源。作为一个拥有八个景区、全年客流量超过 250 万人次的大型旅游区,精细化营销不仅必要,而且是市场发展的重要保证。

需要注意的是,精细化营销有助于提高景区营销管理水平,对提升景区经营业绩具有明显效果,但这种营销方式对景区的营销资源耗费较大。因此,在具体执行营销计划时要注意借势借力,尽量做到以较小的代价获取较大的收益。同时,还要防止过犹不及,使景区营销管理的日常工作流于琐细。此外,精细化营销本质上是一种紧贴市场和消费者的营销战术,如果将其运用于营销战略的制定和执行,反而会失去方向感和大局感。

【案例 2】东京迪斯尼乐园的情感营销

"让园内所有的人都能感到幸福"这是东京迪斯尼乐园的基本经营目标。这不仅针对游客,也包括游乐园内的工作人员。东京迪斯尼乐园得以持之以恒地为数以亿万计的游客提供令人感动、难忘、乐于传颂的高质量服务,依靠的是对全体员工存在价值的认同。在这一基础上,他们注重感情作用的企业内情感经营,努力营造"享受工作、快乐工作"的企业文化氛围。

日本商业服务业企业的高质量服务水准有口皆碑,其中尤以东京迪斯尼乐园的服务表现最为出色,有关东京迪斯尼乐园的服务神话层出不穷。人们相互传递着在东京迪斯尼乐园的感人经历,东京迪斯尼乐园的服务理念与水准已成为各类企业、社团组织乃至政府部门争先效仿追逐的目标。

自 1983 年 4 月 15 日开业以来,东京迪斯尼乐园已累计接待游客 3 亿 993 万人次,年平均接待游客近 1 550 万人次,2002 年度到访游客人数更创 2 482 万人次之新高。如今,作为单体主题游乐园,东京迪斯尼乐园的接待游客人数已远远超过美国本土的迪斯尼乐园,而位居世界第一。

众所周知,日本的消费者对服务质量的要求可谓"苛刻"。一次不尽人意的服务即意味着永远失去了再次为她乃至她周边的人提供服务的机会。在如此严酷的经营环境下，面对日平均6万～7万游客（这个数字在中国也许并不算多，但在日本却是一个不小的数字）的重压，东京迪斯尼乐园的服务可谓近乎完美。

调查显示，东京迪斯尼乐园的固客率已超过 90%。赢得这一近乎幻想的数字，靠的不仅仅是其带有浓厚神秘色彩的主题文化环境，即梦幻般的园内设计、家喻户晓的卡通人物、惊险纷呈的游乐内容、推陈出新的游乐设施等硬环境集客效果，充满亲情的、细致入微的人性化服务最终使游客得以在东京迪斯尼乐园尽享非日常性体验所带来的兴奋感受，并使这种感受成为传说，在赢得游客对其钟爱的同时，产生良好、广泛的口碑集客效果。

那么，东京迪斯尼乐园是如何实现并长期保持其高水准服务质量的呢？

1. 变"有形的服务"为"有心的服务"

一天，一对老夫妇抱着一个特大号毛绒米老鼠（卡通毛绒玩具）走进我们餐厅。虽然平日里可以见到很多狂热的迪斯尼迷，但眼见抱着这么大毛绒米老鼠的老人走进餐厅还是第一次。

我走到他们身边与他们打招呼："这是带给小孩儿的礼物吗？"

听到我的询问，老妇人略显伤感地答道："不瞒你说，年初小孙子因为交通事故死了。去年的今天带小孙子到这里玩儿过一次，也买过这么一个特大号的毛绒米老鼠。现在小孙子没了，可去年到这里玩儿时，小孙子高兴的样子怎么也忘不了。所以今天又来了，也买了这么一个特大号的毛绒米老鼠。抱着它就好像和小孙子在一起似的感觉。"

听老妇人这么一说，我赶忙在两位老人中间加了一把椅子，把老妇人抱着的毛绒米老鼠放在了椅子上。然后，又在订完菜以后，想象着如果两位老人能和小孙子一起用餐该多好啊！就在毛绒米老鼠的前面也摆放了一份刀叉和一杯水。

两位老人满意地用过餐，临走时再三地对我说："谢谢，谢谢！今天过的太有意义了，明年的今天一定再来。"

看着他们满意地离去，一种莫名的成就感油然而生。我为自己有机会在这里为客人提供服务而感到无比的自豪和满足。

以上是东京迪斯尼乐园一名餐厅服务员的自述，从中我们不难体会到东京迪斯尼乐园所提供的服务绝非形式上的、单凭工作守则可以规范的服务。如果只是为了给客人提供用餐服务，那么，她所要做的也许只是工作守则中规定的内容。例如：如何对客人微笑、如何倒酒、如何上菜等。

但是，只是机械地履行工作守则中的规定，充其量不过是使客人不至扫兴而归，所能得到的也不过是客人无可无不可的评价或印象。只有用心地领悟客人的心境，并忠实自然地体现自己内心感受的服务才能真正赢得客人的满意乃至感动。

同时，应该注意的是这名服务员所提供的服务源自她此时的内心所感。如果简单地把这一服务加入工作守则之中，要求服务员见到抱着毛绒玩具的客人就为其多准备一把椅子。那么，这一感人的服务本身也就变成一条有形的硬性规定，非但服务人员的内心感受难以在具体工作中得以体现，有心的感性服务更是无从谈起。

2. "S·C·S·E"基本行动准则

那么，是什么力量使东京迪斯尼乐园的员工能够真正做到用心体察游客的心境，并适时适景地为游客提供发自内心的服务，而并非墨守工作守则的基本要求呢？

东京迪斯尼乐园的全体员工有一条共同的工作基准，即"S·C·S·E"基本行动准则。看似平淡无奇的四个单词，实际上却包含着极其丰富的内涵与价值。同时，正因其简明扼要，从而最大限度地保证了这一基本行动准则在全体员工中的有效落实。

毫无疑问，东京迪斯尼乐园备有大量的工作守则。但是，再详尽的工作手册也不过是游乐园内最基本的操作程序，且不可能事无俱细地对日常营运中的每一个环节加以规范。面对意想不到的偶发事件以及种种琐碎问题，园内工作人员及时准确的判断与处理至关重要。而能否在第一时间有效地处理发生在面前的各类问题，将直接影响到游客对游乐园服务水准的评价。为此，"S·C·S·E"的价值观被毫无保留地贯彻到每一员工的日常工作中，成为他们在遵循基本操作规则的基础上，在面对突发事件必须作出及时判断与行动，直至为丰富服务的内涵而恰当地融入个性化自我表现时得以依据的基本价值准则。

"S·C·S·E"包含了游乐园营运工作中最重要的内容，是东京迪斯尼乐园营运工作中最基本的价值基准。同时，这四个单词的排列也代表着其中的价值顺序。首先是保证安全，其次是注重礼仪，第三是贯穿主体秀的表演性，最后在满足以上三项基本行动准则的前提下提高工作效率。

例如：每逢节假日出现拥挤混乱时，园内工作人员的首要任务是确保游客的安全，为了安全他们会毫不犹豫地限制游客的移动途径乃至入园人数。

不难想象，清晨五六点钟举家出发，或自驾汽车，或乘电车，耗时2～3个小时满心欢喜地来到游乐园时却被告知由于园内拥挤暂时停止入园，而不得不在园外等候1～2个小时游客的不满。然而，为保证游客享受到应有的服务水准，更为安全考虑，牺牲利益在所不惜。当然，在这种情况下，他们会在园外安排一些临时性的表演，以缓和挡在园外的游客满腹抱怨的急躁情绪。

一般企业都不乏高尚的经营原则，但遗憾的是其中多数不是空洞教条的标语式口号就是深奥难懂的哲理性概述，而没有将其落实到具体日常工作之中。例如"顾客至上，服务第一"的经营宗旨可谓无懈可击。但是，将这一经营宗旨具体体现在日常工作中员工应如何规范自己的行为呢？一般员工被动地恪守从业规则之外无所适从。其结果，不是使服务工作变得机械生硬，就是使服务工作严重滞后，从而降低了服务工作应有的水准。

"S·C·S·E"这一基本行动准则的存在，使东京迪斯尼乐园的每一个员工在遵守既定的工作规章的基础上，通过自己的判断，审时度势地应对突发事件的自主性工作努力成为可能。从而使东京迪斯尼乐园的服务有别于其他企业，呈现出更具有适时性及人性化感情色彩。

3. 注重员工——存在价值的情感经营

如果去询问一般服务性企业的员工："你做这个工作快乐吗？"得到的回答大多是："只不过是为了工作而已……"然而，如果对东京迪斯尼乐园的员工提出同样的问题，大多数员工会毫不犹豫地回答："是啊！很快乐。"

为什么同样是从事服务性工作，却有着截然不同的回答呢？原因在于不同的经营理念，不同的企业文化所至。

"让园内所有的人都能感到幸福"是东京迪斯尼乐园的基本经营目标。其中不仅有游客，也包括游乐园内的工作人员。

"东京迪斯尼乐园的员工意味着东京迪斯尼乐园本身。如果为游客提供服务的员工不能在工作中感受到乐趣，那么她又怎么可能为游客提供令人感到快乐的服务呢？只有员工满怀激情、快乐地工作，来到这里的游客才会体验到真正的幸福。"正是基于对员工的这一根本认识，东京迪斯尼乐园在营造"享受工作、快乐工作"的企业工作氛围上可谓不遗余力。

诚然，得益于多年来各类媒体对东京迪斯尼乐园推崇有佳的报道，以及不可胜数的狂热的迪斯尼迷的存在，事实上在日本已经形成了能够在迪斯尼工作即表明一种身份的社会氛围，使其员工的企业忠诚度一直保持在一个很高的水平上。但是，实现员工高质量服务的根本远非于此。注重对员工的感情作用，培养企业情感文化的经营努力才是其成功的秘诀所在。

提供梦幻般的非日常性体验是东京迪斯尼乐园一贯的经营宗旨。这就从根本上注定其日常经营工作中，必须注重对游客及自身情感的有效调动。事实上，就像东京迪斯尼乐园的建筑设计及日常营运中无所不在的神秘的感情色彩一样，其组织文化、企业内传说、员工教育等各个方面无不体现着浓厚的人性化情感经营特色。

"你们这里的工作岗位，不是一般意义上的工作岗位，这里是你们展示自己的舞台。犹如棒球选手站在棒球场上；相扑选手站在相扑台上；演员站在舞台上；你们是否也激情洋溢地站在各自的舞台上？是否也在努力证明自己的存在？是否意识到自己的表现正在被周围的客人品评注视？如果不是这样，请务必再考虑考虑吧！如果你黯然无光地站在那里，或许会断送掉正在上演的整场演出。相反，如果你光彩夺目，演出就会获得成功，或许你也会因此而成为明星。"

这是东京迪斯尼乐园的首任社长、创建人高桥政知在一次员工大会上的讲话。其充满情感的陈述，不仅表明了东京迪斯尼乐园对自身、对其员工的认识与定位，同时也体现出其在员工工作问题上所采取的积极思维模式。即通过情感激发、增强员工的工作激情，促使其走向实现自我价值的明星之路。

事实上，在东京迪斯尼乐园诸多工种中，与游客接触最多的园内清洁工是人们公认的明星。他们对园内设施了如指掌、礼貌亲切、精神抖擞、仪表干净整洁、工作勤恳认真且工作方式富有表现力。而这一切无疑为东京迪斯尼乐园平添了一道感人的风景线，使他们成为园内最引人瞩目的存在。

"其实，在迪斯尼这个舞台上，除了卡通人物是主角之外，所有的人都是配角，是一般登场人物。因此，我们所有的人都是平等的，都是伙伴。我们必须相互信赖，互相帮助。"这是迪斯尼创业以来的企业内部关系定义。前面提到的"S·C·S·E"基本行动准则所体现的正是这一定义的内涵。

通过"S·C·S·E"基本行动准则，东京迪斯尼乐园赋予了员工自主判断并采取行动的权利与责任。这意味着面对客人，东京迪斯尼乐园的所有干部员工是平等的，负有同样的权利和责任。东京迪斯尼乐园相信自己的员工，并鼓励他们在别人需要帮助的时候，及时采取行动，勇于承担责任。

事实证明，这种对人性的理解和运用最终不仅使东京迪斯尼乐园的服务成为传说，更使迪斯尼崇高的经营理念成为现实。东京迪斯尼乐园的成功是情感经营价值的真实写照。理解情感经营的内涵，并在日常经营工作中加以实践应用吧！

【案例3】天台山"将私奔进行到底"

有人一球成名，有人一曲成名，今天，王功权一奔成名！就在一夜之间，我们有了新的谈资，我们开始快乐着别人的快乐。春江水暖鸭先知，有营销头脑的家伙们，早就瞄上了这块肥肉，开始行动起来了！私奔体，被私奔，私奔宣言，私奔胜地，私奔测试等横空出世。笔者关注到私奔营销非常成功的一个案例——浙江天台山的私奔造句活动，简单分析其成功的几个点。

第一：借势私奔！

私奔，是个敏感词汇，如何才能结合得好？得有关联性，善用联想。一直以来"私奔"都是出现在电影、小说、戏剧中，这是多少红尘男女心中蠢蠢跳动着的欲望啊？关于私奔，有太多"美好+邪恶"的想法了，只是大部分人停留在想想，今天终于借攻权付诸实施，岂不快哉？私奔去哪里？和谁私奔？显然，景区、酒店、婚嫁类产品或者品牌关联度最高。凑巧的是，适逢519中国旅游日和520天台山旅游日，作为中国旅游日发源地的天台山双节同庆，私奔营销的策划公司DM互动借机推出私奔胜地"私奔天台山宣言"，借势的同时突出天台山秀美的风光和深厚的文化底蕴。

第二：私奔5 200层微博高楼、中国第一私奔团。

（1）简单：天台山私奔造句活动简单的参与机制获得网友的快速的转播点评；顺势，天台山进一步简化参与机制，推出"私奔天台山宣言"活动，让网友结合私奔的热点尽情发挥。

（2）趣味："王功权和王琴私奔了，奥特曼和PP猪私奔了，中国旅游日源自天台山……"简短的几句话激起网友的兴趣，同时通过互动微博"一切皆可私奔""我爱你，爱者你，就像私私爱奔奔""私奔是大奔的兄弟""别和我谈恋爱，有本事和我私奔"等的话题激发，为互动用户提供互动思路，瞬间激发大家当年的才华，满腹笔墨一吐为快。

（3）丰富；在博主和互动博主即时互动配合的同时，增加多渠道的曝光和丰富。知名动漫红星PP猪漫画配合话题创作了"漫画版中国十大私奔胜地"，可爱的形象，美丽的风景，深受网友喜爱，获得腾讯博客以及动漫频道首页推荐，同时在PP猪漫画的百万博客和名人微博中与网友互动，获得腾讯动漫微博大力推荐和网友热评。也激发了驴友们丰富的想象力，更吸引无数网友为天台山的美景和深厚人文竞折腰。知名团购网站可购可乐推出"中国第一私奔团"，团购帅哥靓女一起游天台！本次活动的策划公司DM互动将天台山中国旅游日活动推向高潮，很多网友纷纷加入天台山私奔群询问入团、组团方式，增强了天台山旅游的口碑传播。

私奔还在继续，人们对私奔话题的挖掘也在持续进行中。天台山借此打响了中国旅游日的金名片，把重走霞客路、阮籍人仙故事、和合二仙得道、活佛济公济世救人等历史典故，国清寺、石梁飞瀑、琼台仙谷、桃源春晓、驰骋霞蔚、铜壶滴漏、华顶杜鹃等独特美景，以及云雾茶、技工酥饼等当地特色深深印在了网友心中。很多网友留言大呼：求中国旅游日3天假，去天台山赏花拜佛！

【案例4】大理联袂天龙八部影视城：逍遥江湖！

借天龙八部影视城及影视剧的拍摄，以之为杠杆，以之为契机，整合、创新大理旅游品牌形象，让大理旅游形象再上新台阶，在全国（甚至世界）范围掀起大理旅游继电影《五朵金花》之后的第二次高潮，撬动大理经济和文化板块。

第一，回归整合——资源大盘点；风花雪月！

（1）《五朵金花》的故乡——浪漫风情；

（2）《天龙八部》的故乡——武侠传奇；

（3）风花雪月——富有诗意的自然景观；

（4）三塔、太和城、石宝山石窟、南诏铁柱——历史人文；

（5）南诏国、大理国——古王国；

（6）三道茶、三月街——白族风情；

（7）茶马古道、南方丝绸之路——亚洲文化的十字路口；

（8）佛之齐鲁、儒释道巫本主——开放、包容、一团和气的"妙香国"。

第二，借势引爆——需求大揭底；逍遥天下！

（1）庄子著作《逍遥游》，有仙风道骨、清静无为、自由自在的味道，有强大的文化支撑和哲学意味，且与旅游直接相关。

（2）《洞仙歌》（《天龙八部》第 32 回目录）"且自逍遥没谁管"，极其精准地描绘出旅游、居住、生活在大理的最生动、最突出的感受，是对"风花雪月"的最佳阐释，是消费者对大理旅游的需求和利益的最佳诉求。

（3）回顾大理历史民俗传说故事，点点滴滴都在阐释着"逍遥"的概念：22 位皇帝中有 9 个禅位出家，淡薄名利，何其逍遥！东山将军与白姐错换鞋子，神仙偷情，何其逍遥！三道茶，一茶三味，何其逍遥！每处山水都有一个爱情神话，纵情山水，何其逍遥！如果能找到一个词准确地概括大理所有的风情景观、人文历史，同时又能带给消费者丰富的消费联想和感受，那一定非"逍遥"二字莫属！南诏至大理国 500 年来无内战、文人雅士、选胜登临、吟诗作画、赏花品茗、把酒临虚、笑谈英雄、皇帝出家、僧道还俗、神仙偷情、三教九流、共处一方、高手乍现、来去无踪……逍遥哉！

（4）将严肃文化与通俗文化、商业文化结合，"逍遥"可指游山玩水、琴棋书画、可指吃喝玩乐，可指修仙成道，也可指声色犬马。

"逍遥、江湖"二词符合大理的旅游格调：雅俗共赏、人神共处。视觉、听觉、味觉、触觉味味皆全；风情、人情、爱情、侠情情情动人，可赏、可玩、可见、可闻，风花雪月，完全之美，逍遥江湖！

"逍遥、江湖"使"风花雪月"与《天龙八部》水乳交融，可以说"风花雪月"就是武侠小说要营造的主要氛围——这一借势，可以说精准恰当、力沉势大。

【案例 5】新西兰《指环王》奇迹

10 年前，新西兰南部是一片风景壮丽，但是人烟稀少的地方。2003 年 12 月 1 日，新西兰首都惠灵顿万人空巷。由美国新线电影公司投资拍摄的电影《指环王》三部曲之第三部《国王归来》在这里举行全球首映。这不仅是好莱坞影片第一次在新西兰举行全球首映，而且首映规模也创造了历史纪录：参加人数达 10 万人。一位专程从其他城市赶到惠灵顿的影迷说："这部影片将是新西兰电影史上的唯一，是所有新西兰人的骄傲。"

第一，《指环王》打造的旅游品牌。

《指环王》三部曲在无形之中，成就了一个经典的旅游品牌，新西兰的旅游业也因此有了一个鲜明的主题。

（1）旅游品牌定位：魔戒之国；

（2）旅游主题开发：在原有新西兰旅游的基础上，重新包装推出探访新西兰南北岛各大新奇景点的"魔戒"主题游。

第二，影视业与旅游业的完美结合。

《指环王》这部典型的好莱坞风格影片无形中令远离美国的南太平洋国家新西兰获得了神奇的力量。如今只要提起《指环王》，世界各地的观众都能轻易地联想到新西兰，因为电影中神话般的"中土世界"，正是取自新西兰南部一片风景壮丽、人烟稀少的地方。

新西兰国家旅游局最近发表的一项调查显示，每十个到新西兰旅游的外国游客中，就有一个声称是被《指环王》吸引来的，并且，这股热潮短期内不会停止。

第三，新西兰旅游业奇迹产生的启示。

由此，利用强大的影视资源，展开营销传播活动，对剧中的自然风光与人文特色展开具有特色品牌打造，资源开发，成为了可能。

（1）《指环王》对新西兰南部旅游地的整合营销传播；

（2）《指环王》赋予了新西兰南部旅游鲜明的品牌价值、文化内涵。

影视、比赛等文化娱乐活动会让观众感同身受，从而产生身临其境的期望——旅游成了满足这种期望的最好方式。所以，结合热门的文娱活动进行深度旅游和特色旅游线路的开发，将会成为旅行社开发新品的趋势之一，也将越来越广泛的被消费者认同和接受。清华大学总裁班网络营销专家刘东明认为，新西兰其实可以借力指环王更全方位地传播，参考韩国影视剧与旅游的深度合作以及服饰、餐饮、影视周边产品联动的模式。刘东明老师还强调尤其需要学会使用互联网媒体传播。互联网已经超过了"报纸"、"杂志"、"电视"等传统媒体，成为公众获取旅游信息的最重要的渠道，是旅游信息传播的第一媒体。

【案例 6】大堡礁——全世界最好的工作

在北半球一片阴沉和寒冷的时候，这里的热带岛屿阳光明媚，有一份惬意的工作正等着你。是的，这是"全世界最好的工作"。

Sapient 公司是澳大利亚昆士兰州旅游局长期合作伙伴，每年都承担许多昆士兰旅游推广项目。2008 年初，公司接到推广大堡礁岛屿旅游项目时，有点为难。"全世界最好的工作"的设计师、Sapient 公司澳大利亚全国管理总监——迈克尔·布拉纳觉得需要一个能迅速吸引人们注意和打动消费者内心的全新策略方案。Sapient 的团队决定从消费者心理入手。"而成为一个当地居民，是体验文化的最好方式。"布拉纳强调。布拉纳团队总结出一句话的营销策略："感受大堡礁，生活在这里。"

第一：团队经过进一步讨论，又引入"工作"这个概念。

2009 年初，正值金融风暴席卷全球，企业大量裁员、失业率居高不下，人心惶惶。所以，谁能够拥有一份稳定、高薪的工作，绝对是一件令人羡慕的事情。基于以上两点考虑，布拉纳团队的想法有了一次飞跃：让人们想象，能生活在大堡礁——不仅仅是旅游，而是拥有一份每小时 1400 澳元超高待遇的工作，而且工作环境又惬意，工作内容又轻松。"这该会有多么大的吸引力啊！谁能不为这份工作心动呢？"

第二：请你们帮我讲故事。

当这些想法成熟后，布拉纳团队开始为世人讲述这样一个美丽的故事：在北半球一片阴沉和寒冷的时候，这里的热带岛屿阳光明媚，有一份惬意的工作正等着你。是的，这是"全世界最好的工作"。招聘的流程很漫长，这是布拉纳团队特意设计的，因为这样，世界各大媒体就会有充分时间持续报道。广告投放也非常简单。他们仅在澳大利亚旅游主要客源国，如美国、欧盟、新西兰、新加坡、马来西亚、印度、中国、日本和韩国等，发放一些分类职位广告、职位列表和小型的横幅，引导人们登录网站。另外，布拉纳的团队还利用网络的交互性，比如 YouTube、Twitter、社交网站等，使活动影响力不断延伸。经过 1 年的运作，"全世界最好的工作"的受众达到 30 亿，几乎占了全球总人口的一半；收到来自 202 个国家（和地区）近 3.5 万份申请视频。全球每个国家（或地区）都至少有一人发了申请；招聘网站的点击量超过 800 万，平均停留时间是 8.25 分钟；谷歌搜索词条"世界上最好的工作+岛"，可搜到 4 万多条新闻链接和 23 万多个博客页面。

招聘活动结束的当天，昆士兰州州长安娜·布莱由衷地赞叹道："'全世界最好的工作'不仅是一段令人赞叹的旅程，也是史上最成功的旅游营销战略！"

第十一章　旅游景区管理

【案例 1】迪斯尼的员工培训

一般来说，迪斯尼的新员工培训都安排在特别设计的贴满创始人沃特·迪斯尼肖像和他最出名的角色（例如米老鼠、白雪公主和七个小矮人等）的训练室里进行，经过精心挑选的培训导师用认真编写的脚本和特殊语言，通过反复提问及回答的方式来强化、加深新员工对迪斯尼的个性、历史传统、神话等的认识。最典型的对话练习如：

导师：众所周知，麦当劳生产汉堡包，迪斯尼生产什么呢？

新员工：迪斯尼给人们带来欢乐！

导师：对极了。我们给人们带来欢乐。不管他们是谁，说什么语言，干什么工作，从哪里来，什么肤色，都要在此让他们高兴。你们不是被请来做工的，你们每一个人都在我们的节目中扮演一个角色。

在这种反复强化的训练中，迪斯尼的宗旨（迪斯尼给人们带来欢乐）已经被灌输进每个被培训者的脑海里。在迪斯尼大学的课本中，员工还可以读到这样的训练语言："在迪斯尼我们可能会工作劳累，但是从来都不会厌倦，即使在最辛苦的日子里，我们也要表现高兴，要露出发自内心的真诚的微笑。"

经过教室培训之后，每个新员工都要接受一段时间的个别专业训练，即使是一般收票及售票的工作也需要进行两个星期的训练。而且培训后的课程考试非常严格，有时长达 4 到 6 个小时。经过专业训练后，新员工到现场与一个熟练同事结为对子，老员工将进一步协助其适应特定岗位的工作。

【案例 2】丽江旅游人力资源管理

全球打高尔夫球的发烧友都有一个玉龙雪山球场情结，他们经常问到的一个问题是：你打过玉龙雪山球场吗？多少杆？当和君咨询师在球场创始人之一暨董事长王云的亲自陪同下开打这个球场的 18 个洞的时候，打球人的这个全球性"情结"一下子变得很好理解。特别开敞的球道，秀色可餐的绿化，极好的果岭，挑战与鬼魅交织的攻守设计，空旷辽阔的高原视野。远处横亘的玉龙雪山，像是球场的千年屏风万古护墙，诱惑着你又保护着你。你每挥一杆，都会有意或无意地望一眼玉龙雪山，她纯洁俊朗，或者在白云彩霞里出没，或者在山岚水雾中影绰，或者在晴空万里下静立。这个球场以这座梦幻般的雪山命名，是世界上海拔最高的高尔夫球场（3 150 米），空气稀薄，含氧量低，其中一个洞的球道长度和 18 个洞的球道总长冠亚州之最。在这个球场打球，挑战体力和意志，需要耐缺氧、抗高原反应，考验身体的环境适应性。于是，在这个球场里打过球成为一种证明，一个在打球经历中不能不说的故事。所有这一切都发生在丽江，一个"让心休息的地方！"因此，在球场"情结"的周围，又平添了一种丽江式的诱惑与浪漫。

就是这个球场的创始人之一暨董事长王云，创建了本案例的"主人公"——丽江玉龙旅游股份有限公司（下称"丽江旅游"），并带领这个公司从小到大地走过了创业的艰辛和发展的欢乐，至今已14年。本案例以一个咨询师的视角，讲述丽江旅游上市之后在走向集团化管理的当口如何完成关于人力资源管理的系统思考并致力于系统提升的故事。

一、背景：项目的来由与立项

丽江旅游的成长历史，来路如斯。又一家中国企业就这样一步步地成长起来了：

前身——丽江玉龙雪山旅游索道有限公司，1995年12月成立，王云任董事长（直至今天），投建和运营玉龙雪山上的第一条观光索道——下称"大索道"。大索道建成之日，国际技术单位在下部站留下石碑纪念"This is a wonder"，从此中外游客可以乘坐索道登入4 000多米海拔的雪山深处，感受高山冰川的震撼魅力。

2001年6月，收购云杉坪索道公司75%的股权，获得云杉坪索道的绝对经营权。云杉坪索道是登入玉龙雪山的第二条索道，公司其余25%股权属于一家外资股东。

2001年10月，整体改制，由丽江市政府玉龙雪山管理委员会控股60%的国有企业——玉龙雪山旅游索道有限公司，变身为国有和民营股东共同持股的丽江玉龙旅游股份有限公司。

2003年12月，收购牦牛坪旅游索道有限公司60%的股权，另一民营股东持有40%股份。牦牛坪索道是登入玉龙雪山的第三条索道。

至此，丽江旅游将玉龙雪山的三条观光索道全部纳入了麾下，形成了对玉龙雪山近距离观光旅游的永久垄断性资源地位。三条索道位于玉龙雪山的不同海拔高度，风景各不相同，除此之外，玉龙雪山不再有适合建设观光索道的地点和区域。

2004年8月，丽江旅游上市，募股资金1.6亿元左右，原计划投向为：建设丽江古城世界遗产论坛中心、丽江古城艺术风情休闲区及丽江古城南入口旅游服务区三个项目，建成集餐饮、购物、休闲、度假酒店为一体的综合性旅游服务中心。之后因征地情况所限，募股资金集中于投建丽江古城南入口的五星级酒店项目，公司为此专门成立了一个项目公司（下称"古城酒店项目公司"），负责酒店项目的兴建和运营。酒店建设已开工，预计2008年8月份建成开业。

以上市为契机，丽江旅游进入了全新的发展阶段，垄断性地占领了梦一般的玉龙雪山，艰难的征地成功，五星酒店的投资兴建，据守了令人痴迷的丽江古城的南入口要冲，足以为公司带来没有争议的增长预期。上市融资渠道的建立，公司治理和财务结构的优化，品牌影响和资金实力的增强，为公司的进一步扩张奠定了前所未有的新基础。丽江旅游，云南这个中国旅游大省和世界旅游胜地的唯一一家旅游上市公司，具备了发展成为云南省旅游产业龙头企业的条件，面临着"依托丽江、整合全省、走向全国"的历史性发展机遇。这一历史性机遇，就像是一团火，在心高志远、远见卓识的王云董事长心中，燃烧成了一种按捺不住的事业理想和期待！

此时的王云刚从中欧商学院EMBA毕业，他深切地感到：从长远看，公司的人才队伍和管理水平跟不上企业全新发展的要求；从眼前看，公司的管理现状问题多多、矛盾丛生、效率低下。在公司的资源基础和产业机会都同时具备的大好条件下，人力资源和管理水平的落后成为了阻碍公司发展的关键因素。于是，借助外脑，突破人力资源和管理瓶颈，成为了丽江旅游顺理成章的选择。

2005年9月，丽江旅游与和君咨询开始了首次的电话接触。由于和君咨询师一直还在别的客户项目里而腾不出手来承接丽江旅游项目，所以2～3个月下来，双方一直通过E-MAIL保持联系。在这个过程中，丽江旅游陆续发来一些关于公司管理情况的材料，提出一些疑问，和君咨询师尽自己的所知一一予以解答。所提问题涉及人力资源管理的方方面面，包括某些层级的员工反映工资水平太低，福利待遇是否应该提高，培训工作如何开展起来，考核体系如何完善，如何解决员工工作单调、重复性大的问题，技术人员与其他服务人员的薪酬差距如何平衡，激励方式单一的问题如何改善，等等。这些问题乍一看都是人力资源管理的细节问题，但经验丰富的咨询师一看就清楚，这些问题通常是一个企业内部管理水平滞后并开始影响员工情绪和态度的综合反映。其中的任何一个问题都很难通过人力资源管理单一功能的技术和经验去解决，因为问题之间是相互关联的，如果不从引发问题的本源入手，仅仅只是在技术层面变换方式方法，很难达到真正解决问题、疏通内部管理的目的。因此，在这个阶段的信件往来中，一方面我们根据问题的本身，以专业技术和经验积累为基础，告诉客户"根据我们的经验，这样的问题，通常的解决方式有以下几种，需要采用以下几种可能的工具来提升管理的客观性和效率……"同时也告诉客户，"基于各个企业的发展阶段、管理现状和人员特征等情况的差异，引发这些问题的原因也是不一样的，通常会有几种可能的原因，不同的情况需要采用不同的方法去解决"，"而问题之间的关联性，往往需要我们对企业进行系统性的诊断之后，才能选择恰当的切入点，选择恰当的方法，从而根本性地解决问题……"。通过邮件的往来，和君咨询师一方面展示了专业水平和合作诚意，另一方面引导了客户培养系统分析问题的思维，为日后的项目开展奠定了初步沟通的基础。

2005年11月，双方终于有了第一次面对面的接触。丽江旅游方面提议先做一套古城酒店项目公司的薪酬管理体系。和君咨询也希望能够从一个局部项目开始，以便有一个证明我们专业水准和服务能力的机会。但，和君咨询师强调，尽管只是为酒店项目公司设计薪酬方案，但为了保证方案的有效性，无论之后我们是否会继续提供服务，我们也承诺一开始就会从整个公司全局的角度出发，从系统诊断和全公司人力资源系统提升的角度出发，为项目公司设计薪酬方案，从而为公司总体的变革提升留下接口。和君咨询师的真诚负责和职业素养进一步增强了客户的信心，一期项目当场就这样确定了下来。

在此，需要特别提到的一点是，人力资源管理改进看似企业运营层面的问题，但企业管理永远是一个整体，无论是人力资源、组织流程、企业文化或营销，从任何一个专业领域切入企业，看到的往往是整个管理系统的问题。而服务价值的高低也就体现在对管理理解深度不同所决定的对于不同管理领域的融会贯通的能力。这一点，对于现阶段的中国企业尤其适用。如果就人力资源讲人力资源，对企业的战略、文化、业务流程、营销组织、财务核算方法，甚至是所处行业特点、区域文化等缺乏认识和理解的话，再先进的人力资源工具和技术也往往不过是"一叶障目"罢了，无法为企业提供真正的价值。而从最为实际的角度出发，仅仅拥有专业领域的技术和经验而缺乏对企业管理系统的理解的话，往往很难与企业的一把手实现对话，因为他们关心的问题通常不会是某一个岗位评估工具的应用方法，而是更为宏观的战略问题、文化问题、用人问题、组织秩序建立的问题……就丽江旅游项目而言，董事长王云是一个很有魄力和远见、同时有着理想主义和民族传统文化情结的人，他有着见多识广的经历，一直想把丽江旅游建设成一个不仅拥有商业成功而且也有着民族文化品位的公司，因此，第一次与王云董事长见面，大部分的时间都是聊如何建设企业文化的问题。也正是因为这样，让他非常确定地选择了和君咨询。

二、分析与诊断：拨开云雾见月明

古城酒店公司的薪酬咨询项目于 2005 年 11 月底进场，持续将近一个半月的时间。这是一个新成立的公司，大多员工都来自于股份公司，尽管薪酬方案本身并不复杂，但设计方案之前，必须先理清楚下面一些问题：项目公司的薪酬支付策略、薪酬结构、级别体系是否需要与股份公司总部以及索道业务保持一致？项目公司的激励方法、力度与股份公司总部及索道业务区别应该在哪里？项目公司与索道业务之间人员的流动情况？项目公司与索道业务的不同特点对于薪酬管理以及整个人力资源管理系统的影响？股份公司总部以及索道业务传统的人员管理方法、目前存在的问题，对于项目公司的管理存在哪些影响？项目公司的业务与股份公司索道业务在公司总体战略目标中的定位分别是什么？基于项目公司在公司总体战略目标中的定位所决定的管控关系对于项目公司结构及岗位设计，以及相应的人力资源政策会产生哪些影响？

为了弄清楚这些问题，和君咨询师在项目一开始就把整个股份公司作为诊断和研究的对象，对整个企业的管理现状做一次系统的诊断。从这个意义上来讲，虽然一期的公司薪酬方案设计和二期的股份公司人力资源系统提升被分成了两个项目，但实际上是一体的，因此，当一期项目顺利结束之时，相比酒店项目公司组织结构设计和薪酬管理方案，和君咨询对整个股份公司人力资源管理现状的判断和改革思路的确定更加打动客户，得到了客户公司高层人员的一致认可，这也就使得项目毫无意外地过渡到了第二期，开始了真正的重头戏。

通过大量的访谈和深入一线的调查，和君咨询师开始拨开一个个具体问题的表象，逐步梳理出人力资源和管理问题背后的症结：

第一，多数中高管人员对公司的整体战略定位没有清晰理解和完成共识。尽职调查中和君咨询发现，丽江旅游的业务发展路线是：从索道业务到酒店业务再到将来的休闲度假业务、餐饮业务、高尔夫业务等等，每类业务多以独立法人的形式经营，最后形成一个产业上聚焦于旅游、业务产品上多元的母子公司体系。也就是说，丽江旅游的总体战略定位是：发展成为一个提供综合性旅游服务的旅游产业控股集团公司。放在这样的总体战略定位下，目前的索道业务（三个索道公司）和古城酒店项目公司的战略定位和组织位置应该是一目了然的。但和君咨询师发现，多数中高管对公司整体的战略定位没有清晰的理解，因此大家很少站在公司战略的高度、放在这样的框架下来理解面临的管理矛盾，于是分析问题和解决问题的思路大多就事论事，只见树木不见森林，提不出基于战略的、符合未来发展走向的系统解决方案。

第二，组织结构和管控系统错乱，总部职能弱化，总分公司、母子公司之间的责权分配模糊，业务流程随机。根据上述的总体发展战略，现有两块业务——索道业务和酒店项目的战略定位及其与股份公司总部之间的管控关系和责权分配应该是容易安排和清晰的。然而现状却远非如此。大索道以分公司形式运营，其他两条索道以独立子公司的形式运营，各自有独立的股东会、董事会和经营班子。三个索道公司，在组织管控上与股份公司总部之间的权责关系和管理流程各不相同。在利益机制上，三家索道公司各自利益独立，互不相关，员工薪酬标准不统一，奖金各自发。在经营上，三家索道各自为战、互相竞争，没有统一的经营政策、品牌推广和市场开发，经营上处于十分粗放的状况。在人员和管理上，三家索道各自一套人马，各有各的管理风格，都有一个自己的办公室负责行政、人事和财务管理工作，但岗位的配置并不完备，除去财务独立核算和一些日常的行政事务以外，其他的管理事务基本上都由股份公司本部职能部门在承担。虽然牦牛坪和云杉坪无论从股东的利润分配还是员工的奖金发放上都作为独立的公司实行，但就管理工作而言，他们和"大索道"一样，对股份公司本部存在着严重的依赖。在这种情况下，股份公司本部跟索道一线具有管理职能的管理人员之间的管控关系如何，之间的职责如何划分、如何衔接，哪些事情可以由索道独立决策，独立承担责任，哪些又必须上报股份公司，是非常模糊的。股份公司本部因为承担下属子公司的管理职能所发生的费用在子公司的财务上也基本上没有反映。在相当长的一段时间里，股份公司（丽江旅游）的总经理经常会觉得自己实际上是三个索道公司的总经理，经常要亲自处理三个索道提出的大小问题。股份公司本部 80%以上的精力都在服务与管理索道业务，另外一小部分精力用来处理古城项目公司的相关事务。也就是说，尽管公司的集团化趋势对总部职能提出了越来越急迫的需要，而这个总部职能却并没有发育起来，不仅是因为下属公司的依赖拉低了他们的管理层级，更为重要的原因在于，目前股份公司本部职能部门员工的总体水平距离集团化管理总部职能水平的要求还存在比较大的差距。

很显然，在组织结构、流程和责权体系没有理顺之前，直接地着手于聘用、考核、薪酬、晋升、培训等人力资源管理方案的设计，是徒劳无益的。

上述症结传导为人员的工作感受，就表面化为一系列人力资源管理方面的问题：

第一，员工对报酬待遇不公的感受很强烈，不满情绪日益严重。比如，三家索道公司负责索道一线设备维护和游客服务的员工，工作内容完全相同，但收入差距却很大，因为三家公司的经营状况有差别。三家公司的员工在工作海拔、回城近便性、休假安排、倒班方式、调岗机会、岗位津贴等方面，也很不一样。严重影响工作情绪。

第二，人力资源的统筹使用和调配非常困难。薪酬待遇与岗位的工作环境和工作性质没有挂钩，三家索道员工的报酬和福利待遇差别显著，于是，公司希望通过人员统一调度以提高利用效率、通过轮岗解决环境单调所带来的工作倦怠问题，遇到的阻力非常大。因此而产生的员工关系和组织气氛也十分的敏感和微妙，极不利于工作协调和团队配合。

第三，绩效考核很难执行，奖惩措施没有效果。职责接口的明确，责权体系模糊，出了问题很难归责，有了功劳也不容易记账。加上"重人情、讲面子"的地域文化的影响，使得简单的考核都很难有效的执行，考核往往流于形式，起不到奖罚严明所带来的激励和鞭策效果。

第四，各层级聘任权限不清晰，岗位没有清晰的任职条件，岗位设置和人员配备凭感觉进行，没有科学依据，人员进入容易退出难。由于公司的效益比较好，一旦有招聘的信息发出，便会有大量的人情关系员工推荐，"用人"部门的管理者在不愿意得罪人的情况下，对于人员的进入尺度控制很松。因此，虽然公司曾经推行过"用人的人招人、招人的人管人"的做法试图解决问题，结果非但没有解决问题，反而因为加大了用人部门的权限而使问题变得更加严重。与此同时，同样因为人员编制没有明确的依据和审核办法，一旦新招的员工不能胜任工作，用人部门又会提出新一轮的招人需求。长此以往必然导致人工成本不断增加，工作效率的持续降低。

第五，人才短缺，招人困难。丽江是一个"让心休息的地方"，并没有一个施展才干、追求事业的环境气氛，所以进取心强的事业型人才尤其是高级管理人才，十分短缺。

第六，员工培训和后备人才储备难以开展。在外部人才供应短缺的情形下，通过一套行之有效的员工培训体系的运行来实现人力资源队伍的总体改善，就显得尤为迫切。但，由于中高管人员对总体发展战略的认识模糊，公司整体上的组织结构和权责体系错乱，培训什么、培训谁、怎样培训、谁来培训、如何评价培训的效果、投入哪里来、怎样建立起一个常态化的员工培训开发体系……关于员工培训和成长的一系列基础问题都得不出答案。

所有上述组织问题和人力资源问题交织在一起，产生的后果是：公司整体运行效率低下，管理上疲于应付，组织冲突频繁，员工工作动力不足和不满情绪严重。公司的人力资源部成为了矛盾的焦点、是非的中心，压力大、头绪多，终日就事论事、疲于应付。在这种情形下，谁也提不出能够从根本上系统解决问题的思路和方案，甚至没有空闲的时间和富裕的精力去思考这样的命题。

这时候，作为独立的第三方专业机构的和君咨询，就显得特别重要。和君项目小组对问题的识别、分析和诊断，协助客户人员跳出"盲人摸象、就事论事"的状态，对问题的形成及其解决方向建立起了一个逻辑清晰的系统全观。和君咨询的这种分析思路和诊断结论，得到了客户的赞赏和认同。

三、出路：系统解决方案

在设计具体方案之前，首先需要跟客户完成沟通的是，确立起对待问题的正确态度。问题并不可怕，现实中的任何企业，都是存在大量问题的，而且成长速度越快、发展前途越好的企业，问题越多。没有前途的企业，问题就少，甚至只有一个问题，那就是：没前途。丽江旅游的问题，是发展中的问题。我们需要清醒的是，问题的形成不在一朝一夕之间，问题的解决同样也不是一朝一夕能够实现的。丽江旅游许多管理习惯的改变、人员管理意识的培养和能力的提升，必然需要一个过程。从这个意义上讲，找到问题的根源加上合理的解决思路和方案，问题只解决了一半，后面的一半则需要持续的推进和执行。因此，管理者既不能掉以轻心、轻视管理，也不能因为问题的存在而动摇对事业的信心。解决管理问题，耐心很重要！丽江旅游要做好长期作战的准备，将组织能力的发育和管理水平的提升进行到底。

具体的解决思路和方案，是在双方反复沟通、实现共识的基础上共同达成的。其基本逻辑是这样展开的：战略定位明确——组织结构调整——责权划分、职责描述和人员配置——人力资源管理制度体系的系统构建——制度实施——组织秩序和效能的全新确立。

1. 明确战略定位、清晰业务关系

具体如下：

（1）股份公司的总体战略定位：依靠区域和资源优势，立足云南，成为一个提供综合性旅游服务的旅游产业控股集团公司。

（2）索道业务的战略定位：索道业务应在现有的垄断资源优势的基础上，充分预测各种可能的风险，通过统一管理、营销突破和业务组合创新，保证安全运营，并实现稳定增长，

成为集团公司稳定的现金流来源、公司的品牌窗口和人才"蓄水池"。

（3）三个索道公司之间的关系定位：两种备选方案，一种是增加三个索道公司经营管理方面的独立性，使三个索道公司在市场上公平竞争，公司总部则根据三个索道的发展情况决定内部的资源倾斜。另一种方案则是强势整合索道业务，实现三个索道的统一化管理，强化三个索道之间的资源共享（比如统一营销）和总体利润最大化（比如，游客向利润高的索道分流）。丽江旅游在比较了两种方案的优缺点之后几乎毫不犹豫地选择了第二种方案。

（4）古城酒店项目公司的战略定位：通过一期酒店项目的高质高效执行，锻炼和打造出一个团队，使之成为股份公司未来拓展所有新项目的主体。另外是历练和培养出一支能够承接未来的酒店管理业务的员工队伍。

2. 基于战略导向的组织结构调整

具体方案如下：

1) 股份公司总体的结构调整。

（1) 根据股份公司的战略定位——旅游产业投资控股集团公司，确定未来理想的组织结构。

（2) 根据股份公司的结构现状以及管理现状，确定面向理想方案的过渡方案。

（3）过渡方案中需要重点考虑不同职能层级的逐步发育问题、现有业务板块的结构设置问题、以及他们各自与总部的管控关系问题。

（4）不同职能层级的功能发育：股份公司本部作为集团化公司的总部，需要承担起产业集团公司各下属企业的管理职能，建立集团化的管控体系，建立下属公司之间的竞争或合作规则，根据管控关系的差异，明确总部和下属公司的管理权限，实现集团对下属公司的有效管理，促进集团内部的资源共享和效率最大化。

基于这样的总部职能定位，目前的丽江旅游股份公司本部职能部门还有比较大的差距，目前的本部职能强项在于管理索道业务。因此，在过渡方案中，关于总部和索道业务两个层级的管理职能，作过渡安排如下：

股份公司本部目前的职能部门基本上全部正式转变为即将成立的索道经营管理事业部的管理部门，集中精力完成三个索道公司业务和管理的整合。

适应未来集团化管理的战略要求，逐步发育新型的总部职能部门，逐步补充岗位人员。操作策略上，先在集团层面成立一个董事会办公室，先把一些急迫的工作做起来，之后根据轻重缓急逐渐分离出相应的职能部门。总部职能管理人员的补充，一方面来源于索道业务和古城项目公司管理人员，现有管理人员能力提升后可根据情况调往总部。另一方面来源于外部市场人才的供应。因丽江地区内人才短缺，公司在适当时候可考虑总部搬迁到省会城市的方式解决人才供应问题。

以前三个索道公司的后勤管理人员，根据能力的差异和各自专长，一部分进入索道经营管理事业部的管理部门，另一部分调往索道一线岗位工作。

2) 索道业务的组织结构调整。

成立索道经营管理事业部，统一管理三个索道业务，通过索道管理的统一化实现经营行为的协同和运行效率的提升。

索道业务是公司的核心业务和大本营，是目前阶段现金流的唯一来源，因此，至少在当前阶段，索道依然是整个股份公司经营管理的重心，从管控关系上来讲，它与公司总部的关系最为密切，应设计为运营型的管控模式。其结构设计的主要思路：

对三个索道业务实行统一管理，统一营销、统一人力资源政策、统一财务管理、统一后勤服务，但在财务结算上，依然按三个主体分开测算，发生的费用根据主体占用资源的情况进行分配。通过统一管理来实现三家索道业务的资源共享和经营协同，提升运营效率，避免恶性竞争，增强整体盈利能力，扩大品牌影响。经过沟通，这一举措得到了云杉坪索道和牦牛坪索道其他小股东的积极支持。

股份公司本部职能部门转变为索道经营管理事业部管理部门，集中精力，深入索道一线，为索道业务提供统一化的、专业化的管理服务。

一律取消三家索道公司的管理服务职能，各个索道的核心职能是做好游客运送和服务工作。

通过构建三个索道公司共同的管理和服务平台，提升索道业务的管理水平，增强员工满意度，实现索道业务服务水平的标准化和不断提升，奠定长期稳定发展的基础。

3）古城酒店项目公司的组织结构设计。

强化经营管理的独立性，逐步实现自主管理。根据股份公司对古城酒店业务的战略定位和团队打造要求，酒店项目公司的关键在于通过增强自身的独立性，增加对外部市场反映的灵活性，提升决策效率，尽快高效地完成项目建设，加速团队成员的成长速度。

从管控关系上来看，古城酒店项目公司与股份公司本土的关系将从原来的类运营型管控模式向到战略性管控模式过渡。其结构设计的主要思路是：

（1）酒店项目公司与总部之间明确授权，日常管理由其自身完成，项目公司现有职能部门应尽快发育能力和发挥作用，不得事无巨细请示总部。总部只是在大的决策上给予把关。

（2）发育和强化项目公司的管理团队，支持项目公司未来发展的需要（新业务拓展和酒店管理）。

项目公司重大决策需提交股份公司的高层领导审批，股份公司高层领导重点负责原则、方向的把握，结果的判断及重大问题的监督。

3. 责权划分、职责描述和人员配置

组织就像一张地图，在我们把所有的地标设定清楚、定位清楚之后，如果不确定每个地标上承担角色的员工，不规定站在每一个地标上工作的员工的责权范围，以及地标之间的关系的话，那么这张地图对于组织而言，就毫无意义，因为它尚未转变成真实的组织秩序。所以在组织结构明确之后，人员配置和责权清晰就成为主要问题。为此，和君咨询做了大规模的访谈，以确保我们对各块业务的核心流程、原有结构下各个部门的职责组成、部门之间的关系等有充分的了解。结构的最后形成除了体现战略的要求之外，结构中部门的组成包括部门内部岗位的组成，也体现了业务流程、管理效率、专业职能分工、协作与控制点设置的需要。而在结构最终确定之后，我们基本上也同时完成了新的结构下的部门职责描述、岗位职责描述和责权划分工作。

结构和权责从逻辑上合理和清晰化以后，企业就进入了基于结构的人员配置工作。这项工作往往会让企业遇到用人过程中最常见的难题：现有的员工似乎总不是最满意的，似乎总离理想的岗位要求有差距。但如果不用的话，一时之间又没有更合适的人选。长处明显的员工往往缺点也很明显。这些问题的存在经常让企业领导人非常头痛，尤其是在决定高层人员配置的时候。

然而，关于这个问题，似乎永远不存在最理想的状态和最佳的解决方案。一方面企业的领导人需要正视问题的存在，保持耐心，给下属成长的时间和空间。另一方面必须充分的了解下属，既要学会用下属的长项，也要善于用下属的缺陷，因为很多时候，长项和缺点是相对的，做一件工作的缺陷也许就是做另一件工作的长项。而且许多工作的完成往往需要团队的力量，人员之间的优势互补和能力配合是非常重要的，不要试图寻找完美的员工，而要努力建设尽可能高效的团队。

基于这样的用人理念和原则，从股份公司的高管分工明确开始，到业务板块的高管人员任命，到部门负责人的任命，再到普通岗位员工的调整，丽江旅游完成了人员配置和权责清晰化的工作。

4. 人力资源管理制度体系的系统构建——组织秩序的建立

如果从一个常规的、强调人力资源功能技术改进的项目的角度来看，迄今为止，似乎这个项目涉及的人力资源管理的内容太少，不太像个人力资源管理项目。但这恰恰正是一个通过人力资源管理的系统提升打通企业内部管理、提升企业整体内部管理效率的综合性人力资源项目与小型的功能改进型人力资源项目的不同之处。和君咨询理念反复强调的是，组织是一个系统，管理问题大多都是系统问题。这种理解很像中医对病症的理解。如果不从疏通系统经络开始，仅仅从局部的病症缓解出发，往往很难有真正的效果。

因此，尽管这个项目自始至终都是人力资源管理系统提升的项目，而我们的切入点也是从人力资源管理所出现的各种问题，最终提交给企业的文本主体也是人力资源管理的制度设计文件，但过程中对于企业问题的系统诊断，对于战略——结构——管控——权责的系统梳理，是人力资源各项功能模块制度设计所必不可少的前提条件。出台人力资源方面的政策和措施，最大的危险就是不去检视战略——组织——管控——权责体系方面的状况而直奔人力资源管理的各种功能模块——招聘、考核、薪酬、培训，等等。那样是达不到预期效果的。

在本案中，从最初的访谈开始，在人力资源相关问题的发现和确认过程中，和君咨询师就同时在脑子里盘算着相应的人力资源制度设计方法、相应的工具和技术的应用方式。在组织结构设计和职责描述的过程中，我们也同时地开始了人力资源各项功能模块的制度设计。总体而言，人力资源管理制度设计的核心原则包括：

强化新结构下岗位的责任和权限，员工的报酬由其所承担岗位职责的大小、对企业贡献的大小决定。

增强员工对报酬中浮动部分的认识，浮动收入与员工的工作表现、员工所在部门的绩效，以及企业的总体绩效挂钩，增强员工的企业责任感。

在保证由岗位级别、部门职能差异所决定的常规秩序之外，通过各种职业通道的组合设计，实现员工依据能力的纵向或横向流动，从而实现员工的职业发展和激励。

通过招聘渠道的拓宽、招聘工具技术的应用，提升外部人才引进的成功率，同时开始推进培训工作，加强对内部人员的培养。

注重人力资源各项功能模块制度的组合设计，保证模块之间的互相匹配和促进，比如薪酬设计与绩效奖金的关联，薪酬设计与职业通道的匹配，绩效考核与培训需求诊断的结合，等等。

（1）薪酬管理制度设计中的关键点。

按照新的组织结构和岗位职责，评估岗位，建立岗位级别体系。把原本差别很大的索道岗位报酬，统一纳入新的级别体系中，实现索道岗位之间横向比较的公平性。

根据索道岗位所在工作环境（主要是海拔）、劳动强度的差异，在统一的薪酬和福利补贴结构下，设置不同的标准，体现同样岗位内部因环境不同所带来的差异。

古城酒店项目公司与索道业务之间的差别比较大，在薪酬设计中淡化两块业务员工之间的比较，酒店项目公司的薪酬结构和薪酬级别独立于索道管理事业部单独设计。在报酬水平确定时，强调与外部同类企业之间竞争力的比较。

根据索道经营管理事业部和古城酒店项目公司业务和员工工作性质的差异，索道员工的薪酬结构相对复杂，组成项目比较多，体现各种补贴的因素，增强员工在恶劣环境下工作的报酬感、稳定感和安全感。而酒店项目公司的薪酬结构则相对简化，一方面便于管理，另一方面强化激励。

确定人工成本测算方法，让公司高层随时掌握人工成本的增减情况和引发的原因。

（2）绩效管理制度设计中的关键点。

索道经营管理事业部在考核设计中最核心的思路是，改变原来一线服务员工与所在索道效益直接挂钩的做法，而根据职责的划分，索道游客量的多少、索道总体业绩指标的实现主要与负责市场推广的市场营销部挂钩。索道一线员工的奖金收入除了与公司总体的效益相关之外，主要与自身的工作表现（是否符合公司对于服务标准的要求），工作强度的大小挂钩。

强调考核的落地实施，建立各岗位明确的考核指标，指标的设计基本上采取从公司到部门到员工层层分解的方式，同时明确岗位的考核责任。

通过包括强制排序、督察小组临时抽查，270度评估、360度评估等多种考核方法的组合运用，保证考核结果的准确性。

为推动索道一线服务水平的不断提高，增加索道一线的考核频率（每月一次），侧重针对服务要求的行为指标考核，同时为保证激励效果，一线员工根据考核结果每月发月奖，连续表现不好的员工，除扣发月奖之外，将会采取降级或辞退处理。

索道一线临时工与正式工之间工作要求相同、待遇却很悬殊的状况一直是一线员工抱怨比较大的问题，不利于员工之间的团结和协作。为此，我们根据岗位设计和职责要求，与长期负责一线现场管理、熟悉索道运营流程和各岗位工作内容的管理人员反复沟通和讨论，确定岗位人员编制，基于保证服务水平稳定性的考虑，尽量不用临时工。由于特殊情况而存在的少数临时工，也被纳入月度考核的范围，并根据考核结果决定其去留，以及与正式工置换的机会。

古城项目公司成立之后员工的奖金一直是和股份公司本部员工一起，在索道业务的最终利润中分配。这种方式不仅不够合理，同时也无法起到激励的作用。因此，对于项目公司的绩效管理方案而言，最大的改变在于，将古城项目公司的考核和奖金发放与索道经营管理实业部分开。由于项目公司目前还处于酒店项目的建设期，尚无盈利。因此，在项目建成之前，项目公司的考核周期与项目的进度和核心节点保持一致，建设期的员工奖金、工资和福利所构成的人工成本总额，记入项目总的投资成本预算。项目公司总体的奖金由股份公司领导依据项目进度、项目质量、成本控制、费用节约等因素确定。之后，再依据项目公司内部各部门、各岗位表现的差异，在公司内部层层分解。

（3）招聘管理制度设计中的关键点。

建立基于新结构下岗位职责要求的招聘标准，设计针对不同招聘标准的测评工具和方法。

规范招聘流程，明确招聘过程中的权责划分，规定清晰的用人权限。

根据岗位级别和类别的差异，设计多种招聘渠道。

设计人头测算方法和流程，规范用人程序，控制人员进出。

需要指出的是，招聘工具的使用、测评方法的灵活选择和应用，以及最终对于应聘者能力的判断，往往需要大量的经验积累。单纯只是告诉客户各种工具和方法，短期内很难提升招聘工作的效率。因此，在项目周期内，我们尽量参与客户公司组织的每一次招聘，在具体的工作中，帮助客户人力资源管理人员提升对招聘测评工具的应用水平，培训客户管理人员的面试技巧。

（4）培训管理制度设计中的关键点。

为丽江旅游设计一套完整的培训管理制度手册，改变这项工作一直以来几乎空白的局面。核心内容包括，培训费用预算方法的规定，培训需求诊断方法的选择和操作流程，培训方式的选择标准。同时还在管理手册中设计了针对不同岗位的培训内容，规定了培训效果评估的流程和方法，等等。

与招聘工作一样，由于客户公司在培训工作中的基础比较薄弱，以往的经验很少，因此，尽管我们提供了完整的培训管理方案，但距离客户公司培训工作的真正改进还有很长的距离。因此，在项目开展过程中，项目组亲自示范，带领客户公司的相关人员，在诊断培训需求的基础上，设计培训内容，组织了一次高管人员的培训项目，取得了很好的效果。在之后的辅导期内，继续协助客户公司组织了几次针对性的培训，并就这方面工作的开展，一直保持不间断的辅导。

（5）职业发展管理制度设计中的关键点。

在新的结构和岗位用人原则的基础上，我们为客户公司设计了适用于各类岗位人员发展的职业通道，包括管理岗位晋升通道、技术职称晋升通道、轮岗通道（包括不同海拔高度工作环境之间的轮换、统一工作环境下非技术岗位之间的轮换、山上工作和城里同类工作之间的轮换），晋级调薪通道，跨职能竞聘通道和退养通道。确保任何一个岗位的员工，如果努力，在企业都找到适合自己发展的职业通道。

通过规定每一个职业通道适合的岗位群、通道中每一次晋级所要达到的标准，标准的评估流程和方式，通道中每一个阶梯所对应的报酬待遇的改变等，保证职业通道管理的规范化，真正起到激励员工发展的作用。

通过不同职业通道之间交接点的设计，实现通道之间的互通，确保员工发展的灵活性，同时为培养综合性的人才提供保障。

5. 人员培养与企业文化建设

由于企业内部管理的改进往往需要一个过程，而企业对于改革方案的消化也需要一个循序渐进的过程，因此，尽管根据项目本身的要求，我们为客户提供了一整套方案，但这些方案的完全推行和被消化，往往很难在项目周期内完全实现。

为了保证方案的逐步落实推行，一方面我们为客户提供了持续的辅导，另一方面客户公司管理人员能力的提升也刻不容缓。因此，除了项目期间我们所提供的培训以外，我们也建议丽江旅游在今后的几年内，陆续送公司核心的骨干人员到学习资源集中的核心城市参加专门的培训项目，提升业务或管理能力。目前公司已经接受了我们的建议，公司的核心人员已经开始陆续到外面参加学习项目。

另外，我们也认识到，公司许多管理问题的出现，一方面是因为内部管理制度、规则方面不清楚或不合理的问题，另一方面也跟公司长期以来形成的文化氛围有关。公司的文化基因中有利于企业发展、利于管理的方面，比如员工比较敬业、忠诚等，也有不利于企业发展和内部管理的方面，比如员工进取心不足、过分强调人情因素等。因此，从利于公司长期发展的角度出发，除了制度建设和管理强化以外，企业文化建设也应该提上日程。关于这一点，我们也为客户公司提出了建议。客户公司目前也经开始做这方面的努力。

四、实施：人力资源管理咨询效果的关键

和君咨询的服务理念是：不仅仅提供咨询报告，而且还协助实施。这一点对人力资源咨询项目而言，尤其重要。人力资源系统改进的项目与营销、融资等类项目不同，它在短期内很难看到效果。因为人力资源管理系统的发育本身需要一个过程，客户方面人员的人力资源管理水平的提升和经验的积累也需要一个过程，这就决定了人力资源项目的实施辅导和重要性。很多时候，辅导期的工作难度和挑战并不亚于项目中的方案设计。拥有丰富的实施经验、能够基于方案本身灵活地调整实施方法，对客户提供持续的实施辅导，是咨询能力强弱的重要体现。

本案例中，实施进程如下：经过几轮调整，至2006年底完成了组织结构的调整和人事任命安排。新的薪酬方案则在2006年9月份开始陆续执行，绩效管理方案于11月份开始推行。2006年底，和君咨询师协助丽江旅游完成了基于新方案的年度考核和奖金分配方案测算。薪酬和绩效管理方案也在执行过程中，做了一些细节调整。新的组织结构和人事调整在经历了将近一年的运转之后，基本上顺畅，各部门的工作陆续开始有了显著的进展和成效，管理效率有了显著提升，员工满意度和工作积极性有了显著提高。根据公司在2007年7月份刚刚完成的调查报告显示，绝大多数的管理人员都对本次改革给予了高度认可，对企业的发展有了更大的信心。许多管理人员纷纷表示在过去一年里得到了很大的锻炼和提升。其他的人力资源工作，包括招聘、培训和职业发展管理，还没有完全推行起来。其主要的原因是因公司人力资源管理人员在过去的一年里把绝大部分的精力放在了薪酬和绩效管理方案的推行上。和君项目组一直与丽江旅游保持了良好沟通，密切关注方案的实施进度，目前在薪酬和绩效管理工作基本稳定的情况下，正协助客户公司陆续把其他工作开展起来。

如果一个企业运转顺畅，发展比较顺利，我们很难说是因为内部管理直接带来的，因为管理改进所带来的效果往往是相对长期的、非直接的和隐性的。但可以确定的是，如果一个企业内部管理不顺畅的话，它的发展一定是很难持续的。

五、思考与启示

（1）基于战略的系统思维，应该是解决企业管理问题的基本立场。本案中，客户委托的是人力资源管理咨询，但项目的展开，从问题识别、分析诊断到解决方案，并没有直接切入人力资源管理的各个功能模块和环节上，而是始终都遵循着一条逻辑主线：战略定位明

确——组织结构调整——责权划分、职责描述和人员配置——人力资源管理制度体系的系统构建——制度实施——组织秩序和效能的全新建立。正是这样一套系统思维的确立，确保了后续的人力资源方案设计变成为客户向集团化管理升级的水到渠成的结果，从而对客户走向未来具有了战略性的意义。而在操作策略上的过渡方案安排，则保证了现实操作的可行性和平稳性。如果不是基于战略的系统思维指导下的管理改进，那只能是"头痛医头、脚痛医脚"的治标不治本的行为，对企业的长治久安没有根本性的意义。

（2）集团化管理，任重道远，耐心很重要。中国企业中存在着一个普遍现象：组织能力的发育滞后于业务规模的增长，人力资源队伍跟不上企业前进的步伐。当企业在业务规模的驱动下走向集团化或者类集团化管理时，原来的管理部门和人员往往不能及时完成从单一业务管理到集团化管理的角色转变和能力升级，引发总部职能弱化和缺失。这是导致企业整体效率低下、矛盾激化、风险隐患增多、发展步伐迟缓的关键因素。对此，我们不可能通过收缩业务规模、停顿事业发展来适应组织能力和人力资源的现状，我们只能通过变革组织和提升队伍来适应企业发展的新形势，把发育组织能力和提升人才队伍进行到底。需要清醒的是，机会可能随时来临，但组织能力的发育、管理水平的提高、人才队伍的成长却不是一朝一夕能够实现的。在这个问题上，很多中国企业都还任重道远，耐心变得特别重要。

总之，企业组织能力的发育和管理效率的提升是一个需要基于战略、长期投入、精耕细作的系统工程。如果我们把基业常青的百年企业比作是一件经得起岁月沧桑的传世艺术品，那么这种艺术品的造就，一定离不开一代又一代的企业领袖和他们的管理团队长年累月不辞辛劳、永不懈怠的管理雕琢。

对所有这样的雕琢大师或普通劳动者，我们始终怀抱敬意！

【案例3】绩效管理：鸡冠洞管理处处长张志钦就绩效管理答记者问

自上周本站发出《鸡冠洞绩效管理全面运行》消息后，鸡冠洞绩效管理这一关键词，迅速成为我县众多旅游企业普遍关注的焦点，不少热心人争先恐后地就"绩效管理是什么？"、"绩效考核怎么实施？"、"实施绩效管理有那些实际意义？"、"实施绩效考核，需要注意那些方面？"等诸多问题纷纷致电本站。

为详细解答这些问题，本站记者（以下简称"记"）深入采访了鸡冠洞管理处处长张志钦（以下简称"张"）。

记：张处长你好，能简要介绍一下鸡冠洞景区的绩效管理吗？

张：鸡冠洞绩效管理体系，分五大类、十四章、126节，除6项附表外，整个文本约1.2万字。按照时间分，一年分为两次考核，按照内容划分，可分工作态度考核、工作能力考核、工作绩效考核、综合考核等；按目的划分，可分为例行考核、晋升考核、薪酬级别评定考核、对新员工考核等；按考核主体划分，可分为上级考核、自我考核、同事考核和下级考核，以及综合以上各种方法的立体考核。

宏观上来讲，绩效管理是景区管理处对景区员工，就绩效问题所进行的目标定制、目标考核、绩效评估和绩效认定的一个过程。在这个过程中，重点是通过科学的手段对员工德、能、勤、绩等诸多方面的目标进行考核，确立员工的绩效等级，找出员工绩效的不足，激发员工制定相应的改进计划，努力填补绩效提高中的缺陷和不足，使员工朝更高的绩效目标迈进。

于传统的企业管理不同的是，绩效管理过程讲究的是绝对的公平、公开、公正。

记：绩效管理在企业管理中有那些实际意义呢？

张：绩效管理的目的主要是行政管理性的，如制定调迁、升降、委任、奖惩等人事决策；但其目的也有培训开发性的，如绩效考核结果对被考评者的积极反应，以及据此结果制定、实施培训计划等。绩效考核的主要目的包括：

（1）绩效考核本身首先是一种绩效控制的手段，但因为它也是对员工业绩的评定与认可，因此它具有激励功能，使员工体验到成就感、自豪感，从而增强其工作满意感。另外，绩效考核也是执行惩戒的依据之一，而惩戒也是提高工作效率，改善绩效不可缺少的措施。

（2）依据按劳取酬原则，绩效考核之后便应论功行赏；所以绩效考核结果是薪酬管理的重要工具。薪酬与物质奖励仍是激励员工的重要工具。

（3）绩效考核结果也是员工调迁、升降、淘汰的重要标准，因为通过绩效考核可以评估员工对现任职位的胜任程度及其发展潜力。

（4）绩效考核对于员工的培训与发展有重要意义。绩效考核能发现员工的长处与不足，对他们的长处应注意保护、发扬，对其不足则需施行辅导与培训。对于培训工作，绩效考核不但可发现和找出培训的需要，并据此制定培训措施与计划，还可以检验培训措施与计划的效果。

（5）在绩效考核中，员工的实际工作表现经过上级的考察与测试，可通过访谈或其他渠道，将其结果向被评员工反馈，并听取员工的说明和申诉。因此，绩效考核具有促进上下级间的沟通，了解彼此对对方期望的作用。

记：实施绩效考核是不是为了解决员工工资级别呢？

张：鸡冠洞为什么要实施绩效考核？实施绩效考核会给景区带来什么收益？很多人认为实施绩效管理就是为了解决工资发放的问题，这是企业实施绩效考核目的的焦点所在，不夸张地说，相当多的单位和个人都是抱着这个目的去操作绩效考核的。

实际上，通过实施绩效考核来解决工资发放的问题，破除平均主义，打破铁饭碗，这种想法本身没有错误，但是如果把实施绩效考核的目的仅仅定位于这一点，把所有的努力都指向这一点，就有问题了。

抱着这种目的，会使员工从关注绩效改善转向关注自己的口袋，关注工资卡的上的数字，那么员工就会想方设法获取高分，而不会把精力放在长远的工作改进上。作为操作绩效考核的管理层，也会只是把绩效考核当作企业实施相关人事决策的工具，而不是去关注如何通过绩效考核改善员工的绩效，进而改善企业的绩效。

所以，要想使绩效考核发挥作用，企业必须把绩效考核定位在绩效改善上，而不能仅仅定格在解决工资级别上，这才是绩效考核的核心所在。

记：实施绩效考核，需要注意那些方面呢？

张：绩效考核曾经在沿海地区的大中型现代企业中风靡一时，大部分的企业都在学习运用，但成功的只是一小部分。而大部分企业在运行一两年，甚至几个月后，便流于形式了，或者干脆夭折了。

其实，做好考核工作并不难，难就难在一把手能不能抓住问题的要害。影响考核的主要因素可以分为三个：人、制度、问题的处理。

这就要求企业一把手首先要选对人。负责绩效考核的这个人必须是个正直、无私、有魄力、综合素养高的人；这个人必须有处理事情的决断权和自主权。只有这样，他的工作开展起来才会顺利，才敢于去管理。处理任何事情都是对事不对人，能做到公平、公正、公开，对所有企业成员一视同仁，这样就树立起他在考核中的权威，更有利于自己工作的开展，完全形成一个良性循环。如果说负责考核的人无法达到上述要求的话，这个企业的考核是注定不会有成效的，最终和上面说的一样，要么流于形式，要么夭折。

另外一个重要方面就是制度。你人选好了，让他根据什么去做考核？这需要企业制定一系列完善的规章制度、标准。以此便是有"法"可依。还要根据这些制度标准、单位年度目标以及被考核的各中高层管理人员的岗位职责制订出对应的"绩效考核标准"。比如你对行政部经理考核，就需要根据行政部工作的岗位职责来制定其考核标准。另外在定标准时，必须广泛征求意见，多讨论，特别是在目标分解和每一项的分值确定上，高了影响工作的积极性，低了又起不到考核的效果。当然，在运行过程中还可以对标准制度进行完善。鸡冠洞景区就曾在运行始初因制度某些细节不够完善，而遭遇了尴尬，就是通过再商榷、再斟酌而进一步得到了完善。

还有一个很重要的就是在问题的处理上。对于日常考核中发现的问题，处理必须既合理，又要坚持上面所提到的公平、公正、公开原则。一方面，对于问题的出现要对负责的中高层进行考核，另一方面，还应该协助协调解决问题，协助寻找解决问题的最佳方法和途径，帮其提高工作水平和效率。根据同一问题出现的频率采取不同的处理方法。诸如此类的问题在考核中都会碰到，这就是为什么要求考核人员的综合素养要高的原因所在了。

只要企业把这三个主要因素抓住了，绩效考核必定会为企业发展提供新的动力。

记：既然是考核，那么一定会出现末位，你对末位是怎么处理的呢？

张：末位，一定要淘汰！首先，我们来看看"末位"意味着什么？末位，是一个组织依照由强到弱或由高到低顺序排列的最后一个。它说明了当事人或是工作能力，或是工作态度，或是工作业绩与上位者有较大差距。这样的人，对于组织来说就如"木桶理论"中最低的那一块，它将直接影响着盛水的多少，还将其他高的木板给白白浪费掉。也有人提出不应该剥夺末位者竞争的机会和权利。其实，既出末位，就已经是竞争的结果，优胜者进入下一轮，其余的被淘汰掉，换上新的选手参与新一轮竞争。竞争，是一项残酷但又是唯一公平的游戏。那么，末位淘汰这项游戏当然也应该有其固有的规则。

其一，科学的定编。这是末位淘汰制的前提。

定编能做到科学，它一定是在详尽的岗位测评的基础上才可能做到的。只有确保各岗位人员编制数的合理性，末位淘汰制才有实施的意义。当然，不少的单位在用末位淘汰的手段，达到减少人员的目的；

其二，客观的评估，这是末位淘汰制的基础。

客观评估，包括细致而量化的个人目标管理、一定要在工作内容相同或相近的人员中排序，要做到排序能够尽量客观反映被评价者的真实水平；

其三，要按从上往下的顺序进行层层淘汰。

即让被淘汰者有机会选择要求相对低一些的工作，最后要淘汰的应该是整个组织的"末位者"。

其实，末位淘汰的过程是资源重新配置的过程。它一方面可以敦促后位者不断加强学习和培训，以满足工作的需要；另一方面，又能够通过考评发现优秀的人才，重点培养，逐渐委以重任。所以，"末位淘汰制"不仅是一种科学的管理方法，更是一种使组织健康发展的机制。不过，我以为，"末位淘汰"的同时，还要加强"首位晋升"的履行，这才是这个机制的全部内涵。

记：谢谢你张处长，通过这次采访，让我们着实学到了不少的东西，我们衷心祝愿鸡冠洞的明天更加美好！

张：感谢大家对鸡冠洞的关注，更感谢多年来省内外旅游同仁对我们的支持和帮助，我们愿意和大家一道，为了旅游事业美好的明天，做出我们更大的努力！

参考文献

[1] 谷敏慧．饭店集团案例库（国际卷）[M]．北京：旅游教育出版社，2009．

[2] 东京帝国饭店企划室．帝国饭店服务秘诀[M]．孙琳，译．北京：中国旅游出版社，2000．

[3] 胡夏冰．饭店餐饮经营管理法律案例解析[M]．北京：旅游教育出版社，2007．

[4] （加）刘易斯等．饭店业营销案例[M]．3 版．谢彦君，译．大连：东北财经大学出版社，2006．

[5] 陈志学．饭店服务质量管理与案例解析[M]．北京：中国旅游出版社，2006．

[6] 王永挺．饭店经营管理案例精粹[M]．成都：电子科技大学出版社，2013．

[7] 林璧属．世界知名饭店集团发展模式：从案例分析入手[M]．北京：旅游教育出版社，2014．

[8] 侣海岩．饭店与物业服务案例解析[M]．北京：旅游教育出版社，2003．

[9] 程新造，王文慧．星级饭店餐饮服务案例选析[M]．2 版．北京：旅游教育出版社，2005．

[10] 刘筱筱．现代饭店安全管理要点及案例评析[M]．北京：化学工业出版社，2008．

[11] 陈的非．饭店服务与管理案例分析[M]．北京：中国轻工业出版社，2010．

后 记

十二年前一个偶然的机会，让笔者成为一名"旅游人"，从此便开始与旅游打交道，并必将为此付出毕生的心血。从某种意义上说，此书是笔者的旅游生涯总结，而本书的宗旨则是想给读者关于如何优化旅游管理的启迪。

书稿完成的那一刻，让笔者体会最深刻的是，越到收尾阶段，越是艰难，就如同一个人爬山，越接近山顶，路越陡峭，心也越忐忑；既期待看到心中期望已久的无限风光，又担心所谓的风景只是一两棵树和几块石头而已。

这十几万字的书稿，虽然其中的故事并非所有都是笔者的亲身经历，也并非所有评析都由笔者亲自总结，但本人平时勤于整理并内化，希望通过我的笔触把这些人类文明的精华、这些成功人士的体会，一一呈现给大家面前。本书中既总结了成功者的共性，又加入了个人感受。相信丰富多彩的案例，能让读者们感受到实用性和阅读乐趣。

书是笔者所作，成果是集众人的智慧而结成的。阿坝师专管理系主任陈林副教授多次鼓励和支持我写这本书，并提出具体的设想；阿坝师专管理系李春雨老师负责景区管理部分的统筹与组稿；笔者的同学及好友——成都海峡国际旅行社武超总经理不厌其烦地全心全力帮助我，并提供了不少珍贵的资料。在此笔者向他们表示由衷的谢意。最后，特别还要向出版此书的西南交通大学出版社致以衷心的感谢，邱一平编辑为完善本书悉心地编辑，实在是我的幸运。

张进伟

2014 年 7 月于成都